RECOMENDACIONES

¡El nivel de enseñanza que el Pastor Gary Whetstone trae a la mesa es absolutamente increíble! Tú necesitas esto. Te va a llevar al siguiente nivel. Cuando tú tienes una oportunidad de escuchar algo de lo que el Pastor Whetstone ha recomendado y preparado, tú estás escuchando de alguien que no sólo ha estado en el salón de clase, sino que ha estado justo en el campo de batalla, peleando—y él sabe de lo que está hablando.

—*Obispo T.D. Jakes*
The Potter's House
Dallas, Texas

Es posible vivir libre de todo temor. La clave está en conocer lo que Jesucristo ha hecho por ti y en aplicar Su verdad a tu vida por fe cada día. Gary Whetstone es mi amigo y mi compañero en el ministerio. El ha hecho de lo complejo algo muy sencillo. Toma la verdad de la Palabra de Dios, y permítele que te haga libre.

—*Billy Joe Daugherty, Pastor*
Victory Christian Center
Tulsa, Oklahoma

No pudo haber un tema más adecuado para estos tiempos tan peligrosos, y nadie está exento de esto en su vida. Esta necesidad es universal, y la solución es espiritual. En este libro, Gary Whetstone nos provee con muchas respuestas sencillas y posibles que sólo pueden fortalecer y liberar.

—*Charles E. Blair, Pastor Emérito*
Calvary Temple
Denver, Colorado

Me da una gran satisfacción personal y espiritual el compartir algunas palabras acerca del nuevo libro del Hermano Whetstone, titulado, *Haz Que Se Arrodille el Temor.*

Yo he conocido a Gary Whetstone por más de doce años. Hemos viajado juntos a través de muchas de las naciones del mundo. Ha sido un gran gozo para mí, y de primera mano, el ver la unción de Dios sobre Gary mientras que él enseña la Palabra de Dios a incontables multitudes.

Haz Que Se Arrodille el Temor está destinado a fluir en esta misma unción—que es una enseñanza equilibrada de la Santa Palabra de Dios.

Cuando tú aplicas las verdades que se presentan en este libro, ¡cualquier tipo de temores que tú tengas serán destruidos debido a la unción!

—Morris Cerullo, Presidente
Morris Cerullo World Evangelism
San Diego, California

Yo creo que todos aquellos que vienen bajo la enseñanza y bajo la unción del ministerio del Pastor Gary Whetstone serán equipados abundantemente para poder participar en la cosecha de los últimos tiempos antes del inminente regreso de nuestro Señor y Salvador Cristo Jesús.

—Rod Parsley, Pastor
World Harvest Church
Columbus, Ohio

HAZ QUE SE ARRODILLE EL TEMOR

HAZ QUE SE ARRODILLE EL TEMOR

GARY V. WHETSTONE

WHITAKER
HOUSE

HAZ QUE SE ARRODILLE EL TEMOR

ISBN: 0-88368-756-9
Impreso en los Estados Unidos de América
© 2003 por Gary Whetstone

Whitaker House
30 Hunt Valley Circle
New Kensington, PA 15068
Visite nuestra dirección en la Internet en: www.whitakerhouse.com

Traducción al español realizada por:
Sí Señor, We Do Translations
Jorge y Margaret Jenkins
P.O. Box 62
Middletown, DE 19709 E.U.A.
TEL: (302) 376-7259
Email: sisenortra@aol.com

Clasificación de la información de esta publicación en la Biblioteca del Congreso se encuentra pendiente.

PREFACIO

Gary Whetstone ha escrito el libro más completo que jamás yo he leído acerca del temor—de dónde viene y cómo deshacerte de el.

No sólo trata con todos los diferentes tipos de temores y con todas las maneras cómo se puede escabullir en tu vida, sino que también muestra cómo vencerlo positivamente en cada área de la vida. Me encanta el acróstico que hizo Gary Whetstone acerca del temor:

> T—Temor Es
> E—Evidencia Falsa
> M—Manteniendo la Apariencia
> O—O Simulando
> R—Ser Real

Tú vas a descubrir que las imaginaciones falsas del temor crean el tormento que existe en la imaginación—pero es casi real. Tú también tal vez encuentres ese "pesimismo calculado", que es un engaño insidioso, el cual está haciendo tu vida más pequeña de lo que verdaderamente debería ser.

El libro de Gary te muestra cómo puedes ser libre de las masas de gente que creen "que no son capaces" para unirse a los temerarios que están llenos de poder y son capaces de *hacer todas las cosas por medio de Cristo*

Jesús." No hay duda, ¡éste es un libro que todo cristiano debe leer!

Cuando tú lees *Haz Que Se Arrodille el Temor,* el diablo y todos sus engaños van a ser revelados. El va a tener que huir—¡y tú serás liberado! Tú puedes escapar verdaderamente—y vivir libre de todo temor—y este libro te va a enseñar cómo.

—Marilyn Hickey
Marilyn Hickey Ministries

Indice

¿Acaso existe un perímetro de temor que te está manteniendo dentro de sus límites? ¿Estás metido en un ciclo repetitivo de fracaso? ¿Quieres que la unción de Dios levante el peso de la opresión que ha estado encima de ti, y que rompa el yugo que traes en la espalda? ¡Entonces, tú estás listo para tener una cita con tu libertad!

El poder entender lo que es el temor y de dónde viene, te puede hacer completamente libre de sus garras paralizantes. Entonces, tú puedes aspirar a los sueños que Dios tiene planeado para ti. Jesús ya ha pagado el precio de tu libertad del temor. No le permitas al temor que te paralice. Al contrario, ¡haz que se arrodille el temor en el Nombre de Jesús!

Una de las mayores causas del temor es el hecho de estar confiando en lo que la Biblia llama *"el brazo o el poder de la carne"*. Esto es cuando nos enfocamos y nos ponemos a confiar en nuestras propias habilidades para enfrentar o para solucionar los problemas. ¿Te estás preguntando si acaso deberías ir hacia delante debido a tantos retos que tienes? ¿Tienes miedo de que no vas a poder con ellos? Dios está contigo, y ¡El está listo para ayudarte a hacer tus sueños una realidad!

Mucha gente se encuentra vencida por el peso del temor como resultado de la apariencia que tienen las circunstancias. El estarse alimentando continuamente en esta clase de información sin aplicar las Buenas Nuevas de Dios puede tener un impacto devastador. Dios tiene milagros que El ha planeado para ti, pero tú debes confiar en El y obedecerlo a pesar de lo que aparenten las circunstancias.

Si no sabemos cómo callar nuestras poderosas reacciones negativas, todas esas emociones que nos llevan a huir todo el tiempo estarán controlando nuestra vida. ¿Estás siendo afectado continuamente de forma negativa por todo aquello que tú ves, oyes, hueles, pruebas, o sientes? ¿Está tu vida rodeada y llena de tensión nerviosa? Nuestros sentidos nos pueden limitar y nos pueden llevar a una completa atadura, ¡pero Dios quiere ensanchar y expander nuestros límites, liberándonos del espíritu de temor!

Muchas gentes viven teniendo imaginaciones secretas. Cuando son atrapados por las imágenes de los problemas o de los engaños, ellos no se dan cuenta de que es un espíritu de temor quien los está atacando. En lugar de eso, ellos entretienen a estos pensamientos, creyendo que forman parte de su humanidad. Sin embargo, esto no es cierto. El enemigo es el autor de estos pensamientos que están llenos de temor y de imágenes de tentación. Tú puedes ser liberado del poder del diablo para vivir en paz y en confianza porque Jesús pagó el precio de nuestra libertad.

El enemigo ataca el propósito de Dios en nuestras vidas. Como ves, mientras más entendemos nuestro propósito espiritual, más vamos a reconocer el motivo de nuestros temores y de nuestros retos. El diablo te ha puesto en la mira, y está tratando de hacer que abortes el propósito que te ha sido dado por Dios. A medida que Dios te ayuda a identificar la razón o causa de tus temores, El también te va a ayudar a vencerlos.

¿Estás tú rodeado de gente valiente o de gente temerosa y cobarde? Para poder mantenerte libre de temor, tú debes reconocer el factor que origina el temor en tu familia, en tus amigos y en tus conocidos. Dios está buscando gente osada, que no le teme a nada, y quienes tienen la tenacidad y perseverancia para mantenerse con Su visión aun a pesar de las probabilidades o circunstancias.

Dios ha propuesto para ti que seas completamente libre de todo temor, ¡y tu libertad va a liberar a otros! Hoy en día, aquellos que están confiando y dependiendo en el Señor están siendo usados para llevar a cabo grandes transformaciones. El mundo necesita lo que Dios ha colocado dentro de ti. ¡Este es el tiempo de sacarlo y de mostrarlo! Nada puede detenerte, excepto el temor mismo, así que, ¡haz que se arrodille el temor!

¿Quieres moverte en una esfera de libertad donde el diablo no tiene ningún poder para atarte? Esto va a suceder cuando tú conquistes los dos temores más grandes que enfrenta la raza humana. Tú puedes arreglar este asunto ahora mismo. Entonces, ¡nada podrá ser capaz de detenerte!

No temas, porque yo estoy contigo; no te desalientes, porque yo soy tu Dios. Te fortaleceré, ciertamente te ayudaré, sí, te sostendré con la diestra de mi justicia.
—Isaías 41:10

Porque no nos ha dado Dios espíritu de cobardía, sino de poder, de amor y de dominio propio.
—2a. Timoteo 1:7

Capítulo Uno

CÓMO ENTRENAR A UN ELEFANTE

"Yo no quería asustarla", se disculpó el joven. El había tropezado accidentalmente con Ana mientras que ella salía de su habitación en el cuarto del hotel en Chicago.

En un instante, la mujer de mediana edad recordó el trauma que su hermana más joven había experimentado hace cinco años—¡ella había sido violada, siendo amenazada con un cuchillo! Temerosa de que lo mismo le pudiera ocurrir a ella, Ana le permitió a este encuentro inocente, que la lanzara a un remolino de temor.

Ella no podía hablar a casa para decirle a su marido. Ellos apenas habían acordado que ella podía volver a viajar sola otra vez. Ella no podía confiarle esto a su jefe tampoco. Lo último que él quería oír era que su empleada era muy miedosa como para poder cumplir con su trabajo. Su hermana no era una opción tampoco. Así que, una vez más, Ana se guardó esos temores muy dentro de ella misma. Después de todo, *¿quién me podrá ayudar realmente?* ella se preguntaba a medida que transcurría otra larga noche.

Para la mayoría de nosotros, aunque no queramos admitirlo, el temor es una fuerza debilitante. Nos congela en sus garras, como una mano helada que está tapando nuestra boca. Atrapados por él, no podemos ni siquiera gritar, y no nos podemos liberar.

Beth nunca va a poder olvidar cómo fue que un pariente la abusó sexualmente. La primera vez, ella era sólo una niña pequeña; entonces, ocurrió otra vez cuando ella era una adolescente. Sin darse cuenta, ella desarrolló un temor hacia los hombres. Cuando Beth entró a la universidad, ella conoció a Todd, quien, a través de todos sus años en la escuela, la mostró que no *todos* los hombres la lastimarían. El la amó desde el principio, y él probó su amor para con ella durante el transcurso de los años. Su ternura y su gentileza rompieron las barreras de Beth, y ella comenzó a amarlo y a confiar en él.

Un día, Todd le propuso matrimonio a Beth. Beth estaba muy emocionada y quería casarse con él, pero el temor hizo presa de ella. Ella, de manera muy seria, consideró no casarse con el hombre que amaba, porque, aunque ella confiaba en él, ella no sabía si podía soportar la intimidad física del matrimonio.

Viviendo en Temor

¿Acaso el temor te tiene en sus garras? ¿Qué tanto tiempo pasas preocupándote, sospechando, estando espantado, dudando, haciéndote preguntas, o esperando lo peor?

¿ESTÁS TÚ ATRAPADO EN LAS GARRAS PARALIZANTES DEL TEMOR?

¿Estás tú miedoso de la vida que Dios destinó para ti, solo porque tú tienes miedo de dar un paso de fe? ¿Acaso ya tienes en tu mente las imágenes pintadas de tu fracaso y de tu vida sin salida? ¿Te sientes frecuentemente amenazado o exhausto hasta morir? ¿Acaso vives en el tormento del temor constante, luchando diariamente para encontrar una solución para el desastre que te imaginas que se va a acercar hacia ti?

Tal vez tú acabas de ver un programa de televisión que mostró un crimen muy espantoso; ahora, tú temes por la seguridad de tu familia. En medio de la noche, cuando el viento hace mover suavemente las cortinas, ¿está tu mente llena con el temor de un pandillero que anda loco en busca de drogas, o algún ladrón haya entrado en tu casa? Si tú escuchas una sirena, ¿te sientes convencido de que un terrible accidente le ha sucedido a un familiar muy cercano? ¿Tienes temor de ser contagiado de SIDA cada vez que saludas con la mano a algún hombre delgado que se mira como si estuviera enfermo? El temor puede hacer presa de ti, te puede inmovilizar por completo, o te puede lanzar a que hagas conclusiones muy extremas o muy exageradas.

Chuck todavía recuerda de su niñez lo que sucedía cada vez que él se sentaba a comer pescado en la cena con su familia. A través de toda la cena, él oía que repetían una y otra vez la historia de cómo su tío Bob se había ahogado con una espina de pescado. Chuck no puede olvidar la tensión que él sentía cuando era un niño, mientras estaba sentado a la mesa para la cena. Si él tosía por alguna razón, todos los adultos se llenaban de pánico. De inmediato, alguien le daba de palmadas en la espalda, y alguien más se dirigía hacia él con un vaso de agua. La misma historia todavía sigue viva en la mente de Chuck hasta el día de hoy. Durante años, él rehusó comer pescado debido al temor escondido que tenía dentro de su mente y que le decía: "Las espinas y los huesos pequeños te pueden matar—¡tal y como lo hicieron con tu tío Bob"!

Los Temores Se Desarrollan en Muchas Maneras

Los temores, que se manifiestan en muchas maneras, son una plaga para la gente todos los días. Algunas personas tienen fobias acerca de volar. Otros tienen miedo de manejar un automóvil. Otros se ponen extremadamente nerviosos cuando, en lugar de ser ellos quienes manejen, tienen que ocupar el asiento del pasajero de junto. Algunos tienen miedo de subirse en un elevador, mientras que otros tienen miedo de cruzar una calle. El temor al agua o el temor de cruzar un puente esclaviza a otros.

Muchos, que se encuentran solteros después de un divorcio, están horrorizados con la idea de volver a casarse. Otros, que nunca se han casado, tienen miedo de hacer una elección equivocada al escoger una pareja. Algunas parejas de casados tienen miedo de seguir casados, mientras que otros tienen miedo de que un día lleguen a divorciarse.

Algunas personas le tienen miedo a la oscuridad, a los lugares pequeños, o a las alturas. Muchos tienen miedo de ir al médico—tienen miedo de que van a escuchar algún diagnóstico horrible. Otros buscan atención médica continuamente, siendo que sus padecimientos no son otra cosa que solo síntomas psicosomáticos.

Algunos tienen miedo de ir a lugares públicos, tales como los centros comerciales, eventos deportivos, o aun a la tienda de supermercado. Otros, tienen miedo de quedarse en casa y tener que estar con sus esposos o esposas o con otros miembros de su familia. Otros hombres fracasan en el área de la comunicación solo debido a que los temores de las relaciones humanas los están atando por completo. El temor y el miedo paraliza y destruye a algunas mujeres casadas, quienes tienen miedo de que, si suben de peso, sus maridos ya no las van a encontrar atractivas.

Tu Cita con la Libertad

¡Tú no tienes que estar atado por tus temores o por tus miedos! Hoy mismo, tú estás sosteniendo en tus manos una cita con la libertad. Desafortunadamente, mucha gente que tú conoces nunca va a experimentar la libertad que les pertenece, ¡pero tú puedes cambiar eso!

Sí, *tu libertad* puede liberar no solo a tu propia persona, sino a todos aquellos que te rodean.

Este libro titulado, *Haz Que Se Arrodille el Temor,* me llegó como un mandato de Cristo Jesús. Sucedió durante el mes de septiembre, a medida que el verano llegaba a su fin. Yo me encontraba en un tiempo de oración, cuando el Espíritu del Señor me habló.

TU LIBERTAD PUEDE SER EL MEDIO DE LIBERAR A ALGUIEN MÁS.

El me instruyó que tomara las peticiones de oración que habían llegado a nuestras oficinas esa semana, las cuales eran más de dos mil peticiones, y que volara a la ciudad de Londres, que me metiera en un cuarto de un hotel, y que orara por todas ellas. También iba a estar apoyando en oración una victoria muy grande para la nación del Reino Unido y para Europa.

A medida que pasaba hora tras hora dedicado a esas peticiones, yo comencé a notar algo extremadamente alarmante que lastimó a mi espíritu. Más del 80 por ciento de todas esas peticiones escritas tenían un elemento en común; ¡el temor! Yo pude leer acerca del temor a que fracasara el matrimonio; miedo de que los hijos se fueran de casa; miedo de no ser capaces de enfrentar la jubilación; temor de estar en un elevador; temor de hacer exámenes en la escuela; miedo de saludar a personas nuevas; temores, que en medio de la noche, suben de la imaginación de la mente; y muchísimas más como éstas que ni puedo enumerar. Estos miedos se hicieron tan obvios entre las peticiones de oración, que, para el segundo día de mi tiempo de oración, regresé a revisarlas, teniendo conmigo una pluma con tinta roja, y me puse a marcar cada una que tenía al miedo o al temor como causa de esa petición. Después, las clasifiqué, comenzando con las preocupaciones familiares hasta las incapacidades personales, tales como el sentido de timidez hasta legar al estado de parálisis total y de incapacidad para enfrentar la vida.

Hoy en día, a medida que tú comienzas a leer, yo quiero que tú entiendas mi corazón y el motivo de este libro. Es simplemente que el Espíritu Santo ha puesto su mira en una de las fortalezas más grandes con las que el enemigo ha afectado al Cuerpo de Cristo. La intimidación y la atadura han infectado cada aspecto y cada forma de caminar en esta vida, y el resultado es devastador. Esta fortaleza del enemigo ha hecho disminuir y casi ha neutralizado la efectividad de la vida cristiana. ¡Pero Dios puede cambiar todo eso!

Durante la semana de oración en Inglaterra, yo me reuní con gentes de varios ministerios internacionales y les expliqué lo que había sucedido en mi tiempo de oración. En Earl´s Court de Londres, Inglaterra, lanzamos un ministerio de oración que dejó ver triunfo tras triunfo. Literalmente, en un día, rompimos fortalezas enormes que tenía el enemigo y que habían detenido a la iglesia que Jesús había comprado con Su Propia Sangre. A través de toda esa semana, luchamos violentamente en guerra contra el temor y el miedo por medio de la oración.

El más grande miedo que tenía las garras sobre los ministros era el tener que romper la atadura que las tradiciones tenían sobre ellos. Cuando sus temores y miedos fueron expuestos, fuimos capaces de destruir el engaño que había sido creado por sus ritos religiosos. Ahora, el diablo estaba en problemas.

Era el tiempo de prender la luz y de sacar el temor y el miedo de sus vidas. Ellos habían estado atados por el temor y por la vergüenza que vino, debido a que ellos predicaban un mensaje de libertad mientras que, al mismo tiempo, ellos mismos estaban siendo cautivos. A medida que se abrieron, a medida que se mostraron más sinceros, y que se arrepintieron, ¡ellos fueron liberados para poder experimentar la libertad de Cristo Jesús de la cual ellos habían estado predicando!

¡Yo le había dado al diablo justo en su centro nervioso! A través de todo este libro, vamos a estar golpeándolo una y otra vez *¡hasta que tú entres a la liberación que Dios ha prometido para ti!*

Dios me dio instrucciones bien específicas para buscar en la Palabra de Dios y poder descubrir cada causa y también los efectos que vienen como resultado del temor o del miedo. Lo que descubrí es una de las más poderosas revelaciones que jamás he compartido. Hoy en día, este mensaje sigue transformando vidas.

Hay que Romper la Cuerda que Está Atando

Una de las peticiones que me llevé a Londres era de una mujer soltera que estaba en sus años veintes. Ella escribió que, años antes, ella se había embarazado antes de casarse y que nunca pudo terminar de estudiar la escuela preparatoria. Ahora, ella tiene dos hijos. Cuando esa mujer reflexionaba sobre su vida, las declaraciones negativas de su madre resonaban continuamente en sus oídos.

Su madre también había tenido hijos fuera de matrimonio y nunca se pudo graduar de la escuela preparatoria. Constantemente, ella molestaba a su hija, diciéndole cosas como, "Tú nunca vas a hacer nada con tu vida. Tú vas a ser tal como yo. Tú vas a ir siempre de un hombre a otro hombre. Nadie va a quererte jamás. Nadie va a amarte. Tú vas a ser feliz solo con conformarte si alguien te da un poco de su tiempo algún día. ¡Tú eres de segunda clase...eso es todo lo que eres...eres de segunda clase"! *Sí, eso resume mi vida—soy de segunda clase,* era lo que pensaba de sí misma esa mujer.

Cuando yo recibí esta petición para oración de esta madre soltera, ella temía que lo que su madre había declarado acerca de su vida se pudiera convertir en realidad. Entonces, ella escuchó mi enseñanza acerca de *Haz Que Se Arrodille el Temor.* Después de poner su vida en orden delante de Dios, ella tomó la determinación de que las palabras que su madre había declarado sobre ella *no iban a gobernar* su vida. Esta mujer joven conquistó esos temores, y como resultado, ahora tiene una autoestima y una autoimagen muy fuerte. Ella tiene un trabajo muy exitoso, y sus hijos la están pasando muy bien. ¡Su vida nunca volverá a ser la misma!

¿Te puedes dar cuenta de la forma en que las palabras de esa mamá ataron con temores y con miedos la vida de esta joven mujer? Esas palabras se convirtieron en lazos y cuerdas que ataron el pasado de la madre al futuro de la hija. Esas palabras condenaron a esa joven mujer a los temores del fracaso, a la soledad y a nunca poder encontrar el amor o la felicidad. Como resultado de esto, la inseguridad, la vergüenza y la culpa la atormentaron continuamente. Finalmente, cuando ella escuchó la verdad acerca de sus temores, eso la hizo libre. Ella rompió ese lazo y esa cuerda que la habían tenido atada durante toda su vida. ¡Así de poderoso es este mensaje acerca de *Haz Que Se Arrodille el Temor!* Sin embargo, a menos que tú reconozcas que estás atado, tú no vas a buscar, ni a intentar quedar libre.

Permíteme explicarte. ¿Sabes tú cómo entrenar un elefante? Cuando nace un bebé elefante, sólo sabe una cosa: ¡Mamá! Ella es su lugar principal de seguridad y de nutrición. Mientras tanto que la mamá esté atada con un pedazo de cuerda a una estaca, el bebé elefante va a permanecer dentro de los límites de la mamá debido a su necesidad.

¿CUÁL ES TU FACTOR LIMITANTE?

Muy pronto, la pierna del bebé es atada a su propia estaca y con su propia cuerda. La cuerda no es muy gruesa y tampoco está enterrada muy profundo en la tierra. Desde temprana edad, el bebé elefante llega a conocer sus limitaciones. Sólo puede ir hasta dónde la cuerda se lo permita.

Varios años después, cuando el bebé ya ha crecido, ese animal es de una vista y tamaño tremendos. Aunque posee una fuerza inmensa, su pierna sigue atada a una cuerda. La distancia de la cuerda desde el poste es la única distancia que este poderoso animal va a moverse. Cualquiera puede saber que, con el mínimo de esfuerzo, el elefante podría romper la cuerda en pedazos. ¡Pero no lo hace! ¿Por qué?

Atado a la estaca, esa cuerda siempre ha sido el factor limitante que el elefante ha tenido en su vida. Años más tarde, cuando el elefante siente la más leve resistencia por parte de esa cuerda, aunque el animal es miles de kilos más pesado que esa cuerda, él cree que no puede ir más allá.

Esto nos ilustra el poder que tiene un yugo. Hoy en día, mucha gente se encuentra atada en los límites de un ciclo repetitivo de su actitud, de su frustración, de su temor, de su comportamiento, y de muchos otros tipos de ataduras. Aunque "El Todopoderoso" vive dentro de ellos, ellos aceptan estos falsos límites como las fronteras de su vida.

¿Acaso tú has sido entrenado o entrenada como un elefante? ¿Acaso ese viejo perímetro de miedo está todavía como tu barrera limitante? A medida que tú leas este libro, abre tu corazón completamente. Permite que la revelación de la sabiduría y de los pensamientos de Dios se revelen dentro de ti. El va a revelar tu verdadera naturaleza y tu verdadero propósito. Deja que la unción de Dios quite el peso de opresión de ti, y que rompa el yugo que el temor te ha puesto. Acepta la promesa que Dios tiene para ti:

Y sucederá en aquel día que su carga será quitada de tus hombros y su yugo de tu cerviz, y el yugo será quebrado a causa de la unción.

(Isaías 10:27)

¡Vamos a conectarnos en comunión con Dios para romper todos los yugos que han estado atando tu vida!

Capítulo Dos

El Origen del Temor

Cuando el temor esclaviza a la gente, hay una fuerza devastadora y paralizante que los mantiene entre la espada y la pared. Aunque ellos tienen sueños significantes, cuando viene el momento de ponerlos en práctica, ellos se quedan sin poder hacer nada. En lugar de proseguir hacia delante, ellos tienen una multitud de excusas para no cumplir su visión. Pero no existe ninguna razón legítima que los esté deteniendo; ¡sólo es su temor y su miedo!

Dios quiere remover ese temor, y una vez hecho esto, remontar nuestra vida hacia aventuras muy excitantes. Entonces, todos ellos van a ser llenos de Su amor y de Su paz, y van a experimentar una gran realización. Nada va a ser capaz de detenerlos de las maravillosas obras en las que Dios desea que ellos participen.

Para poder confrontar al temor y al miedo, debemos entender qué es y dónde se origina. Estas revelaciones nos pueden liberar de las garras paralizantes del temor para que podamos ir en pos de los sueños y de las visiones que Dios ha planeado para nosotros. Jesús ya pagó el precio por la libertad de nuestro miedo y de nuestro temor. ¿Estás listo para caminar en esa libertad?

La Entrada del Temor

Después de que Dios creó a Adán, El puso al hombre en el Jardín del Edén, el cual El había creado y plantado. Aquí vemos a Dios como un Padre amoroso y que está proveyendo el alimento.

> *Y plantó el Señor Dios un huerto hacia el oriente, en Edén; y puso allí al hombre que había formado. Y el Señor Dios hizo brotar de la tierra todo árbol agradable a la vista y bueno para comer; asimismo, en medio del huerto, el árbol de la vida y el árbol del conocimiento del bien y del mal.*
> (Génesis 2:8-9)

¿Qué era lo que estaba en el Jardín del Edén junto con el hombre? Noten que había tres tipos de árboles:

- Un tipo de árbol era agradable a la vista y daba fruto para comer.
- El segundo era el Arbol de la Vida.
- El tercero era el Arbol del Conocimiento del Bien y del Mal.

Dios dio una instrucción muy importante para Adán, acerca de este tercer árbol:

> *Y ordenó el Señor Dios al hombre, diciendo: De todo árbol del huerto podrás comer, pero del árbol del conocimiento del bien y del mal no comerás, porque el día que de él comas, ciertamente morirás.*
> (v. 16-17)

Es crítico el poder entender que los frutos de este tercer árbol no son manzanas, ni ningún otro tipo de fruta física, como muchos artistas han querido representarlo. Recuerda que este es el Arbol del Conocimiento. Por lo tanto, su fruto es conocimiento. "Comer" del Arbol del Conocimiento del Bien y del Mal significa participar en una nueva forma de conocimiento. Este tipo de conocimiento le permite a uno entender el bien y el mal, y no de manera buena, ni con el buen conocimiento con que Dios había creado al hombre originalmente. Por lo tanto, el hecho de participar del Arbol del Conocimiento del Bien y del Mal significa recibir información de una fuente de información que es diferente o distinta a Dios. Esta fuente malvada de información es Satanás.

Dios le advirtió a Adán que el hecho de ingerir este nuevo tipo de conocimiento iba a dar como resultado la muerte eterna en lugar de la vida eterna que él estaba disfrutando.

La DESOBEDIENCIA TRAJO LA SEPARACIÓN. Satanás, en la forma de una serpiente, tentó a la esposa de Adán, que era Eva. Y como resultado, Adán y Eva desobedecieron a Dios y comieron del fruto prohibido de este tercer árbol. Por consecuencia, tal y como Génesis lo explica, sus ojos se abrieron para poder distinguir entre el bien y el mal.

Pues Dios sabe que el día que de él comáis, serán abiertos vuestros ojos y seréis como Dios, conociendo el bien y el mal. (Génesis 3:5)

Entonces el Señor Dios dijo: He aquí, el hombre ha venido a ser como uno de nosotros, conociendo el bien y el mal. (Génesis 3:22)

¿Cuáles fueron los efectos de ingerir este nuevo conocimiento?[1] Una de las primeras señales de haber comido del Arbol del Conocimiento del Bien y del Mal fue el temor y el miedo. Observa las respuestas y las reacciones de Adán y de Eva después de que ellos habían comido:

Y oyeron al Señor Dios que se paseaba en el huerto al fresco del día; y el hombre y su mujer se escondieron de la presencia del Señor Dios entre los árboles del huerto. Y el Señor Dios llamó al hombre, y le dijo: ¿Dónde estás? Y él respondió: Te oí en el huerto, y tuve miedo porque estaba desnudo, y me escondí. (Génesis 3:8-10)

Noten que aquí, toda la comunión que Adán y Eva tenían con Dios se había roto. Ellos se escondieron de Dios porque ellos estaban desnudos. La separación comenzó. Ya no se podían sentir cómodos, ni libres en su relación con Dios. También, algo nuevo se había desarrollado. Los corazones desobedientes, llenos de consciencia de Adán y de Eva comenzaron a expresarse en eso que llamamos miedo o temor. Fue su primera respuesta emocional después de la Caída. A partir de esta experiencia, la vergüenza, la culpa, la inferioridad y la inseguridad se convirtieron en los enemigos constantes del hombre.

Cuando Adán y Eva pecaron, las consecuencias y los efectos no pararon en ellos. Debido a que Adán era el padre terrenal de la raza humana, cada persona que ha descendido de él, ha nacido dentro de este estado caído del pecado.

Por tanto, tal como el pecado entró en el mundo por un hombre, y la muerte por el pecado, así también la muerte se extendió a todos los hombres, porque todos pecaron. (Romanos 5:12)

El pecado de Adán abrió la puerta para que nosotros podamos conocer el bien y el mal. De aquí, salió el temor y el miedo. Ahora, toda la raza humana ha experimentado y va a experimentar el temor.

Vamos a ver qué fue lo que les sucedió inmediatamente después de esto a Adán y a Eva.

Entonces el Señor Dios dijo: He aquí, el hombre ha venido a ser como uno de nosotros, conociendo el bien y el mal; cuidado ahora no vaya a extender su mano y tomar también del árbol de la vida, y coma y viva para siempre. Y el Señor Dios lo echó del huerto del Edén, para que labrara la tierra de la cual fue tomado. Expulsó, pues, al hombre; y al oriente del huerto del Edén puso querubines, y una espada encendida que giraba en todas direcciones, para guardar el camino del árbol de la vida. (Génesis 3:22-24)

Debes de recordar que antes de la Caída, Adán y Eva no conocían ningún tipo de temor. Ellos tenían una comunión abierta con Dios, Su Padre, y tenían libre acceso al Arbol de la Vida, o a la vida eterna. Sin embargo, después de caer ante la tentación de Satanás, y de aceptarlo como su nueva fuente de información, ellos se separaron de Dios y fueron atrapados en las ataduras del diablo. El se convirtió en su nuevo padre.[2]

Recuerda que tal y como leímos antes en el libro de Génesis, Dios les había advertido acerca de que si comían del Arbol del Conocimiento del Bien y del Mal, esto resultaría en muerte. Antes de esto, el hombre habría podido vivir para siempre, pero con la Caída, vino el proceso de muerte, incluyendo eventualmente a la muerte física y a la muerte espiritual. Por esto Dios tuvo que impedirles a Adán y a Eva el acceso al Arbol de la Vida. Dios no quería que la raza humana viviera para siempre en su estado caído o en su condición caída.

ADÁN Y EVA EXPERIMENTARON EL MIEDO POR PRIMERA VEZ DESPUÉS DE LA CAÍDA.

En la Caída, Adán y Eva se movieron de estar relacionados con Dios como su Fuente espiritual de información, a estar relacionados con el diablo. Con esto, el hombre transfirió su ciudadanía del reino de Luz al reino de las tinieblas, y el temor fue uno de los primeros frutos de esto. (Ver la figura 1; en la página 33).

Las Buenas Nuevas

Todas éstas fueron las malas noticias. Las Buenas Nuevas o las Buenas Noticias es que ¡Dios ama tanto al hombre como para dejarlo en este estado caído y lleno de temor! ¡Aleluya!

> *Porque de tal manera amó Dios al mundo, que dio a su Hijo unigénito, para que todo aquel que cree en El, no se pierda, mas tenga vida eterna.*
> (Juan 3:16)

Dios mandó a Jesús para redimirnos y para darnos de nuevo el libre acceso al Arbol de la Vida, o a la vida eterna. Jesús declaró,

> *El que tiene oído, oiga lo que el Espíritu dice a las iglesias. Al vencedor le daré a comer del árbol de la vida, que está en el paraíso de Dios.*
> (Apocalipsis 2:7)

Jesús dijo que, si vencemos, tendremos el derecho de comer del Arbol de la Vida. ¿Qué o a quién debemos de vencer, y cómo ? La Palabra de Dios nos dice,

> *Y fue arrojado el gran dragón, la serpiente antigua que se llama el Diablo y Satanás, el cual engaña al mundo entero; fue arrojado a la tierra y sus ángeles fueron arrojados con él. Y oí una gran voz en el cielo, que decía: Ahora ha venido la salvación, el poder y el reino de nuestro Dios y la autoridad de su Cristo, porque el acusador de nuestros hermanos, el que los acusa delante de nuestro Dios día y noche, ha sido arrojado. Ellos*

> *lo vencieron por medio de la sangre del Cordero*
> *y por la palabra del testimonio de ellos, y no*
> *amaron sus vidas, llegando hasta sufrir la muerte.*
>
> (Apocalipsis 12:9-11)

Vencemos al diablo por la Sangre de Jesús, la cual El derramó en la cruz por todos nosotros, y por el testimonio de nuestra nueva vida en El.

Jesús también dijo, *"Bienaventurados los que lavan sus ropas* (en la Sangre de Jesús) *para tener derecho al árbol de la vida y para entrar por las puertas a la ciudad"* (Apocalipsis 22:14). Jesús nos restauró en la correcta relación (que es la justicia) con Dios, de tal manera que el hombre ahora puede tener comunión con El nuevamente.

> *Así pues, tal como por una transgresión resultó*
> *la condenación de todos los hombres, así también*
> *por un acto de justicia resultó la justificación de*
> *vida para todos los hombres.* (Romanos 5:18)

Al aceptar a Cristo Jesús, transferimos nuestra ciudadanía, regresándola del reino de las tinieblas al Reino de Luz. (Ver la figura 1, de la página 33). Y en lugar del diablo, ahora Dios se convierte en nuestra nueva Fuente de información, y de sabiduría, y de conocimiento. Tal y como lo escribió Pablo:

> *Por esta razón, también nosotros, desde el día que*
> *lo supimos, no hemos cesado de orar por vosotros*
> *y de rogar que seáis llenos del conocimiento de*
> *su voluntad en toda sabiduría y comprensión*
> *espiritual, para que andéis como es digno del*
> *Señor, agradándole en todo, dando fruto en toda*
> *buena obra y creciendo en el conocimiento de*
> *Dios; fortalecidos con todo poder según la potencia*
> *de su gloria, para obtener toda perseverancia y*

paciencia, con gozo dando gracias al Padre que nos ha capacitado para compartir la herencia de los santos en luz. Porque El nos libró del dominio de las tinieblas y nos trasladó al reino de su Hijo amado, en quien tenemos redención: el perdón de los pecados. (Colosenses 1:9-14)

Dios se convierte en Nuestro Padre al adoptarnos de nuevo en Su familia.

Así también nosotros, mientras éramos niños, estábamos sujetos a servidumbre bajo las cosas elementales del mundo. Pero cuando vino la plenitud del tiempo, Dios envió a su Hijo, nacido de mujer, nacido bajo la ley, a fin de que redimiera a los que estaban bajo la ley, para que recibiéramos la adopción de hijos. Y porque sois hijos, Dios ha enviado el Espíritu de su Hijo a nuestros corazones, clamando: ¡Abba! ¡Padre! Por tanto, ya no eres siervo, sino hijo; y si hijo, también heredero por medio de Dios. (Gálatas 4:3-7)

Ahora ya podemos caminar en comunión con Dios Nuestro Padre a través de Cristo Jesús, experimentando Su libertad y sin ningún temor: *"Donde está el Espíritu del Señor, ahí hay libertad"* (2a. Corintios 3:17). Jesús dijo,

PODEMOS VIVIR SIN TEMOR.

Vosotros, pues no busquéis qué habéis de comer, ni qué habéis de beber, y no estéis preocupados. Porque los pueblos del mundo buscan ansiosamente todas estas cosas; pero vuestro Padre sabe que necesitáis estas cosas. Mas buscad su reino, y estas cosas os serán añadidas. No temas, rebaño pequeño, porque vuestro Padre ha decidido daros el reino. (Lucas 12:29-32)

Las Consecuencias y Efectos de la Caída y de la Redención del Hombre

En la Figura 1 de la página siguiente, tú puedes ver que cuando Adán y Eva desobedecieron a Dios y pecaron en el Jardín del Edén, su Caída los lanzó a ellos y a toda la humanidad del reino de Dios de Luz hacia un nuevo mundo. La primera respuesta emocional de Adán y de Eva a esta nueva vida en el reino de las tinieblas fue el temor y el miedo. Sin embargo, a través de la obra redentora y terminada de Jesús en la cruz, el hombre puede regresar al Reino de Luz. Ahora, a través de Cristo Jesús, podemos convertirnos en hijos e hijas adoptivos de Dios. Después de aceptar a Jesús como nuestro Salvador Personal, tenemos derecho a todas las bendiciones de Dios, y esto incluye el derecho a vivir sin temores.

Las Consecuencias y Efectos de la Caída y de la Redención del Hombre

El Reino de Luz

El Reino de las Tinieblas

La Caída →

El Reino de Luz	El Reino de las Tinieblas
Dios es un Padre amoroso y que nos alimenta	Satanás es un padre devorador y contencioso
Libre acceso al Arbol de la Vida	Acceso prohibido al Arbol de la Vida
Vida eterna	Muerte eterna
Comunión con Dios	Separación de Dios
Acceso prohibido al Arbol del Conocimiento del Bien y del Mal	Libre acceso al Arbol del Conocimiento del Bien y del Mal
Dios es la Fuente de la información	Satanás es la fuente de la información
Libertad en Dios	Atados a Satanás
Desnudos sin sentir produciendo falsas	Vergüenza y culpa, vergüenza apariencias

Ningún Temor ← Jesús Temor y Miedo

Figura 1

Guárdate en Contra de la Tentación

Si tú eres un cristiano, estos son tus derechos. Sin embargo, tú todavía estás viviendo en este mundo caído, donde Satanás gobierna como el *"dios de este siglo"* y sus hijos habitan: *"En los cuales el dios de este mundo ha cegado el entendimiento de los incrédulos, para que no vean el resplandor del evangelio de la gloria de Cristo, que es la imagen de Dios"* (2a. Corintios 4:4).

El apóstol Pablo advirtió a los primeros cristianos que Satanás trataría de traerlos de regreso a su reino. El escribió, *"Pero temo que, así como la serpiente con su astucia engañó a Eva, vuestras mentes sean desviadas de la sencillez y pureza de la devoción a Cristo"* (2a. Corintios 11:3). Tú debes recordar que Jesús ya pagó el precio para libertarte de la atadura de Satanás, así que no regreses a ella. Enfócate en Dios, y no en el diablo, y mira a Dios como tú única Fuente de información. *"Para libertad fue que Cristo nos hizo libres; por tanto, permaneced firmes, y no os sometáis otra vez al yugo de esclavitud"* (Gálatas 5:1).

UNA VEZ QUE CRISTO JESÚS TE HA LIBERTADO, NUNCA REGRESES A LA ATADURA DE SATANÁS.

Debes estar alerta para no perder tus derechos que te fueron dados por Dios, y los cuales Jesús compró para ti. *"Sed de espíritu sobrio, estad alertas. Vuestro adversario, el diablo, anda al acecho como león rugiente, buscando a quien devorar"* (1a. Pedro 5:8). Tú no debes de temer al diablo, a su información o a sus cómplices. La Biblia declara: *"Hijos míos, vosotros sois de Dios y los habéis vencido, porque mayor es el que está en vosotros que el que está en el mundo"* (1a. Juan 4:4). Tú no tienes ninguna razón para temer. Jesús derramó Su Sangre y dio Su vida por tu libertad y por tu victoria. Es tiempo de que tú reines como un rey en esta vida sin tener ningún temor.

Porque si por la transgresión de uno, por éste reinó la muerte, mucho más reinarán en vida por medio de uno, Jesucristo, los que reciben la abundancia de la gracia y del don de la justicia.
(Romanos 5:17)

Como puedes ver, cuando tú aceptas a Jesús como tu Salvador, tú no sólo recibes un pase para escapar del infierno y de la muerte eterna. Jesús te da una nueva vida en la tierra, una vida como la tenían Adán y Eva antes de la Caída. El te restaura a la comunión con Dios y te abre la puerta para todas Sus bendiciones. Debes reinar en esta vida como un rey. No hay necesidad de temer o de tener miedo.

¿Qué Es el Temor?

Está claro que Dios no quiere que nosotros tengamos miedo o temor de lo malo. Y aunque tal vez sí entendemos esta verdad, frecuentemente es muy difícil no caer presa del temor. ¿Por qué? Para poder contestar esto, vamos a examinar lo que realmente es el temor y el miedo.

Si tú buscas en un diccionario, es muy probable que tú vas a encontrar una explicación clínica acerca del temor, describiéndola como una respuesta emocional y psicológica de los animales y de los seres humanos ante los estímulos peligrosos o ante los ímpetus. En esta forma, el temor es un instinto de supervivencia.

Pero ponte a pensar en nuestra discusión anterior acerca del Jardín del Edén. Antes de la Caída, el temor y el miedo no existían, y tampoco existía el peligro. Después de la Caída, el temor y el peligro fueron una cosa común en la existencia del hombre. Ahora, en este mundo caído, el temor sólo se convierte en beneficio cuando produce un pensamiento que puede servir para salvar una vida o que puede producir fuerza adicional para poder huir de una situación peligrosa o para poder pelear en contra de un agresor. Por ejemplo, si tú estás en medio de una carretera y un gigantesco camión de redilas viene hacia ti a muy alta velocidad, tú vas a experimentar el temor. Los resultados o consecuencias psicológicas de ese temor te van a ayudar a que te pongas a salvo. Entonces, una vez que ha pasado el peligro, el miedo o temor también se disipará.

Afortunadamente, no muchos de nosotros nos encontramos en este tipo de situaciones peligrosas muy seguido. Para la mayoría, nuestros temores son completamente infundados. Generalmente, la probabilidad de que nuestros peores temores se vuelvan realidad es muy remota. Sin embargo, aun si nuestros temores se pudieran hacer manifiestos, el temor constante es una fuerza destructora. No es saludable, ni física, ni mental, ni espiritualmente, que tu mente esté inundada con un continuo sentimiento de incertidumbre, de pánico, o de preocupación. En 1a. Juan 4:18, que vamos a leer más adelante, el apóstol Juan declara, *"El temor trae tormento"*. ¡Tu Padre Celestial no quiere que tú seas atormentado! Este tipo de temores te roba el gozo del Señor y te exprime literalmente de cualquier habilidad para poder creer en Dios.

EL TEMOR NO EXISTÍA ANTES DE LA CAÍDA DEL HOMBRE.

En *Haz Que Se Arrodille el Temor*, vamos a estar tratando con los temores destructores. En capítulos posteriores, vamos a discutir la forma cómo tú debes de guardar tu vida, identificando tus motivos y las reacciones de ímpetu a las que tú respondes o reaccionas. De otra manera, si tú eres capaz de entender lo que te mueve, cualquier cosa podría hacer presa fácil de ti. El hecho de ser controlado por fuerzas desconocidas no es el plan de Dios para tu vida, porque tu enemigo puede tomar ventaja de ti para destruir tus sueños y aun tu vida diaria.

Nuestro Enemigo Real Es el Autor del Temor y del Miedo

¿Quién es nuestro enemigo? Muchos describirían a un enemigo como alguien que está preparándose para atacarlos, como en una guerra. Sin embargo, debemos ver que nuestro enemigo no son las gentes, o las naciones, o las razas, o religiones, o culturas. Al contrario, nuestro enemigo es un estado mental, un modelo constante de pensamientos que usa la agresión y la tiranía para mantenernos en las ataduras. Este tipo de pensamiento desata gran miedo y mucho sufrimiento. Ahora, basados en nuestros estudios de eventos del Jardín del Edén, sabemos que el enemigo verdadero detrás de este patrón de pensamiento es Satanás. El usa a sus espíritus demoníacos o a sus ángeles caídos, de los cuales leímos anteriormente en Apocalipsis 12:9, para engañar a la gente y hacerles que caigan en el temor. Vamos a examinar este punto más adelante.

EL PATRÓN DE PENSAMIENTO DEL TEMOR VIENE DE SATANÁS, QUE ES NUESTRO ENEMIGO.

El apóstol Pablo declaró, *"No nos ha dado Dios espíritu de cobardía, sino de poder, de amor y de dominio propio"* (2a. Timoteo 1:7). Aquí vemos que el temor es un espíritu demoníaco. Pablo enseña muy claramente que no es la intención de Dios para Sus hijos que vivan con este espíritu.

¿Qué Es un Espíritu?

Primero, debemos entender lo que es un espíritu. A medida que tú lees la Biblia, tú ves frases como ángeles caídos, espíritus inmundos, espíritus malignos, espíritus engañadores, demonios, diablos, el espíritu de temor y el espíritu de atadura o de opresión. Las definiciones de todos estos son fáciles de entender, porque todas ellas vienen de la misma fuente o del mismo origen. Un ángel es simplemente un mensajero[3], y por lo tanto, un ángel caído es un mensajero que comunica información de una fuente que es contaria a la Palabra de Dios. ¡Esa fuente o ese origen de información es el diablo! *Demonio* viene de la palabra griega *daimon,* y de la raíz *da,* que significa "conocer". Por lo tanto, un demonio es "un ser que conoce".[4] Este tipo de seres comunican conocimiento que viene de su fuente de información, que es el diablo.

El libro de Oseas declara: *"Mi pueblo es destruido por falta de conocimiento.... Así se pierde el pueblo sin entendimiento"* (Oseas 4:6, 14). No permitas que la ignorancia de otros traiga la destrucción a las puertas de tu casa. Jesús prometió que *"Conoceréis la verdad, y la verdad os hará libres"* (Juan 8:32).

El Espíritu de Atadura vs. el Espíritu de Adopción

A los romanos, Pablo les explicó, *"Pues no habéis recibido un espíritu de esclavitud para volver otra vez al temor, sino que habéis recibido un espíritu de adopción como hijos, por el cual clamamos: ¡Abba, Padre!"* (Romanos 8:15). Este versículo nos lleva un poco más adelante. No sólo es el hecho de que el temor es un espíritu demoníaco, sino que vemos de una manera más específica que también él mismo es *"el espíritu de atadura o esclavitud"*. Esto significa literalmente que el temor o el miedo viene para atarte y para limitarte, en sus garras controladoras.

EL DIABLO NOS ESCLAVIZA, PERO JESÚS NOS LIBERTA.

Recuerda que estudiamos anteriormente que en el reino de las tinieblas, el hombre está atado a Satanás. El temor o el miedo es la evidencia o el síntoma de la causa o del origen, que es la atadura o esclavitud espiritual. La atadura o esclavitud espiritual da como resultado el temor. En otras palabras, *si tú experimentas temor o miedo, esto significa que tú estás en ataduras.* En esa área de tu vida, ¡tú estás operando en el reino de las tinieblas!

Ahora, por favor no me mal entiendan. Tú puedes ser un cristiano y aun así, estar experimentando temor. Si tú tienes temor en ciertas áreas de tu vida, esto simplemente significa que tú no has experimentado la libertad que Jesús compró para ti en esas áreas. Tú todavía estás atado al diablo en esas partes de tu vida.

En el griego, *atadura* significa "esclavitud".[5] Piensa acerca de esto. Cualquier cosa que provoca miedo o temor tiene un elemento de atadura o esclavitud que controla tu vida en cierta medida. Cuando tú eres una víctima del temor, tú te estás poniendo bajo el control de un espíritu demoníaco que te ata y te oprime. Y por lo tanto, tú te conviertes en su esclavo.

¡Estas no son experiencias provenientes del reino de Luz! Jesús ha venido para hacerte libre. El dijo,

> *El Espíritu del Señor está sobre mí, porque me ha ungido para anunciar el evangelio a los pobres. Me ha enviado para proclamar libertad a los cautivos, y la recuperación de la vista a los ciegos; para poner en libertad a los oprimidos; para proclamar el año favorable del Señor.* (Lucas 4:18-19)

El Abba Padre Te Adoptó Amorosamente

Existe una gran diferencia entre el espíritu de atadura o esclavitud, el cual nos da como resultado paralizarnos y tener temor, y la comunión que tenemos con Dios como Sus hijos. Vamos a examinar este punto cuidadosamente, porque ¡es una de las claves más profundas para eliminar el temor! Al principio, tal vez parezca un poco complicado, pero en realidad, es muy simple.

MIENTRAS MÁS NOS DAMOS CUENTA DE LO MUCHO QUE DIOS NOS AMA, TENEMOS MENOS MIEDA Y TEMOR.

En 2a. Timoteo 1:7, la Palabra de Dios contrasta *"un espíritu de temor"* con el *"poder...amor...y dominio propio"*. En Romanos 8:15, el temor es colocado en posición opuesta a la adopción de nuestro Padre Celestial. ¿Cómo se relacionan estos elementos? ¿Qué tiene que ver el temor con el amor y con la adopción? Aquí está la respuesta: El temor está relacionado inversamente a nuestro entendimiento del amor y de la adopción de Dios. En otras palabras, a medida que uno aumenta, el otro disminuye:

- Mientras más nos damos cuenta que Dios nos ama y que Nos ha adoptado, tenemos menos miedo y temor.
- Y viceversa, mientras más temor experimentamos, se debe a que entendemos y creemos menos que Dios Todopoderoso y amoroso nos ha adoptado, y que está cuidando de nosotros.

El poder entender esta revelación es la clave para vencer el temor. ¿Acaso puedes ver que al experimentar la aceptación y el cuidado y amor de Dios, esto hace que pierdas cada forma de temor que existe en tu vida? Ahora, debería estar muy claro que el temor no es el mayor elemento con que tú debes luchar o en que tú debes enfocarte. Al contrario, tú necesitas enfocarte en conocer y en creer en el amor de Dios para ti. Esta es la forma cómo tú haces que se arrodille el temor. ¡El amor de Dios es tan poderoso que echa fuera todo temor.

La Biblia hace muy clara esta conexión cuando dice,

En el amor no hay temor, sino que el perfecto amor echa fuera el temor, porque el temor involucra castigo, y el que teme no es hecho perfecto en el amor. Nosotros amamos, porque El nos amó primero. (1a. Juan 4:18-19)

Noten que si tememos, *"no hemos sido hechos perfectos en el amor"*. ¿Te das cuenta cómo el temor y el amor están relacionados de manera inversa? El perfecto amor de Dios echa fuera todo temor, el cual es un instrumento de tormento, porque Su amor genera la calma y la certidumbre. Y debido a que tu espíritu es nacido del amor de Dios, es muy seguro, porque se mueve basado en ese amor. La clave para estar libre de temor o miedo, entonces, es descansar en el perfecto amor de Dios.

Consideren, por ejemplo, a un bebé de seis meses de edad. ¿Qué tanto temor o miedo tiene ese bebé? Ninguno. No tiene ninguna razón para tener miedo o temor. El bebé sólo conoce el vientre que lo nutría, y después, el cuidado amoroso de su madre, de su padre, o de cualquiera que esté supliendo sus necesidades. Ese bebé no tiene la menor habilidad de poder cuidarse a sí mismo. El depende totalmente de quien lo cuide. Esta es la razón por la cual el bebé no tiene temor.

Como ves, el temor en nuestra vida viene de ponernos a pensar que debemos cuidarnos a nosotros mismos, sabiendo que, al mismo tiempo, no tenemos el poder necesario para proveer a todo aquello que necesitamos. Un bebé no tiene poder alguno para cuidar de sí mismo, pero no tiene temor, porque él sabe que la gente que lo cuida va a proveer para todas sus necesidades. El no ha conocido nada más.

Leamos Romanos 8:15 otra vez: *"Pues no habéis recibido un espíritu de esclavitud para volver otra vez al temor, sino que habéis recibido un espíritu de adopción como hijos, por el cual clamamos: ¡Abba (Papá, Papi), Padre"!* Cuando los padres terrenales quieren adoptar un hijo o una hija, ellos toman la decisión de hacerlo. De la misma manera, tu Padre Celestial te ha escogido para que vivas en este momento de la historia para ser Su hijo o hija.

DIOS NOS HA ESCOGIDO EN AMOR Y VA A CUIDAR DE NOSOTROS.

De la misma manera que un hijo o hija adoptivo, sin temor alguno, acepta a esa mamá o a ese papá que lo

41

va a cuidar, nosotros, como cristianos, podemos creer sin temor alguno que nuestro Papá Dios está cuidando de nosotros. Nuestra vida no está bajo nuestra propia dirección. No está en nosotros el hacer que todas las cosas sucedan. No, nosotros tenemos un amoroso Papá Dios, que nos ha adoptado y que cuida de nosotros. Es debido a esto, que no tenemos que tener temor o miedo de que nuestros pasos futuros nos vayan a desviar, haciendo que fracasemos en la vida.

No mucho tiempo después de la primera infancia es que nos movemos de estar confiando y dependiendo en el amoroso cuidado de nuestros padres, a tener que depender en nosotros mismos para poder suplir nuestras necesidades. En algún punto entre la infancia y el primer año escolar, transferimos la dependencia a nosotros mismos; y perdimos algo de esa seguridad amorosa con la que comenzamos la vida. Por ejemplo, yo he orado por niños que estaban muy nerviosos cuando iban a comenzar el primer año de escuela. Ellos tenían miedo porque iban a pasar de la vida ordinaria hacia lo desconocido. Como puedes ver, el miedo no sólo nos ataca en las situaciones precarias, sino también en los medio ambientes que son nuevos para nosotros.

Muchas veces, de la misma manera como los niños pequeños se llenan de temor, nosotros, a menudo, cambiamos de estar confiando en nuestro amoroso Padre Celestial, a ponernos a pensar que somos completamente responsables de nuestro bienestar. Nos olvidamos de lo mucho que nos ama nuestro Padre Celestial.

Esta revelación ha transformado muchas vidas. Una mujer en particular, tenía un miedo traumático de cruzar el puente llamado Delaware Memorial, que es un puente de doble sentido que conecta al estado de Nueva Jersey con el estado de Delaware. Su miedo era tan intenso, que cada vez que lo tenía que cruzar, ella manejaba hasta la entrada del puente, donde hay una estación de policía, estacionaba su automóvil ahí, y los policías que cuidan ese puente, tenían que manejar su automóvil y cruzarla hasta el otro lado del puente.

Ahora bien, ¿por qué es que este miedo tan intenso de cruzar puentes se había apoderado de esta mujer? Porque ella estaba confiando en su propia habilidad para mantenerse a salvo, mientras cruzaba ese puente. Sin embargo, el miedo vino debido a que ella sabía que no tenía poder alguno para prevenir accidentes.

Entonces, un día que yo estaba enseñando en el amor de Dios, esta mujer recibió de repente la revelación de que el amor de Dios echa fuera todo temor. ¡Cambió su vida! La siguiente vez ella estaba lista para poder manejar su automóvil a través del puente, y en lugar de sucumbir ante el temor, esta mujer experimentó la poderosa presencia del Espíritu de Dios. El mostró Su gran pasión y amor por ella.

La respuesta de la mujer fue ésta: "Dios nunca me podría dejar salir volando de ese puente en un accidente, debido a lo mucho que El me ama". Esa fue la última vez que ella experimentó cualquier tipo de temor al cruzar ese puente. Durante muchos años, esta mujer ha estado cruzando de ida y vuelta, prácticamente cada semana— sin que siquiera le suden las palmas de las manos.

Tienes que resolver que, debido al amor de Dios, tú vas a romper toda dependencia en ti mismo, para que ya no vivas bajo las garras del temor. Descansa en el hecho de que el amor de Dios es mucho más grande que la habilidad del enemigo para inducir temor o miedo en tu vida. Como cristiano, tú eres parte de la familia de Dios. Mantente cerca de tu Papi Celestial. ¡Brinca a Su regazo cada día! Entonces, desde esa poderosa perspectiva, vive y ora sin temor alguno.

Tú Tienes la Autoridad de Dios

¿Qué es lo que te da la autoridad para vivir sin temor? El libro de Efesios declara que tú estás sentado con Cristo Jesús a la mano derecha del Padre Celestial:

Y cuál es la extraordinaria grandeza de su poder para con nosotros los que creemos, conforme a la eficacia de la fuerza de su poder, el cual obró en Cristo cuando le resucitó de entre los muertos y le sentó a su diestra en los lugares celestiales, muy por encima de todo principado, autoridad, poder, dominio y de todo nombre que se nombra, no sólo en este siglo, sino también en el venidero. Y todo sometió bajo sus pies, y a El lo dio por cabeza sobre todas las cosas a la iglesia, la cual es su cuerpo, la plenitud de aquel que lo llena todo en todo....Y con El nos resucitó, y con El nos sentó en los lugares celestiales en Cristo Jesús.
(Efesios 1:19-23; 2:6)

Veámoslo de esta manera. En la esfera del espíritu, tú estás a la mano derecha de Dios, clamando en voz alta, *"Abba Padre"*. Teniendo derecho legal a todo lo que hay en el cielo, tú posees el derecho absoluto para conocer el propósito y la voluntad de Dios para tu vida sin tener ningún temor. Tú eres un ciudadano del cielo con todos los derechos del cielo, mientras que vives en la tierra. Es tu derecho el tener la libertad de todo temor y miedo, debido a que en el cielo no existe ningún lugar para el temor ni para el miedo. Jesús ya ha conquistado a este adversario.

ORDÉNALE AL TEMOR QUE SE VAYA EN EL NOMBRE DE JESÚS.

Cuando tú te pares en la tierra como embajador de Dios, no debes tener miedo. No tienes que someterte a las tácticas de temor y miedo del diablo, y, además, Jesús nunca usa el temor ni el miedo como herramienta para forzarte a obedecerlo. Por lo tanto, no le permitas al temor que te vuelva a paralizar. Al contrario, ¡haz que se arrodille el temor en el Nombre de Jesús!

Como puedes ver, el temor está atado a permanecer contigo a menos que tú lo eches fuera. Sí, ¡tú, de hecho, puedes hacer que se vaya el miedo y el temor! Tú puedes eliminarlos, y no a base de tu propio poder, sino debido a que Dios te da la autoridad para hacerlo en el Nombre de Jesús. En tu debilidad humana, tú no tienes el poder, ni la autoridad, para remover el temor o el miedo, pero en el Nombre de Jesús, ¡tú sí puedes! Su Nombre está por encima de cualquier otro nombre, incluyendo el nombre del temor o del miedo. La Biblia declara:

Por lo cual Dios también le exaltó hasta lo sumo, y le confirió el nombre que es sobre todo nombre, para que al nombre de Jesús se doble toda rodilla de los que están en el cielo, y en la tierra, y debajo de la tierra, y toda lengua confiese que Jesucristo es Señor, para gloria de Dios Padre.
(Filipenses 2:9-11)

Decide ahora, ¿bajo de cuál autoridad vas a caminar, la del hombre o la de Dios? ¿A qué autoridad te vas a someter? Yo te animo para que tú veas más allá de las estipulaciones del hombre, y camines en los propósitos de Dios, y que hagas que se arrodille el temor.[6] Si tú sientes temor o miedo, debes saber que no es de Dios. El no les dio un espíritu a Sus hijos para que los limite, o los restrinja, o les ate, o para que los convierta en esclavos. ¡No! El hecho de vivir en temor no es la voluntad de Dios para tu vida. El te ha diseñado para que seas libre. El espíritu de temor no debería atormentarte, ni paralizarte. Si tú eres un cristiano, tú tienes un espíritu muy diferente, el cual es *"el espíritu de poder y de amor y de dominio propio"* (2a. Timoteo 1:7). ¡Este es el Espíritu de Dios que vive dentro de ti! En lugar de vivir en el tormento del temor o del miedo, ¿no preferirías tener una mente con dominio propio, conociendo que un Dios poderoso te ama, cuida de ti, y mora dentro de ti? Es verdad. ¡Hoy es el tiempo de creer en la Palabra de Dios y hacer que el temor se arrodille!

Decir eso es muy fácil, tal vez, tú estés pensando, *pero muy difícil de hacer. Yo quiero creer esto, pero el temor todavía me tiene atrapado. ¿Cómo puedo quedar libre?*

No es difícil quedar libre de temor o de miedo.

DIOS TE DISEÑÓ PARA QUE VIVAS EN LIBERTAD.

Si tú eres cristiano, el temor no tiene ningún derecho de atormentarte. La única manera en que el temor puede operar en tu vida es que tú le abras la puerta para que entre. Tú sólo necesitas cerrar las puertas que permiten o que causan ese temor o ese miedo. Entonces, tú puedes vivir en paz y en plenitud.

Reconoce las Causas del Temor o del Miedo

Yo comencé a buscar al Señor y a preguntarle, ¿"Qué es lo que específicamente causa que la gente tema o tenga miedo? ¿Por qué existe el miedo en la vida de los cristianos redimidos"? Para derrotar a este enemigo tan desgastante, debemos saber qué es lo que le da el poder de operar en nuestra vida. Entonces podemos saber cómo remover estas ataduras. Mientras que yo estaba en Londres, pasando aproximadamente cien horas en oración, estudiando y meditando en las Escrituras, Dios habló a mi espíritu acerca de las causas que originan las diferentes formas destructoras del temor y del miedo. El reveló que el miedo tiene sus raíces en cuatro factores principales.

CAUSA #1: CONFIANDO EN LA CARNE

A medida que yo estudié y oré acerca del tema del temor, la primera causa que descubrí depende en lo que la Biblia llama *"el brazo o el poder de la carne"* (2a. Crónicas 32:8). Este hombre está mirando y confiando en su propia habilidad limitada para tratar o para enfrentar los retos. En otras palabras, él confía en lo que él puede hacer para arreglar las cosas por su propia cuenta. Esta respuesta eventualmente genera temor o miedo.

CAUSA #2: CREYENDO QUE LA INFORMACIÓN ES TAN NATURAL COMO APARENTA SER

La segunda causa del temor o miedo es el hecho de creer que la información es tal y como aparenta ser en la forma natural. Esto significa estar aceptando información negativa del medio ambiente natural. Esto puede incluir reportes, tales como el balance insuficiente de la chequera, el estado de cuenta muy alto de una tarjeta de crédito, o el diagnóstico de un médico acerca de la progresión segura de una enfermedad mortal. El creer en este tipo de información produce temor o miedo.

CAUSA #3: REACCIONES SENSORIALES DEL TEMOR

La siguiente causa del temor se deriva de la manera en que los cinco sentidos de una persona reaccionan ante la información natural. Hemos visto muchos ejemplos de reacciones sensoriales que inducen al temor, tales como *el ver* en las noticias el derrumbe de rascacielos; *el escuchar* a la gente gritando junto con el sonido de sirenas; el hecho de *oler* humo; *el probar* algo metálico en la comida; y el hecho *de tocar* alguna protuberancia que no existía debajo de la piel. Estos tipos de sensaciones normalmente inducen al temor.

CAUSA #4: ENTRETENIÉNDOSE CON LAS IMAGINACIONES MALVADAS

La cuarta causa del temor que yo aprendí es el permitirle a un espíritu maligno que produzca sus imaginaciones en la mente. Estas imágenes mentales que el enemigo sugiere pueden ser engañosas o temerosas. Por ejemplo, pueden incluir visiones sexuales seductivas que, al principio, parecen ser inocentes, pero que pueden llevar a consecuencias devastadoras. O tal vez puedan ser escenarios horribles donde ilustran algún ser amado que está siendo muerto en un accidente, la casa de alguien o el edificio de oficinas que se están incendiando, el hecho de estar contrayendo cáncer, el hecho de estar siendo despedido de un trabajo, el hecho de perder una casa o un automóvil que apenas acaba de ser comprado, el sentir que hay gente hablando negativamente a las espaldas de uno, y toda una tonelada de muchas otras impresiones falsas. El mantenerse imaginando todas estas imaginaciones de temor o de lujuria, va a dar como resultado miedo o temor.

A través de los siguientes capítulos, vamos a discutir en detalle estas cuatro causas, y vamos a descubrir la forma cómo estos elementos crean temor o miedo, así como la forma de vencerlos. ¡El hecho de entender esto nos va a capacitar de ser libres de las ataduras del temor y que podamos vivir victoriosamente en las promesas de Dios!

Vamos a orar juntos en voz alta:

Padre, gracias por liberarme del reino de las Tinieblas, y traerme al reino de Luz. Jesús, gracias por poner tu vida para darme libre acceso al Arbol de la Vida, que es la vida eterna. Tú has restaurado mi relación con nuestro Padre Celestial. Jesús, ayúdame a guardar diligentemente este precioso don. Tú eres más grande en mí que aquel que está en el mundo. Yo rehuso someter cualquier área de mi vida a nuestro enemigo, el diablo. Ayúdame a mantenerme libre.

Padre, Tú no me has dado el espíritu de ataduras para estar en temor o miedo. Por lo tanto, yo ato el espíritu de temor y de miedo en el Nombre de Jesús. Debe rendirse ante la autoridad que Jesús me ha dado. Yo rehuso permitir que el temor y la fe habiten juntos en mi corazón. El temor no va a gobernar mi vida, en el Nombre de Jesús.

Yo sé y yo creo que Tú me amas, Padre, y que Tú me has adoptado como Tu hijo. Y debido a que Tú estás proveyendo para todas mis necesidades, no tengo ninguna razón para temer.

Dios, solo Tú eres mi Fuente de información. No voy a escuchar a ninguna voz que sea contraria a la tuya. Gracias por el poder y la unción de Tu Palabra, la cual yo espero que va a transformar mi vida. Gracias que puedo percibir la esfera de Tu Espíritu, y romper todas las consecuencias y efectos del temor y del miedo en mi vida. En el Nombre de Jesús, Amén.

Capítulo Tres

Confiando en la Carne

Todo el mundo tiene limitaciones en la vida, las cuales pueden estar relacionadas con la educación, las relaciones con otras personas, la economía y las finanzas, las habilidades, la comunicación y las percepciones que un individuo puede tener. Cuando tú llegas a tales obstáculos, ¿a qué tipo de recursos volteas a ver para determinar si tú puedes vencerlos? ¿Acaso el temor entra cuando tú tratas de predecir cómo vas a resolverlo? ¿Por qué sucede esto? La Biblia tiene una respuesta muy simple.

Una de las causas principales del temor o del miedo es estar dependiendo en lo que la Biblia llama el brazo o el poder de la carne. Este hombre se está enfocando y está confiando en sus propias habilidades para enfrentar o para tratar con los diferentes retos. Tú puedes reconocer si acaso estás operando en esta área, cuando te miras a ti mismo, o cuando contemplas un plan natural, y no a Dios, para resolver tus problemas, o para tratar con las situaciones de la vida. Entonces, si las cosas no funcionan, o cuando las cosas no funcionan de la manera que tú deseas, tú te sientes frustrado y limitado. Esto produce temor o miedo, y tú no puedes moverte hacia delante.

A medida que avanzamos en este capítulo, ¡yo creo que tú vas a ser libre de esta atadura invisible, pero muy familiar, o de las limitaciones que te han hecho temer o tener miedo!

¿Dónde Está Tu Confianza?

Anteriormente, yo expliqué que yo me había llevado dos mil peticiones de oración conmigo a Londres. Una era de un hombre joven que estaba acabando su maestría en la escuela. Mientras que asistía la escuela, él había estado trabajando en un restaurante de comida rápida todo este tiempo. Ahora, él estaba listo para buscar un trabajo donde pudiera aplicar su educación. Sin embargo, un gran miedo se había apoderado de él. Debido a que el hombre nunca había trabajado en el campo de su entrenamiento, él creía que él no iba a tener éxito en ello.

Por consecuencia, él solicitó oración para vencer el temor de solicitar trabajos que fueran de acuerdo con la educación que había tenido. Después de orar por él, él fue capaz de hacer muchas solicitudes de trabajo. Sin embargo, en muy corto tiempo, él terminó aceptando un trabajo que no tenía nada que ver con sus estudios. Hasta donde yo sé, este hombre todavía tiene un trabajo que no tiene nada que ver con sus estudios.

¿Te das cuenta qué tan poderosamente destructor puede ser el temor? ¿Qué es lo que hizo que un individuo altamente calificado se sintiera tan inferior, hasta el punto de poner en peligro todo su futuro? La respuesta es aquello en lo que él confió.

El profeta Jeremías nos advirtió: *"Así dice el Señor: Maldito el hombre que en el hombre confía, y hace de la carne su fortaleza, y del Señor se aparta su corazón"* (Jeremías 17:5), o como lo dice en la versión New International de la Biblia: *"Esto es lo que dice el Señor: Maldito es aquel que confía en el hombre, y que pone su confianza en la carne, y que cuyo corazón se aparta del Señor".*

Cuando confiamos en nuestras habilidades naturales y en nuestras propias fuerzas para liberarnos, estamos poniendo nuestra confianza y estamos poniendo nuestra dedicación hacia nosotros mismos en lugar de confiar y depender de Dios. Al hacer esto, nuestro corazón se aparta de El.

En adición a esto, el hecho de depender del brazo o del poder de la carne nos hace que eventualmente vengamos a ver el final de nosotros mismos. En algún punto, todo lo que tenemos y todo lo que somos no es suficiente. Aunque este hombre había obtenido un título a nivel de maestría y estaba muy bien preparado para tomar un trabajo en su especialidad de estudios, él no pudo convertir todo su conocimiento en un nivel de vida de calidad. Como tú puedes ver, podemos utilizar nuestras cualidades, talentos, nuestra agilidad mental, conocimiento, el acceso a la información, la habilidad para los negocios, las habilidades de comunicación, las personalidades persuasivas, la influencia, la autoridad, la fuerza, las actitudes positivas y las finanzas. Y aun así, podemos permanecer sin tener respuesta alguna. A pesar de lo dotado que seamos, puede ser imposible para nosotros el hacer nuestros sueños una realidad.

Algunas veces incluso vamos a buscar a otros que tienen aparentemente lo que nosotros necesitamos para resolver situaciones, pero ningún brazo de la carne de ningún hombre es suficiente. Después de toda nuestra gimnasia mental y de haber analizado todo, no seremos capaces de figurarnos lo que tenemos que hacer. Habremos trabajado mentalmente cada ángulo, pensado en todo, tratado todo, y hecho todo, pero la pared de la derrota va a estar adelante de nosotros todavía de pie, sin que haya manera de pasar por ella. La confusión, la frustración, la

¿HAS LLEGADO AL FINAL DE TUS FUERZAS?

exasperación, el desaliento y el temor son los resultados finales. Muchos de nosotros vivimos en esta esfera sin darnos cuenta de ello.

¿Acaso estás enfrentando retos hoy en día en los cuales has invertido todas tus facultades y todos los recursos naturales que están a tu alcance, y ya no queda nada más que tú puedas hacer? ¿Acaso tienes una obra espiritual que cumplir, pero parece que en el ámbito natural careces de la capacidad para hacerlo? Tal vez tú deseas moverte hacia delante en tu visión, pero no puedes ver la manera de hacerlo.

¿Qué Es lo Que Dios Puede Hacer?

Cuando tú llegas al final de tus fuerzas, tal vez te llegue a tu mente unos de esos pensamientos como relámpago en donde pienses que tal vez Dios puede ayudarte. Entonces, tu mente reconstruye todos los mecanismos que has tratado de usar para hacer que las cosas funcionen. Después de todo esto, tú preguntas, *¿Qué es lo que Dios puede hacer? Yo ya he tratado todo.*

La respuesta a esa pregunta es que *¡El es la respuesta!* Dios es todo lo que tú necesitas. Cuando tú llegas a un callejón sin salida, a una posición de total incapacidad, Dios es tu máxima solución. Después de haber fallado en efectuar un cambio, tú necesitas buscarlo a El. Mucha gente reconoce esta verdad eventualmente y pasan a través del umbral del temor hacia el reino de Dios. Aunque esto es maravilloso, hubiera sido mejor si lo hubieran hecho desde un principio. Existen consecuencias muy dolorosas por depender en el brazo o en el poder de la carne en lugar de depender de Dios.

Como tú puedes ver, cuando la gente reconoce que su carne no es suficientemente poderosa para resolver sus retos, muy frecuentemente, ellos se cambian hacia actividades inútiles. Algunos virtualmente se destruyen a sí mismos a través de drogas o del abuso del alcohol, a través de la promiscuidad sexual, de un comportamiento financiero irresponsable, de un estilo de vida que es contrario a la ley, a través de la banca rota, por medio de malos hábitos de alimentación, y de muchos otros hábitos enfermizos y diabólicos. Cuando las repercusiones irreparables se dejan ver, muchos finalmente voltean a Dios en busca de ayuda. El mismo Dios que ellos abandonaron se convierte en su única solución en este punto de dolor y de remordimiento.

Yo quiero urgirte a que no llegues a este punto de derrota antes de buscar a Dios. Si acaso tú colocas tu confianza en un Dios, cuya capacidad no te va a atar, tú podrás vivir en paz. Entonces, si algún ser amado recibe un diagnóstico médico desconcertante, o se levanta cualquier otro reto, tú no tendrás que depender en tus propias capacidades mediocres. De otra manera, si tú no confías en Dios como tu Recurso, tú vas a pagar un precio muy grande. Tú vas a encontrar obstáculos en el camino de Sus bendiciones y de Sus planes para ti, lo cual va a prolongar su cumplimiento, o aun va a provocar que sean abortados totalmente.

Tal y como leeremos más adelante, cuando Moisés y muchos de los israelitas confiaron en ellos mismos, ellos fallaron en entrar en la Tierra Prometida. Ellos abortaron el plan que Dios tenía para ellos. Es tiempo de beneficiarse de las experiencias de otros. ¡Tú no tienes que aprender de tus propias fallas! Voltea a Dios ahora mismo.

No Te Maldigas a Ti Mismo

Recuerda que cuando tú confías en el brazo o en el poder de la carne, la Biblia dice que tú estás bajo maldición. Leímos esto anteriormente en Jeremías 17:5. Este es el resultado de pasar por alto a Dios y de depender en tu propia capacidad.

El siguiente versículo explica los efectos de esta maldición: *"Será como arbusto en el yermo y no verá el bien cuando venga; habitará en pedregales en el desierto, tierra salada, sin habitantes"* (v. 6).

¿Alguna vez has sentido que hay muchas cosas buenas sucediendo alrededor de ti, pero que tú te las estás perdiendo? Si esto es así, ¡esto es una indicación de estar confiando en uno mismo! Como puedes ver, cuando tú dependes en tus propias habilidades y recursos, la Biblia dice que tú no vas a reconocer el bien cuando llegue a ti. ¿Por qué? Tú estás ¿ACASO PUEDES VER EL BIEN EN TU VIDA? viendo con tanta insistencia las cosas que no funcionan en tu vida, ¡que tú no puedes ver las cosas buenas que están ahí! Tú andas vagando sin ningún objetivo en las tinieblas y no recibes los regalos de Dios, aunque ellos están totalmente a tu alcance. Tú te has hecho completamente inmune e indiferente a Sus bendiciones.

Hay más malas noticias aquí. Vamos a continuar este pasaje: *"Será como arbusto en el yermo y no verá el bien cuando venga; habitará en pedregales en el desierto, tierra salada, sin habitantes"* (v. 6).

Cuando tú alineas tu confianza con la carne, tú te metes dentro de la maldición de la Palabra, lo cual resulta en una completa desolación e inutilidad. Todo este tiempo tú estás cegado a las bendiciones de Dios que te rodean. Por consecuencia, tú abandonas tus sueños y tu llamamiento. Cuando pones mucha atención a lo que está mal de tu situación, tú no ves a Dios, quien está parado a tu lado, listo y esperando para llenarte de poder y que puedas cumplir tu propósito.

¿Podrá el Brazo o el Poder de la Carne Alimentar a Miles de Gentes?

Vamos a considerar el milagro donde Jesús alimentó a la multitud de cinco mil hombres, lo cual no incluía ni a las mujeres, ni a los niños.

Al desembarcar, El vio una gran multitud, y tuvo compasión de ellos, porque eran como ovejas sin pastor; y comenzó a enseñarles muchas cosas.
(Marcos 6:34)

Después de que Jesús había estado enseñando durante un buen tiempo, los discípulos se dieron cuenta que la gente necesitaban comer. Ellos le pidieron a Jesús que dejara ir a la gente para que obtuvieran comida.

Y cuando era ya muy tarde, sus discípulos se le acercaron, diciendo: El lugar está desierto y ya es muy tarde; despídelos para que vayan a los campos y aldeas de alrededor, y se compren algo de comer. (v. 35-36)

Sin embargo, Jesús no estaba atado por los planes de los discípulos. Sabiendo que ellos no tenían suficiente para alimentar a la multitud, de todas maneras, El ordenó a Sus discípulos.

Dadles vosotros de comer. Y ellos le dijeron: ¿Quieres que vayamos y compremos doscientos denarios de pan y les demos de comer? (v. 37)

Al haber quitado sus ojos de Jesús y de Su poder, los discípulos miraron a sus propios recursos y a sus propias finanzas. Derrotados por sus recursos limitados, ellos no podían concebir un plan que pudiera resolver su crisis actual. El brazo o el poder de la carne simplemente no era suficiente, ¡pero Jesús tenía mucho más que un brazo de la carne!

Y El les dijo: ¿Cuántos panes tenéis? Id y ved. Y cuando se cercioraron le dijeron: Cinco, y dos peces. Y les mandó que todos se recostaran por grupos sobre la hierba verde. Y se recostaron por grupos de cien y de cincuenta. Entonces El tomó los cinco panes y los dos peces, y levantando los ojos al cielo, los bendijo, y partió los panes y los iba dando a los discípulos para que se los sirvieran; también repartió los dos peces entre todos. Todos comieron y se saciaron. Y recogieron doce cestas llenas de los pedazos, y también de los peces. Los que comieron los panes eran cinco mil hombres.

(Marcos 6:38-44)

Cuando los discípulos decidieron enfocarse y depender en sus propias capacidades, ellos se exasperaron rápidamente en todas sus operaciones. Ellos fueron incapaces de entender el plan de Jesús para alimentar a tantos con lo que aparentaba ser una provisión inadecuada de comida. Ellos apagaron su fe por medio de confiar en ellos mismos.

Igual que los discípulos, nosotros eventualmente nos entregamos a la desesperación cuando nuestras habilidades y recursos naturales no son capaces de cumplir las tareas que estamos enfrentando. Nos enfocamos en toda cosa posible que puede fallar, en lugar de enfocarnos en la promesa de Dios y en Su fidelidad para proveer los medios. Recuerda que la Biblia alaba a Dios como un Proveedor. Cuando tú llegas a un callejón sin salida, y no tengas esperanza alguna, tú puedes estar seguro de que Dios es fiel para mantener Sus promesas de proveer para ti.

¿DÓNDE HAS PUESTO TU ATENCIÓN—EN LO QUE PUEDE IR MAL O EN DIOS?

¿Es Tu Vida Como un Desierto o Como un Oasis?

La recompensa de este tipo de confianza en Dios se hace muy claro en los siguientes versículos de Jeremías.

Bendito es el hombre que confía en el Señor, cuya confianza es el Señor. Será como árbol

plantado junto al agua, que extiende sus raíces junto a la corriente; no temerá cuando venga el calor, y sus hojas estarán verdes; en año de sequía no se angustiará ni cesará de dar fruto.
(Jeremías 17:7-8)

Cuando tú confías y pones toda tu esperanza en el Señor, aunque vengan años de sequía, y todo alrededor de ti esté completamente seco, todas esas frustraciones y limitaciones no te tocarán. De hecho, tú ni siquiera las vas a notar. Al contrario, lo único que tú vas a ver es abundancia. Tú vas a seguir extendiéndote, creciendo, floreciendo y desarrollando fruto. ¡A mí me gusta como suena este tipo de abundancia! ¿No te gusta?

Contrastemos esta imagen de bendición y plenitud con la imagen de aquellos que confían en el hombre, tal y como lo leímos anteriormente en los versículos de Jeremías. Recuerda, que aquellos que confían en ellos mismos están bajo maldición y viven en un desierto desolado y seco. Ellos no pueden ver el bien, aun cuando llega cerca de ellos. Sus vidas son miserables.

El terrorismo, los rumores de guerras, una economía pobre, un mercado de valores que está derrumbándose, la enfermedad, el desempleo y muchos otros traumas pueden estar rodeándote. Sin embargo, si tú estás plantado en la unción de Dios, tú todavía vas a saber de la bondad de Dios. Por el otro lado, si tú estás plantado en tu propia fuerza natural, tú nunca vas a ver toda la bondad de Dios que te rodea, porque lo malo va a parecer mucho más visible para ti. Ahora, piensa acerca de esto por un momento. ¿Qué clase de persona eres tú?

Permíteme preguntarte esto de otra manera. ¿Acaso tu vida se ve como un oasis o como un desierto? Si es un desierto, ¡tú puedes cambiar eso! La decisión es tuya:

- Confiar en Dios y florecer, o confiar en ti mismo y andar sin rumbo, lleno de temor.

- Enfocarse en proyectos que sean del tamaño de Dios, o limitarte a ti mismo, de acuerdo a tus expectativas naturales.
- Llevar a cabo grandes sueños con Dios, o sentarse a un lado de la vida con esperanzas marchitas, sólo deseando poder probar un poco de "esa vida bendecida".

¡Yo quiero animarte a que rechaces el brazo o el poder de la carne y que confíes en el Señor! Entonces, tú podrás ver Su bondad, y podrás recibir Su dirección para tu vida: *"Confía en el Señor con todo tu corazón, y no te apoyes en tu propio entendimiento. Reconócele en todos tus caminos, y El enderezará tus sendas"* (Proverbios 3:5-6).

El Brazo de Mi Carne No Podía Comprar el Edificio

Yo he tenido grandes oportunidades para practicar este principio en nuestro ministerio. Por ejemplo, cuando compramos el primer edificio para las oficinas de nuestro ministerio en New Castle, Delaware, era un proyecto de $4.5 millones de dólares. Teníamos que juntar un millón de dólares como enganche o, de otra manera, el banco no nos iba a prestar el resto de la cantidad para comprarlo. Era un precio excelente, y nosotros necesitábamos la propiedad. Sin embargo, yo tenía una gran cantidad de temor y de miedo acerca del hecho de necesitar un millón de dólares. Es una cantidad pequeña para mí ahora, después de todo lo que Dios ha producido para poder alcanzar el mundo para Cristo, pero en ese entonces, era la primera vez que yo necesitaba una cantidad tan grande para Su visión.

El tener el millón de dólares no es algo que simplemente fuera lindo por el puro hecho de tenerlo. No, podríamos perder el edificio si no lográbamos obtener esa cantidad. La presión se hizo mayor a medida que yo calculaba dónde podría obtener ese dinero. La fecha límite se hizo más y más cercana con cada día que pasaba. Comenzó a afectarme de manera negativa. Durante mi oración matutina, a medida que yo caminaba alrededor del edificio y oraba, ¡yo tenía que reprender al temor y al miedo continuamente!

¿Qué me estaba sucediendo? ¿Por qué estaba viniendo el miedo y el temor tan fuertemente en contra de mí? Debido a que yo había abierto la puerta al temor por medio de confiar en mi propia carne, tratando de figurarme dónde podría yo obtener un millón de dólares en efectivo. Mi cerebro estaba trabajando horas extras para tratar de resolver este reto, pero yo me encontraba muy lejos de la meta. Yo ya había agotado todo lo que yo podía hacer y había llegado al final de mi habilidad natural. Yo no sabía qué más hacer.

EL TEMOR Y EL MIEDO SE MULTIPLICAN CUANDO CONFIAMOS SÓLO EN NOSOTROS MISMOS.

Como puedes ver, invertimos nuestra energía, tratando de calcular mentalmente la respuesta, en lugar de depender en el Señor Mismo, Quien ha estado ahí todo el tiempo para ayudarnos. ¿Alguna vez has experimentado tú esta clase de gimnasia mental cuando te has embarcado en una visión de Dios? ¿Has llegado al final de tu propia habilidad? Si tú eres humano, ¡tú lo has hecho!

Después de haber extenuado todo mi capital, todos mis recursos y todas mis ideas para poder juntar dinero, el temor entró. Tenía un efecto debilitante en mi vida. Yo me di cuenta de que me encontraba atado y me hallé totalmente sofocado, paralizado, sin tener salida alguna, aparentemente. Mientras ponderaba la evidencia de mi incapacidad para juntar ese dinero, más grande se hacía mi factor de temor y de miedo, y más me preguntaba yo acerca de mi propia habilidad para lograr cumplir la visión de Dios. Desde esta situación de temor que crecía como una bola de nieve, yo oré a Dios para pedirle ayuda. Sin embargo, era como si mis oraciones estuvieran pegando en un techo de bronce. Era como si estuviera tirando una pelota que estaba atada a un cordón—la pelota regresaba hacia mí, una y otra vez. Mis oraciones no tenían ningún efecto. Yo estaba completamente incapacitado para resolver este reto.

Para obtener la victoria, yo tuve que poner todo esto en la perspectiva correcta. Finalmente, me di cuenta que el hecho de obtener este edificio no dependía de mí. Dependía de lo que Dios me había prometido. Después de todo, ¡era Su visión!

El Espíritu Santo me ministró a través de una Escritura que ha cambiado mi vida. Se ha convertido en una de mis Escrituras favoritas. El me dijo, *"No temas, porque yo estoy contigo; no te desalientes, porque yo soy tu Dios. Te fortaleceré, ciertamente te ayudaré, sí, te sostendré con la diestra de mi justicia"* (Isaías 41:10).

Yo amo esta Escritura. A medida que yo medité en ella, y que yo oré, declarando este versículo en voz alta, pude ir rompiendo todas mis ataduras de temor. Mi fe se levantó. De repente, yo pude ver dónde estaba Dios— ¡El estaba ahí conmigo! Yo entendí la respuesta para mi miedo y temor: ¡"Dios está conmigo"! La respuesta no es, "Tú puedes hacerlo, Gary". La respuesta que yo me di cuenta que podía vencer totalmente al temor y al miedo fue ésta: "No temo, porque Dios está conmigo. No desmayo, porque El es mi Dios. El me va a fortalecer. Sí, El me va a ayudar. Sí, ¡mi Dios me va a sostener con Su mano derecha"! Después de enfocar mi fe en la Palabra de Dios, mi confianza en El y en Su Palabra se levantó—y no en mi habilidad de hacer las cosas.

¡DIOS ESTÁ CONTIGO!

Entonces comencé a declarar, "Dios, un millón de dólares no es nada para Ti. Después de todo, ¡eso no es ni siquiera lo que Tú podrías ganar en un día de trabajo"! Yo pude romper todo temor y miedo, y un día después, yo recibí un pensamiento tremendamente creativo de parte Dios para poder juntar ese millón de dólares. Literalmente, El me había hecho creer que iba a haber gentes que iban a crear riquezas, ¡y lo hicieron! Ellos crearon de forma milagrosa un millón de dólares y lo donaron al ministerio. Dentro de los siguientes noventa días, teníamos un millón de dólares en efectivo, hicimos el trato, y compramos la propiedad. ¡Aleluya!

La respuesta creativa para este reto estaba disponible todo el tiempo. Sin embargo, tal y como lo leímos antes en el libro de Jeremías, yo no podía ver todo el bien que estaba alrededor de mí, porque yo estaba confiando en mí mismo. Yo estaba muy enfocado en la situación tan mala, debido a que mi carne no era capaz de llegar a cumplir con esa meta. En lugar de eso, yo tenía que confiar en Dios, para que yo pudiera romper mi forma de pensar que estaba llena de temor y de miedo, y que pudiera ver todo el bien que El ya había provisto. Solo entonces es que yo pude estar en posición de recibir la sabiduría acerca de cómo un millón de dólares iba a entrar a este ministerio.

Yo había tenido muy buenas razones de por qué yo no podía juntar este dinero para lograr llevar a cabo el plan de Dios. Parecía imposible porque, en mi carne, yo no conocía esta respuesta. Como puedes ver, Dios hace lo que menos esperamos, porque si hubiéramos pensado en ello, hubiera sido nuestra carne haciéndolo. En lugar de esto, ¡El recibe toda la gloria y toda la honra cuando El hace lo que es imposible para nosotros! Esta es la forma como Dios opera.

CUANDO TÚ TE MUEVES MÁS ALLÁ DEL TEMOR, EL DIABLO NO PUEDE DETENERTE.

Ese fue nuestro primer edificio para el ministerio y ocupaba dieciocho acres. Desde entonces, Dios ha provisto un total aproximado de treinta acres con los otros edificios que hemos comprado. Después del primer millón de dólares, fue muy fácil creerle a Dios por el siguiente millón de dólares. El segundo millón de dólares fue para el estudio de televisión que iba a comenzar la

Escuela de Estudios Bíblicos. Yo recibí solamente una ofrenda en nuestra iglesia para esto. Después de esto, ¡un grupo de gente vino hacia delante con el resto del millón de dólares para auspiciar todo el proyecto! Cuando construimos el estudio de televisión y comenzamos las Escuelas Bíblicas, ¡fuimos capaces de pagar al contado por todo esto!

¿Por qué hubo un contraste tan grande entre estos dos incidentes de juntar un millón de dólares? Porque nuestro enemigo, el diablo, conoce que si podemos atravesar nuestras primeras barreras para salir del umbral del temor, él será incapaz de detenernos de las siguientes. Una vez que hemos visto a Dios moverse en nuestras vidas, es mucho más fácil creer que El lo hará otra vez. Después de la primera victoria, ¿quién puede pararnos la siguiente vez?

Yo te animo a que persistas en buscar los sueños y visiones que te fueron dados por Dios, pero que rechaces el pensamiento de que todo esto depende solamente en que tú lo logres. Debes darte cuenta que Dios no te ha llamado para temer. Al contrario, ¡El te ha llamado a ser libre de todo tipo de ataduras! ¡Tú puedes hacerlo porque tu Dios está contigo para ayudarte, fortalecerte y para sostenerte! ¡Aleluya!

El Brazo de Tu Carne No Puede Sanar

Aun en el ministerio, mucha gente depende de su propia fuerza. De hecho, este es uno de los más grandes obstáculos que la gente encara en su ministerio personal.

EL HECHO DE ROMPER LA PRIMERA BARRERA DEL TEMOR HACE CADA VICTORIA SUBSECUENTE MUCHO MÁS FÁCIL.

Yo veo esto muy frecuentemente cuando llevo gente conmigo a ministrar en el campo misionero. El temor impacta su corazón a medida que ellos encuentran los medio ambientes extranjeros con situaciones que ellos nunca han enfrentado antes. Por ejemplo, en una ocasión hice una línea de cerca de ciento cincuenta gentes que tenían lepra y otras enfermedades muy serias, y les di instrucciones a mi equipo misionero, "Ahora, ¡vayan hacia ellos! ¡Aleluya! Oren por su sanidad en el Nombre de Jesús". ¡El equipo tenía que creer a Dios para que sucedieran milagros creadores, tales como que oídos volvieran a crecer, que algunos rostros fueran rellenados otra vez, y que aun las bolas completas de los ojos fueran formadas y que salieran en los huecos de los ojos!

Algunas gentes en nuestro equipo misionero comenzaron a quejarse, ¿"Me estás tú pidiendo que yo vaya y que crea que Dios va a *hacer esto*"?

"Bueno, sí", yo contesté. "Para eso es que estamos aquí".

Ellos tenían que romper y que ir más allá de sus umbrales de temor, porque si ellos se enfocaban en los huecos de los ojos donde no había ojos, ellos no hubieran podido orar ninguna oración de fe. Ellos no hubieran podido comenzar a creer que Dios podía hacer milagros. Al contrario, ellos hubieran dicho, "Me voy a casa. Esta gente está en muy mal estado". A medida que nuestro equipo misionero obedeció a Dios y oró por esta gente desesperada, resultaron grandes milagros.

Como tú puedes ver, el temor es uno de los primeros espíritus que te ataca cuando tú te lanzas a hacer las obras de Dios. Sin embargo, ¡si tú simplemente puedes vencerlo, Dios se moverá en maneras gloriosas! Esto me ha sucedido a mí. Le ha sucedido al pueblo de Dios a través de todos los tiempos. ¡Y te va a suceder *a ti*!

Dios Va Contigo a Tu Tierra Prometida

El libro de Deuteronomio relata algunas de las experiencias que los israelitas tuvieron después de haber escapado de la tiranía de sus captores egipcios. Bajo el liderazgo de Moisés, ellos vagaron en el desierto por cuarenta años después de haber huido de Egipto. Inseguros de su futuro, los israelitas lucharon para creer en la promesa de Dios de que El los iba a traer a una gran tierra floreciente de todo. Por cuatro décadas, esta gente siguió a las columnas de Dios, de nube en el día y de fuego en la noche.

Durante largo viaje de los israelitas, fue nacida una nueva generación en el desierto. Estos jóvenes no tenían ningún conocimiento directo de la esclavitud de sus padres en Egipto o de su muy breve visitación a esa gloriosa Tierra Prometida. Ellos sólo tenían el testimonio de sus padres y la promesa de Dios de un futuro nuevo hogar algún día.

EL MIEDO IMPIDE QUE DIOS PUEDA OBRAR LIBREMENTE EN NUESTRA VIDA.

Continuamente, durante su preocupante vagar, la nueva generación escuchó las quejas de sus padres acerca de la comida que Dios estaba proveyendo. La vieja generación se olvidó de la carga de esclavitud de donde Dios los había liberado. En lugar de eso, ellos murmuraron,

¿Quién nos dará carne para comer? Nos acordamos del pescado que comíamos gratis en Egipto, de los pepinos, de los melones, los puerros, las cebollas y los ajos; pero ahora no tenemos apetito. Nada hay para nuestros ojos excepto este maná.
(Números 11:4-6)

Sin tener gratitud alguna por todo lo que Dios había hecho por ellos, ellos gruñeron y fallaron en creerle a Dios.

El continuo temor a lo desconocido y sus enemigos, en forma repetida impidieron el plan eterno de Dios para la vida de los israelitas. Como puedes ver, nosotros ofendemos a Dios y limitamos Su habilidad cuando expresamos temor o miedo. Nuestro temor o miedo implica que servimos a un Dios muy pequeño y que estamos cuestionando la máxima supremacía de Dios. El Salmo 78, por ejemplo, cita la forma cómo los israelitas perdieron las bendiciones de Dios debido a que ellos continuamente desconfiaron de Dios y lo desobedecieron. La Palabra dice, *"Tentaron a Dios una y otra vez, y afligieron al Santo de Israel. No se acordaron de su poder, del día en que los redimió del adversario"* (Salmo 78:41-42).

De hecho, estos padres de Israel confiaron tanto en el brazo o el poder de la carne que Dios finalmente juró que su generación no iba a entrar a la tierra que El los había prometido.[7] Esta es la razón por la cual ellos vagaron durante cuarenta años en el desierto. Sin embargo, Dios estuvo de acuerdo en permitir que *sus hijos* entraran a la Tierra Prometida en lugar de sus padres miedosos. De la misma manera, debido a que Moisés había confiado en el brazo o el poder de la carne en un momento en particular, Dios también le prohibió a él entrar en la Tierra Prometida.[8]

Entonces, en Deuteronomio 31, la nueva generación de israelitas iba a entrar a la tierra que Dios había prometido a sus padres. De acuerdo a la Palabra del Señor, ellos habían presenciado la muerte de la generación de sus padres. Su líder de cuarenta años todavía estaba vivo, pero a punto de morir. En este punto, Moisés, siendo ahora de 120 años de edad, comenzó a preparar a la nueva generación para su muerte y para su entrada subsecuente a la tan larga y esperada Tierra Prometida.

Dios reafirmó Su promesa de servir como escudo a los hijos de Israel en medio de los peligrosos enemigos y en medio de la incapacidad de los hijos de Israel. El también retó su fe de ellos. Aquí, a través de Moisés, Dios le habló a Josué, que era quien El había escogido para reemplazar al anciano líder israelita. El le dijo a Josué,

Y los entregará el Señor delante de vosotros y haréis con ellos conforme a los mandamientos

que os he ordenado. Sed firmes y valientes, no temáis ni os aterroricéis ante ellos, porque el Señor tu Dios es el que va contigo; no te dejará ni te desamparará. (Deuteronomio 31:5-6)

Deben notar aquí que Dios amonestó a Josué acerca de *"no temer".* ¿Por qué es que Josué tenía que ser *"firme y valiente"*? Como Dios repitió más tarde, El prometió ir *con* Josué y prometió no fallarle ni abandonarlo. De hecho, El iba a ir *delante de* Josué: *"El Señor irá delante de ti; El estará contigo, no te dejará ni te desamparará; no temas ni te acobardes"* (v. 8). Dios sabía la tendencia de los israelitas (y de toda la raza humana) a depender de su propia fuerza carnal, y sabía de su ingenuidad, y de la facilidad que tenía para caer en el temor y en el miedo.

La joven generación israelita necesitaba desesperadamente una motivación de "no temer", de tal manera que ellos no fueran a caer en esta tentación de la misma manera en que sus padres habían caído. Moisés los animó, recordándoles su pasado victorioso: *"Y el Señor hará con ellos como hizo con Sehón y con Og, reyes de los amorreos, y con su tierra cuando El los destruyó"* (v. 4). Dios no sólo les prometió la tierra, sino que El también prometió estar con los israelitas a medida que ellos iban a poseerla.

¿Acaso Tu Pasado, Tu Presente, o Tu Futuro Te Están Imponiendo Límites?

Tal y como lo discutimos anteriormente, esta nueva generación de israelitas no tenía el conocimiento de primera mano acerca de las bendiciones pasadas de su pueblo. Piensa acerca de esto. Su historia era solamente un cuento que ellos habían oído. Su futuro era otro cuento, y ellos no tenían nada en el presente de lo que pudieran presumir. Sus vidas se veían secas, derrotadas y vacías de toda esperanza futura. Ellos no tenían ninguna evidencia física de que Dios iba a mantener Su promesa. Pero, a pesar de sus circunstancias, El los guió hacia la Tierra Prometida.

¿Acaso *tu* historia parece ser como un sueño, y tu futuro también se ve como si sólo fuera un sueño? Te encuentras acaso en el borde de un futuro que no sabes si acaso puedes tener, debido a que no hay nada en tu pasado ni en tu presente que indique que pueda ser posible? ¿Te encuentras preso en este estado de limbo, sin tener nada de que presumir acerca de tu presente?

¿ACASO ALGUNA FALLA DEL PASADO TE HA ATADO EN CADENAS DEL TEMOR O DEL MIEDO?

Tal vez tú le has permitido a tus fallas pasadas y a tu falta de esperanza esclavizarte. Tal vez tú fallaste en un negocio en el pasado, y ahora tú temes que siempre vas a fallar en los negocios. Tal vez tú fallaste en tu examen de álgebra y temes que nunca vas a pasar un examen de álgebra otra vez en tu vida. Si tu primer matrimonio fue un desastre, tú tal vez temes que nunca vas a tener un matrimonio exitoso.

Posiblemente, las fallas pasadas y los retos de otras gentes te están intimidando. Tal vez tu hermano mayor o tu hermana no tuvo éxito en la escuela de leyes, y tú tienes miedo de tener una falla similar, aunque en tu espíritu, tú estás convencido que deberías ser un abogado. Tal vez tú observaste con horror a medida que los terroristas atacaron a los Estados Unidos en el año 2001. ¿Acaso ahora te sientes vulnerable, reconociendo que las autoridades civiles que fallaron en prevenir y en evitar esos eventos no pueden prevenir algún posible ataque en el futuro?

No importa cómo haya sido tu pasado, cómo sea tu presente, ni cómo se vea tu futuro, Dios va a ir contigo para llevarte hacia tu Tierra Prometida. El no te va a fallar. ¡El es todo lo que tú necesitas! Los padres de los israelitas tal vez fallaron en diversas ocasiones, pero Dios nunca falló. De la misma manera, tus padres terrenales, u otras gentes importantes en tu vida tal vez te han fallado, pero tu Padre Celestial nunca te va a fallar. Sin importar cómo sean tus circunstancias, no debes desanimarte. Dios no te va a abandonar a pesar de la magnitud de tus pruebas, de tus problemas, o de tus dilemas. Nada es demasiado grande para El. Sin embargo, para que Sus propósitos se manifiesten en tu vida, ¡tú debes ser completamente sin temor y sin miedo!

D<small>IOS</small> NUNCA TE VA A FALLAR.

Tú Eres la Simiente de Abraham

Tú tal vez estés pensando, *Sí, pero ese es el Antiguo Testamento. Esas promesas no son para hoy.* Eso no es cierto. Como cristianos, podemos reclamar las promesas que Dios les hizo a los israelitas. ¿Por qué? Porque la Biblia dice que somos la simiente de Abraham. *"Y si sois de Cristo, entonces sois descendencia de Abraham, herederos según la promesa"* (Gálatas 3:29).

Como puedes ver, Dios hizo un pacto de bendición con Abraham, que es el padre de los israelitas, y nosotros hemos heredado este mismo pacto. Aquí está lo que Dios le dijo a Abraham:

> *Y yo estableceré mi pacto contigo, y te multiplicaré en gran manera... Te haré fecundo en gran manera, y de ti haré naciones, y de ti saldrán reyes. Y estableceré mi pacto contigo y con tu descendencia después de ti, por todas sus generaciones, por pacto eterno, de ser Dios tuyo y de toda tu descendencia después de ti. Y te daré a ti, y a tu descendencia después de ti, la tierra de tus peregrinaciones, toda la tierra de Canaán como posesión perpetua; y yo seré su Dios.*
> (Génesis 17:2, 6-8)

Dios ha extendido Su pacto que hizo con Abraham para incluirnos a nosotros. De hecho, como cristianos, tenemos incluso un *mejor pacto*: *"Pero ahora El ha obtenido un ministerio tanto mejor* (mejor que el de los israelitas), *por cuanto es también el mediador de un mejor pacto, establecido sobre mejores promesas"* (Hebreos 8:6).

Tú tienes el derecho a cada promesa que se encuentra en la Biblia, incluyendo a aquellas que están en el Antiguo Testamento. Debes buscar una promesa en la Palabra de Dios para que te ayude a enfrentar cada reto que tengas.

Dios Es Todo lo que Tú Necesitas

¿Estás necesitando fuerza? No importa qué tan imposible se vea el reto, no temas, porque la Palabra de Dios promete que El es la fuerza de tu corazón: *"Mi carne y mi corazón pueden desfallecer, pero Dios es la fortaleza de mi corazón y mi porción para siempre"* (Salmo 73:26). Joel 3:10 confirma nuestra habilidad para ser fuertes: *"Forjad espadas de vuestras rejas de arado y lanzas de vuestras podaderas; diga el débil: Fuerte soy"*. ¡Tú eres fuerte en el Señor!

No hay absolutamente nada que temer o de que tener miedo, debido a que el Dios Todopoderoso está *por* ti. La Biblia dice que si El está por ti, ¿quién podrá en contra de ti? *"Entonces, ¿qué diremos a esto? Si Dios está por nosotros, ¿quién estará contra nosotros"?* (Romanos 8:31).

¿Te Encuentras Sólo?

Entre las peticiones de oración que me llevé a Londres, había una de una mujer que había estado trabajando para mantener a su marido estudiando en la universidad como estudiante de tiempo completo. Ellos habían retrasado el hecho de tener hijos para que él pudiera obtener su título. Durante dos años, la esposa tuvo miedo de que su marido, quien ahora tenía educación y un nivel social, pudiera pensar que él estaba libre, debido a que no había ningunos hijos que lo ataran. Ella pidió oración porque ella temía que, en este lugar de éxito, él podía dejarla y sustituirla por otra mujer. Esto, de hecho, sí sucedió. La primera esposa había sacrificado su vida por este hombre, pero cuando él alcanzó el éxito, él la abandonó. Ella se sintió muy sola y abandonada. La tragedia de todo esto fue que exactamente lo que ella temía, le sucedió. *"Pues lo que temo viene sobre mí, y lo que me aterroriza me sucede"* (Job 3:25).

¿Acaso sientes que estás encarando la vida sólo? Piensa acerca de esto. ¿Acaso te sientes aislado en medio de los conflictos? Tal vez tú estás sintiendo una pérdida sobrecogedora, o tal vez estás sintiendo que no hay solución en tu vida. Si es así, tú tal vez estás todo frustrado, desesperado, e incluso con tendencia a suicidarte, debido a que tú temes que no hay ninguna salida adónde ir. Tal vez tú crees que tú has hecho toda oración que se te ha venido a la mente, y que has realizado todas las cosas posibles. Pero nada parece ser suficiente para resolver la crisis. Dios tiene un camino mejor.

TÚ NO ESTÁS SÓLO.

Vamos a establecer en claro algunos puntos desde este momento. ¿Qué es lo que Dios te ha prometido en los versículos que hemos visto hasta ahora? ¿Acaso lo recuerdas?

- El va a ir delante de ti para guiarte en el camino que debes seguir.
- El va contigo para enfrentar a tus enemigos.
- El es tu fuerza.
- El es tu ayuda.
- El te va a sostener con Su mano derecha de justicia.
- El no te va a fallar.

- El no te va a abandonar.
- El está de tu lado. ¿Quién podrá estar en contra de ti y en contra del Dios Todopoderoso?
- El va a destruir a tus enemigos.
- El te va a llevar a tu sueño prometido o a tu visión prometida.

¡Eso es lo que Dios va a hacer *contigo* y *para* ti! No es cierto que tú estás sólo o que tú tengas que depender de ti mismo.

Ahora bien, ¿qué es lo que Dios dijo con relación a la respuesta que tú debes dar? No temas a medida que tú avanzas para poseer Sus promesas. La razón de que El ha escrito todos estos versículos en la Biblia es para que Su pueblo no tema ni tenga miedo. Si tú puedes entender en tu espíritu el poder de estas promesas, tú vas a poder romper la gran atadura que crea u origina el temor o el miedo.

AL APROPIARTE DE LAS PROMESAS DE DIOS, DERROTARÁS EL ESPÍRITU DE TEMOR.

Es una de las principales revelaciones que tú necesitas para derrotar al espíritu del temor y del miedo.

Cuando tú entiendes el hecho de que Dios mismo está contigo, tú obtienes valor y fuerza para proseguir adelante. ¿Por qué? Dios es Todopoderoso y no miente. Su Palabra dice, *"Dios no es hombre, para que mienta, ni hijo de hombre, para que se arrepienta. ¿Lo ha dicho El, y no lo hará?, ¿ha hablado, y no lo cumplirá?"* (Números 23:19). Dios va a hacer todo aquello que El ha prometido. ¿Crees tú en El?

No importa lo que tú estás enfrentando, incluyendo los retos financieros, físicos y emocionales, Dios está contigo y está de tu lado. Si tú estás en medio de una calamidad, o estás a punto de hacer algo que Dios te ha dicho que hicieras, debes saber que tú no estás sólo. Si Dios lo ha dicho, ¿cómo será posible que haya algo o alguien en esta tierra que pueda anularlo?

¿Y Qué Tal Si Yo Fallo?

Tal vez tú estás pensando, *Ese es un bonito pensamiento, pero ¿acaso Dios no prometió llevar a los padres de los israelitas a la Tierra Prometida, y entonces cambió de parecer cuando ellos pecaron? ¿Qué tal si El cambia de parecer con relación a mí, cuando yo le falle? Yo no soy perfecto.*

No, tú no tienes que ser perfecto. Si tú fallas, entonces, tú debes arrepentirte sinceramente, para poder mantener esa relación íntima con Cristo Jesús. Dios declara en Su Palabra: *"Si confesamos nuestros pecados, El es fiel y justo para perdonarnos los pecados y para limpiarnos de toda maldad"* (1a. Juan 1:9).

"Y para limpiarnos de toda maldad" significa restaurarnos en una correcta relación con Dios como si nuestro pecado nunca hubiera existido. Cuando tú te arrepientes sinceramente, Jesús borra tu pecado con Su sangre. Un corazón arrepentido es la clave para mantenerse en las bendiciones y en las promesas de Dios. Como tú puedes ver, Dios tiene planeadas bendiciones para aquellos que lo obedecen, y maldiciones, para aquellos que lo desobedecen. Sin embargo, la Biblia explica que Dios puede revertir estos planes basado en el arrepentimiento o en la falta de arrepentimiento del corazón:

DIOS BENDICE A LOS QUE LO OBEDECEN.

En un momento yo puedo hablar contra una nación o contra un reino, de arrancar, de derribar y de destruir; pero si esa nación contra la que he hablado se vuelve de su maldad, me arrepentiré del mal que pensaba traer sobre ella. Y de pronto puedo hablar acerca de una nación o de un reino, de edificar y de plantar; pero si hace lo malo ante mis ojos, no obedeciendo mi voz, entonces me arrepentiré del bien con que había prometido bendecirlo. (Jeremías 18:7-10)

Recuerda que los padres de los israelitas fueron muy necios y no se arrepintieron. Por lo tanto, ellos atrajeron la ira de Dios sobre de ellos mismos. Dios les dio amplia oportunidad de que se arrepintieron para que El pudiera bendecirlos, pero ellos lo rechazaron rotundamente.

Ahora pues, habla a los hombres de Judá y a los habitantes de Jerusalén, diciendo: "Así dice el SEÑOR: He aquí, estoy preparando una calamidad contra vosotros y tramando un plan contra vosotros. Volveos, pues, cada uno de su mal camino y enmendad vuestros caminos y vuestras obras." Mas ellos dirán: "Es en vano; porque vamos a seguir nuestros propios planes, y cada uno de nosotros obrará conforme a la terquedad de su malvado corazón". (v. 11-12)

No vale la pena dejar de arrepentirse. Esta es la única forma en que Dios no va a ir contigo y tampoco va a estar de tu lado. Por lo tanto, cuando tú te equivocas y pecas, voltea rápidamente hacia Dios en arrepentimiento. Entonces, regresa al camino de la visión que El ha planeado para tu vida, y El estará contigo otra vez. De hecho, *tú* estarás *con El* otra vez, debido a que El nunca te abandona; tú fuiste quien lo abandonaste a El. Recuerda que Dios ha prometido que El nunca te abandonará.

Aplica la Palabra de Dios que Ya Conoces

¿Acaso tienes en tu corazón un sueño o una visión que ha venido del Espíritu del Señor? ¿Sabes acaso, sin lugar a dudas, que Dios te ha hablado? Tal vez tú has hablado de esto con otras personas, o tal vez tú no lo has hecho, pero tú crees definitivamente que Dios te lo ha dado.

Ahora bien, ¿acaso has estado experimentando retrasos en esa área? ¿Acaso te has estado preguntando si tú deberías seguir adelante, debido a tantos retos que se te han presentado? ¿Has estado experimentando temor o miedo de volver a intentarlo otra vez, debido a que la última vez no te funcionó? ¿Acaso tu sueño o tu visión te ha convertido en una larga lista de fracasos? ¿Acaso parece ser como si no hay nada que puedes hacer al respecto? Tal vez ha habido gente que

DIOS TE VA A CAPACITAR PARA QUE CUMPLAS LA VISIÓN QUE ÉL TE HA DADO.

te ha dicho, "Así sucede siempre. Sólo tienes que resignarte a esto, porque no hay nada que se pueda hacer para cambiarlo". ¡Eso no es cierto! ¡Dios está contigo para ayudarte a que tu sueño o visión se convierta en realidad!

Piensa acerca de tu sueño o visión. ¿Cómo es? En este mismo momento, a medida que tú piensas cómo llevar a cabo tu sueño o visión, ¿acaso sientes que el temor quiere atraparte, debido a tus limitaciones naturales? ¿Acaso te estás preguntando, ¿"Cómo es que yo voy a poder hacer esto"?

Hemos leído la respuesta de Dios a esta pregunta: *"No temas"*. Es así de fácil. A medida que tú hagas que se arrodille el temor y que confíes plenamente en Dios, ¡tú vas a poder ver tus sueños o tus visiones convertirse en realidad, si tú mantienes un corazón arrepentido! Esta es la forma para entrar en tu Tierra Prometida, la Tierra Prometida de Dios.

Tú tal vez estés diciendo, "Yo conozco esas Escrituras. Yo me las he memorizado, y las he confesado, pero parece como que nada está cambiando".

Bueno, bien. Entonces, tienes que vivirlas, y no temas.

"No me puedo imaginar cómo es que va a suceder".

Confía en el Señor y no temas.

"Esta no es el área que yo poseo como cualidad".

No temas.

"No tengo el dinero para hacer lo que tengo que hacer".

No temas.

"Yo he dicho todo lo que sé hacer y decir, y la situación en mi familia no ha cambiado".

No temas.

"Yo he confesado la Palabra de Dios con relación a mi cuerpo, pero todavía sigo enfermo. El doctor dice que no hay remedio".

No temas.

Como puedes ver, cuando tú confías en Dios, es muy importante no mirar a las circunstancias de tu pasado o de tu presente. Debes mirar más allá de ellas para poder enfocarte en Dios y en Su Palabra. Aun cuando tú ya agotaste todos los recursos para tratar de lograr tus objetivos, no tengas miedo, no temas.

Debes Pasar a Través del Umbral del Temor

El Presidente Franklin Delano Roosevelt dijo justamente después de que los Estados Unidos de América entraron en la Gran Depresión, "La única cosa que tenemos que temer, es el temor en sí". El temor es lo único que te restringe. En lugar de sucumbir ante el temor o ante el miedo, debes saber que tu Padre Celestial es un Dios obrador de milagros, quien siempre te guarda, te defiende y provee para ti. ¡El está contigo y te lleva a ese glorioso futuro que El ha planeado para ti!

Dios es todopoderoso y va a operar y a rescatarte en maneras que van más allá de tu forma de pensar o de tu comprensión. Su Palabra nos dice que El *"...es poderoso para hacer todo mucho más abundantemente de lo que pedimos o entendemos, según el poder que obra en nosotros"* (Efesios 3:20).

Vive con lo Mejor de Dios

Hoy en día, ¿tomarías una nueva acción si tú supieras y estuvieras seguro de que Dios está contigo y a tu favor?

¿Sí? Entonces, ¿por qué no te atreves y tomas esa nueva acción? Recuerda que la razón de que tú puedes caminar sin temor no se debe a que tú puedas manejar todos los asuntos y retos por ti mismo. Se debe a que El está contigo y está de tu lado. Su Palabra lo promete. ¡Eso significa que es la verdad! Por lo tanto, tú puedes, con toda confianza, tomar una nueva acción para vivir con lo mejor de Dios.

Personalmente, yo creo que Dios está conmigo y por mí en todo tipo de situaciones. Por ejemplo, si yo tuviera que manejar este ministerio con el brazo y fuerza de mi carne, yo no podría ni dormir cada noche. Si yo tuviera que manejar por mi mismo los cientos de Escuelas Bíblicas que tenemos, administrar mi iglesia, coordinar todos los programas del ministerio, escribir los libros, y hacer todas las cosas que Dios nos ha llamado a hacer, sería mucho para mí. Gracias a Dios que no soy yo él que está haciendo todo esto, pero que es el Señor que está en mí. *"Todo lo puedo en Cristo que me fortalece"* (Filipenses 4:13). ¡Aleluya! Debes anclar tu confianza en El. El te va a ayudar a que cumplas Sus visiones en tu corazón y en tu vida.

> DIOS ESTÁ CONTIGO Y ESTÁ POR TI.

Haz Que Todo Temor y Que Todo Miedo Se Arrodille

Ya es tiempo de que tú hagas que el temor y el miedo se arrodillen, para que tú puedas experimentar las promesas de Dios en todas las áreas de tu vida. Vamos a comenzar con el dinero. ¿Acaso has agotado ya toda tu habilidad, tratando de figurarte de dónde poder obtener dinero? ¿Acaso tienes objetivos que ni siquiera te puedes imaginar cómo alcanzarlos económicamente? Aquí es dónde se mete el temor y el miedo.

En segundo lugar, ¿acaso tienes retos en tu familia? ¿Has orado todo lo que deberías orar, has creído todo lo que deberías creer, has dicho todo lo que deberías decir, y has pensado todo lo que deberías pensar? ¿Pero tú todavía enfrentas los mismos retos dentro de tu familia? Aquí es cuando el temor y las ataduras se meten.

¿Acaso tienes alguna decisión pendiente acerca de tu futuro que no sabes cómo tomar? ¿Tienes sueños y visiones, y tú no te puedes imaginar cómo va a ser posible llevarlos a cabo? ¿Acaso se ve como un intento inútil y lleno de tontería el solo hecho de intentarlo? Si es así, tú te encuentras ante el umbral del temor y del miedo.

Yo te quiero animar a que hagas algo ahora mismo. Levántate, y con tu dedo, marca una línea enfrente de tus pies. Del otro lado de la línea, yo quiero que tú veas todo aquello que te ha estado deteniendo. Velo bien. Tal vez es el miedo de no tener suficiente dinero, suficiente educación, de no agradarle a la gente, de no tener habilidad física o mental, o algo similar que ha estado tratando de limitarte. Tal vez es el temor a la soledad, al rechazo, a la opinión del hombre, a la muerte, temor de volar, temor de hablar en público, o cualquier otro temor. Cualesquiera que sean tus impedimentos, míralos a todos ellos. Probablemente ellos se han multiplicado durante el transcurso de los años.

IDENTIFICA TUS TEMORES.

Ahora, permíteme hacerte una pregunta: ¿Quieres quedarte allí—detrás de la línea, detenido e impedido por tus temores y miedos? En serio, ¿quieres permanecer atado a esos temores y a esas limitaciones? Si no, entonces, tú debes hacer algo. Actúa como que Dios es quién dice ser. Debes confiar que El no te va a fallar ni te va a abandonar.

El Espíritu Santo de Dios se está moviendo dentro de mi espíritu en este momento. Yo sé que El quiere obrar en todas las áreas de tu vida. Déjame hacerte otra pregunta. La Biblia dice que Dios no perdonó ni eximió a Su propio Hijo, sino que lo sacrificó por tu redención. ¿Por qué El te habría de dar algo menos ahora? ¿Por qué El te abandonaría ahora?

Entonces, ¿qué diremos a esto? Si Dios está por nosotros, ¿quién estará contra nosotros? El que no eximió ni a su propio Hijo, sino que lo entregó por todos nosotros, ¿cómo no nos concederá también con El todas las cosas? (Romanos 8:31-32)

Dios te ama y promete darte gratuitamente *todas* las cosas. Esto significa todo—**todas** las cosas. ¡Gloria a Dios! Esto puede ser tan simple como el ahorrarte dos horas de tu tiempo, o tan grande como el tener a los hijos de regreso, rescatados de las garras del diablo. Puede ser una pequeña bendición de recibir un poco de dinero extra en tu bolsillo, o puede ser una gran bendición de poder realizar cada sueño y cada visión que Dios te ha dicho. ¡Esta promesa incluye todas las cosas por las cuales tú le estás creyendo a Dios en tu vida!

En este mismo momento, yo quiero animarte a que le abras tu corazón al cielo. Toma un momento con Dios para arreglar este asunto del temor y del miedo de una sola vez y para siempre. Quítate todas las cargas. Admite que tú has agotado todos tus recursos personales y que todos tus esfuerzos sólo te han servido para mantenerte en el temor y en el miedo. Es tiempo de romper este poder del temor y del miedo en todas las áreas de tu vida. ¡Vamos a hacer que el temor y el miedo se arrodillen en el Nombre de Jesús.

Repite conmigo esta oración en voz alta, en este mismo momento:

Padre, he agotado toda mi habilidad. Me he exasperado en mis propios intentos para solucionar mis retos. Oh Dios, perdóname por depender en el brazo y en el poder de la carne, por depender en mí mismo, y por tratar de contar con mis recursos tan limitados en contra de las circunstancias que estoy enfrentando.

El día de hoy, he llegado ante este umbral y puedo ver lo que me está limitando: puedo ver a este poder del temor y del miedo. Señor, Tú me has dado la habilidad de pasar a través de este umbral, para demostrar que todo esto que me ha estado limitando sólo es una mentira. Por el poder de la Sangre de Jesús, yo pongo debajo de mis pies a todos los espíritus que han sido asignados para detenerme. Te doy gracias, mi Dios, por la unción tuya para quitar todas las cargas, para romper todos los yugos y para liberarme de todas las ataduras que el temor había puesto en mi vida.

Padre, como tu hijo, nunca más me voy a someter a esta atadura de temor y de miedo. Ayúdame de no depender en el pensamiento de incertidumbre que hay en mi mente. Yo echo fuera todos los pensamientos de desánimo y de imposibilidades que me han presionado una y otra vez. Desde ahora, yo sólo te veo a Ti, Dios—el único, el verdadero, la inmutable Fuente de recursos, de consuelo y de fuerza.

Padre, gracias por tus promesas. Yo sé que Tú estás conmigo y por mí dondequiera que yo voy. Tú no me vas a fallar, ni me vas a abandonar en medio de las tribulaciones, problemas, traumas y retos de la vida. Tú me estás sosteniendo ahora con la mano derecha de Tu justicia. Tú no quieres que yo me desanime o me rinda. Tú eres la fuerza de mi vida. Desde el día de hoy, yo pongo mi confianza en Ti. Yo no voy a temer nada que venga en contra de mí. Dios, gracias por rescatarme de todos mis enemigos, incluyendo del temor y del miedo. En el Nombre de Jesús, Amén.

Ahora, les vas a hablar a los enemigos que te han estado limitando. Debes declararles esto en el Nombre de Jesús:

Yo le ordeno al temor y al miedo que se arrodillen en el Nombre de Jesús, debido a que Dios está conmigo y por mí. No voy a desmayar. El temor debe soltar sus garras de mi vida y arrodillarse ahora mismo en el Nombre de Jesús.

Yo le ordeno al desánimo, a la duda, al cinismo y al pesimismo que suelten mi vida, porque Dios está conmigo y por mí. Dios es mi gozo y mi fe.

Yo le digo a la debilidad que yo soy fuerte, porque Dios me fortalece.

Yo le digo a cada ataque en mi vida, que el Señor es mi Protección. El está por mí. Tú no puedes en contra de El y de mí. Yo le digo a la depresión y la falta de esperanza que el Señor es mi ayuda y mi esperanza. El Señor, quien está conmigo y por mí, me ayuda y me da esperanza.

Por lo tanto, debido a Dios, yo no tengo ningún temor, y me encuentro lleno de fe, lleno de esperanza y lleno de gozo. Yo soy fuerte porque El me ayuda. En El, yo soy capaz de romper el poder de esta resistencia. Yo voy a continuar, y voy a recibir, y voy a cumplir todo aquello que Dios tiene para mí. En el Nombre de Jesús.

Ahora, yo quiero animarte a que pienses acerca de lo que Dios quiere que hagas con tu vida. ¿Qué es lo que El ha estado hablando a tu espíritu últimamente? En este momento, comienza a orar para que esa visión se haga más clara para ti. No te preocupes acerca de los detalles de cómo vas a poder hacerlo. No sucumbas ante el temor. Simplemente ora por las cosas que tú percibes que te está diciendo el Espíritu de Dios. Permite que salgan desde tu corazón. Ora por ese sueño. Ora por esa visión. Ora por esa dirección. Entonces, cierra tu oración, repitiendo estas palabras en voz alta:

Padre, yo pongo mi camino en tus manos. Yo decido no ver ni depender en mi propia fuerza ni en mi propia habilidad para llevar a cabo este sueño, esta visión, o esta dirección que viene de Ti. Yo voy a fijar mi vista solo en Ti, que eres el Autor y el Consumador de mi fe. Tu, Padre, eres el Unico que puso esto en mi corazón para que yo lo haga. Tú serás el Unico que puedes hacer esto posible en mi vida.

En el Nombre de Jesús, yo no voy a rendirme ante el dolor, o ante la dificultad, o ante el problema, o desánimo, o ante ninguna preocupación, o ante ningún temor o miedo que intente atacar este sueño o esta visión, o esta dirección de Dios. Dios, yo pongo mis ojos en Ti, mientras que hago que el temor y el miedo se arrodillen. Yo paso a través de este umbral de miedo y de temor, confiando que Tú, Padre, vas a cumplir cada promesa que Tú me has dado. ¡Te doy gracias que yo puedo ver mi sueño y mi visión convirtiéndose en realidad debido a que Tú estás conmigo! En el Nombre de Jesús, Amén.

Capítulo Cuatro

CREER EN LA INFORMACIÓN TAL Y COMO SE VE NATURALMENTE

¿Cuál es tu respuesta normal cuando tú recibes información negativa? Por ejemplo, si un reportero meteorológico anuncia que un huracán o un tornado va en dirección a la ciudad donde vives, ¿qué es lo que tú harías? ¿Cómo reaccionarías tú, si el reporte del médico mostrara que tienes una enfermedad incurable? ¿Qué pasaría si recibes una carta donde te está diciendo que no te van a contratar para un trabajo que tú sentías que casi era tuyo? Si tú entras en una sala de un juzgado, ¿te sentirías intimidado por el tamaño de la sala o por la mirada dura en la cara del juez?

Los temores o miedos destructivos son producidos no sólo por el hecho de confiar en el brazo o en el poder de la carne, sino también por medio de creer en la información que viene de un recurso natural, en lugar de creer en la información que viene de Dios. Yo le llamo a esto información natural. Mucha gente, incluyendo congregaciones enteras, han permitido que tremendas cargas vengan sobre ellos debido al temor, porque se enfocaron completamente en cómo se veían las circunstancias. Este tipo de temor ha crecido significantemente a medida que la gente se ha vuelto adicta a sus aparatos de televisión, observando bombazos, actividades terroristas, tiroteos, violaciones, robos y mucho más, pero no tiene que ser así. El ver algo no significa necesariamente tener que creerlo.

La Información Natural Viene de Otra Fuente de Información

Los medios de comunicación, los doctores, los contadores, los abogados, los banqueros, los empleados y muchos otros, frecuentemente son los portadores de malas noticias. Cuando nos volvemos temerosos después de haber aprendido información negativa, significa que no estamos dependiendo en Dios. Al contrario, estamos permitiéndonos ser alimentados de una fuente de información muy diferente.

Anteriormente en nuestra discusión de la Caída del hombre, aprendimos que cuando Adán y Eva ingirieron el fruto del Arbol del Conocimiento del Bien y del Mal, ellos cambiaron su fuente de información de Dios hacia el diablo. El temor resultó a medida que ellos cayeron en la atadura de Satanás. Esta atadura muy frecuentemente viene de adoptar información que viene de un recurso natural en lugar de adoptar la información que viene de Dios.

El Caminar de Fe

¿Acaso las circunstancias te han hecho sentir miedo o temor? Entonces, cuando tú lees la Biblia, ¿acaso tú puedes ver tu situación bajo una luz diferente? Por ejemplo, ¿acaso tú has visto el estado de cuenta de tu banco cuando no tenía suficiente dinero para suplir tus necesidades? Si fue así, ¿te entró miedo o temor? Entonces, ¿acaso tú leíste en la Biblia versículos como estos? *"Y mi Dios proveerá a todas vuestras necesidades, conforme a sus riquezas en gloria en Cristo Jesús"* (Filipenses 4:19). *"Pero buscad primero su reino y su justicia, y todas estas cosas os serán añadidas"* (Mateo 6:33).

Cuando las circunstancias parecen ser negativas, tú tienes la elección de aceptar la información natural que viene de tu medio ambiente o permitir que la fe sobrenatural se levante a medida que tú crees en las promesas de tu Padre Celestial.

Dios nos está llamando a que no actuemos basados solo en las apariencias. Este principio se aplica en nuestros lugares de trabajo, en nuestros hogares, en la oficina del doctor, o dondequiera que vamos y en cada una de las áreas de nuestra vida. El apóstol Pablo le recuerda a la iglesia que no debemos ver la información natural:

> *Al no poner nuestra vista en las cosas que se ven, sino en las que no se ven; porque las cosas que se ven son temporales, pero las que no se ven son eternas.* (2a. Corintios 4:18)

En otras palabras, el medio ambiente natural, el cual vemos todos los días, es sólo temporal. No va a permanecer para siempre. Va a cambiar. Sin embargo, el medio ambiente espiritual de la verdad de Dios, el cual no podemos ver con nuestros ojos naturales, es eterno y permanece para siempre. La verdad del medio ambiente espiritual, tiene el poder para cambiar al medio ambiente natural que es temporal. Como Pablo dijo, *"Porque caminamos por fe, y no por vista"* (2a. Corintios 5:7).

Como cristianos, debemos medir las apariencias de acuerdo y contra la verdad de Dios. Si lo que vemos con nuestros ojos naturales no está de acuerdo con la Palabra de Dios, entonces, tenemos que caminar por fe, creyendo que la Palabra de Dios va a cambiar nuestras circunstancias naturales. Este es el "caminar de fe" en el cual Dios llama a que todos Sus hijos caminen. El temor viene como consecuencia de no caminar por fe y de que, al contrario, confiamos en la información que las áreas naturales comunican. Escuchamos y estamos de acuerdo sin siquiera consultar la Palabra de Dios.

Tú tal vez has escuchado el acróstico T.E.M.O.R.:

Temor es
Evidencia falsa
Manteniendo la apariencia
O simulando ser
Real

Esta herramienta nos ayuda a recordar que la información natural falsa frecuentemente se contempla como si fuera real. En otras palabras, el temor viene como resultado de la manifestación de evidencia física que es falsa con relación a las promesas de Dios. El diablo usa la información natural para tentarnos a que caminemos por vista, (creer en las apariencias) en lugar de caminar por fe (creyendo en las promesas de Dios que no hemos visto). Podemos derrotar el T.E.M.O.R. por medio de caminar en la fe, ¡creyendo que el poder de Dios va a cambiar nuestro medio ambiente!

Necesitamos un Realismo Saludable

Es bien claro que Dios quiere que enfrentemos cada obstáculo en nuestra vida con fe. Esto no significa, sin embargo, que vamos a ignorar las malas circunstancias y a esperar que se vayan. No significa que si el doctor diagnostica una enfermedad, vamos a tirar su receta o a rechazar el plan de tratamiento, diciendo, "No, yo no pienso que estoy enfermo". No significa que si nuestro estado de cuenta del banco está en números rojos, vamos a seguir escribiendo cheques, esperando que el dinero va a fluir hacia nuestra cuenta de alguna manera. No significa que vamos a decir, "No voy a cambiar mi vida en ningún sentido solo porque hay algún peligro. Yo no creo que haya alguien apuntándome a mí. Yo voy a estar bien". Esto no es caminar por fe. Esto es vivir de una manera muy tonta, igual que el avestruz esconde su cabeza en la tierra.

Como puedes ver, Dios espera que nosotros vivamos en lo que yo llamo un realismo saludable. Necesitamos entender que vivimos en un mundo natural con amenazas y peligros reales. Sin embargo, de la misma manera conocemos que tenemos las Escrituras, las cuales nos dan absolutamente el derecho de movernos con autoridad por fe para cambiar nuestro medio ambiente. En otras palabras, debemos reconocer detalladamente lo que estamos enfrentando en nuestra vida, en nuestro país y en el mundo. En lugar de negar la existencia de los problemas, necesitamos orar, necesitamos declarar la Palabra de Dios sobre esas áreas para hacer que se alinien con Su Palabra, y entonces, poder hacer lo que Dios nos muestra que debemos hacer acerca de ello.

> EL VIVIR POR FE INVOLUCRA EL HECHO DE SER SABIO—Y NO SER TONTO.

Por ejemplo, reconocemos que estamos enfermos, reconocemos que nuestra cuenta de cheques no tiene dinero y está en números rojos, o reconocemos que el peligro nos puede atacar en cualquier momento. Nos damos cuenta de que nuestras circunstancias son reales. Pero también sabemos que Dios es capaz, y que Dios desea sanarnos, Dios desea inspirarnos ideas para que tengamos dinero, y Dios desea protegernos de todos nuestros enemigos. No debemos ignorar los hechos, pero debemos declarar Su palabra sobre ellos y movernos en Su autoridad por fe.

Tú tal vez estés pensando, *Bueno, yo no quiero pensar en cosas negativas como éstas.* Yo creo que tú necesitas hacerlo. Sin embargo, tú deberías considerarlas bajo el contexto de la perspectiva saludable de Dios en lugar de considerarlas bajo la perspectiva que ha sido inducida a través del miedo y de la incertidumbre. Tú debes saber lo que dice la Palabra de Dios acerca de tu medio ambiente y acerca de cómo operar en ello de acuerdo a Su voluntad. Por ejemplo, en la noche del martes, 11 de septiembre del año 2001, después de que los terroristas atacaron los Estados Unidos, el Presidente George W. Bush hizo sus declaraciones a la nación:

> Esta noche, yo pido que oren por todos aquellos que se encuentran en dolor, por todos los niños, cuyo mundo ha sido hechos pedazos, por todos aquellos para los cuales la sensación de seguridad y de bienestar ha sido amenazada. Y yo oro que ellos van a ser consolados por un poder mucho más grande que cualquiera de nosotros, el cual ha sido declarado a través de las edades en el Salmo 23: *"Aunque yo ande en el valle de sombre y de muerte, no temeré mal alguno, porque Tú estarás conmigo".*[9]

El Presidente reconoció la situación extremadamente difícil que confrontamos. Sin embargo, él nos animó con la Palabra de Dios, advirtiéndonos de que no camináramos en temor porque Dios está con nosotros. En medio de nuestros retos, debemos enfocarnos en el Dios Todopoderoso que está con nosotros.

El Reto de la Era de la Información

Como cristianos, no debemos poner nuestros ojos en el medio ambiente aparente que nos rodea. Sin embargo, durante los últimos cuarenta años aproximadamente, esto se ha convertido en un reto creciente en los Estados Unidos, y en la mayor parte del mundo libre. La razón es que todos nosotros hemos sido bautizados en esta era de la información y nos encontramos inundados por las comunicaciones a través de la radio, la televisión, los periódicos, la Internet y muchas otras. En estos días, nos podemos sentar en nuestra sala, o cuarto de televisión, o en cualquier lugar que lo deseemos, y podemos accesar de forma instantánea, una tremenda cantidad de información. Podemos observar en tiempo real y delante de nuestros ojos eventos que están sucediendo a diez mil millas de distancia.

Algunos de nosotros nos volvemos adictos a los canales de noticias de cable o a las últimas noticias en la Internet. Trágicamente, estos programas se han convertido en el evangelio de Estados Unidos de América. El problema es ¿DE DÓNDE OBTIENES que tienen muy pocas buenas noticias, TUS NOTICIAS? y repiten las mismas viejas malas noticias continuamente hasta que hay más nuevas malas noticias. Los medios de comunicación nos inundan con información natural que induce al temor. Por ejemplo, ¿cuántas veces pudiste ver la misma imagen de septiembre 11 del 2001, de los aviones secuestrados, volando hacia el World Trade Center? Muy pronto, tú no podías pensar en ninguna otra cosa. Tus familiares y tus amigos estaban hablando acerca de esto, y dondequiera que tú ibas, escuchabas conversaciones acerca del mismo hecho.

El alimentarse constantemente en este tipo de información sin las Buenas Noticias de Dios puede tener un impacto devastador en nuestra vida espiritual, física y mental. El peligro es que las imágenes que presentan los medios de comunicación parecen ser más veraces que muchas de las otras fuentes de información que normalmente consideramos verdaderas—¡incluyendo la Biblia! Para resolver este conflicto, algunas veces necesitamos apagar la televisión, diciendo, "Ya he visto esta imagen suficientemente. Si algo más sucede, estoy seguro que lo darán a conocer". En los días que siguieron inmediatamente después a los ataques terroristas de septiembre 11 del 2001, aun las entrevistas de los medios de comunicación con profesionales de salud mental revelaron que, para mantenerse saludable, la gente necesita descansar un tiempo del bombardeo constante de imágenes horribles. Sea que lo sepan o no, ¡estos expertos estaban prescribiendo un principio bíblico!

> *Por nada estéis afanosos; antes bien, en todo, mediante oración y súplica con acción de gracias, sean dadas a conocer vuestras peticiones delante de Dios. Y la paz de Dios, que sobrepasa todo entendimiento, guardará vuestros corazones y vuestras mentes en Cristo Jesús. Por lo demás, hermanos, todo lo que es verdadero, todo lo digno, todo lo justo, todo lo puro, todo lo amable, todo lo honorable, si hay alguna virtud o algo que merece elogio, en esto meditad. Lo que también habéis aprendido y recibido y oído y visto en mí, esto practicad, y el Dios de paz estará con vosotros.*
> (Filipenses 4:6-9)

Recuerda que necesitamos mantener a Dios como nuestra Fuente de información y no depender de la exposición constante de información natural del diablo. Entonces, la paz de nuestro Padre Celestial va a guardar nuestro corazón y nuestra mente.

El Pesimismo Calculado Induce al Temor

El peligro de alimentar constantemente nuestra mente con información natural es que podemos comenzar a creer que es más verdadera que la Palabra de Dios. Podemos brincar a la conclusión de que nada puede cambiar aquello que estamos viendo como verdadero. Y por lo tanto, nos rendimos, y nos convertimos en víctimas.

Cuando tú aceptas este tipo de mentalidad, tú no sólo vas a dudar acerca de lo que Dios dice y de su habilidad, sino que también vas a poner tu confianza solo en hechos, en figuras y en cálculos que tratan de probar que El no puede cumplir Sus promesas. Esto es lo que yo llamo el pesimismo calculador. Después de haber evaluado tus circunstancias, tu mente acepta las limitaciones de las circunstancias aparentes, en lugar de depender en el poder ilimitado de Dios. Tú pasas toda tu vida tratando de explicar el porqué las cosas no funcionan. Como resultado de esto, tú no puedes completar ni llevar a cabo los sueños o visiones que te dio Dios. Este es un patrón muy peligroso, porque te invita a temer, y a tener miedo, y, además, insulta a Dios.

> EL PESIMISTA VE LO QUE ESTÁ PASANDO, EN LUGAR DE VER LO QUE PODRÍA SUCEDER.

Este factor de temor emerge, por ejemplo, cuando tú te obsesionas acerca del diagnóstico negativo de un médico de una enfermedad incurable, o de una enfermedad que tenga muy serias complicaciones. Tales apariencias naturales despiertan la falta de esperanza y dan como resultado el temor. Sin embargo, la verdad en la Palabra de Dios declara: *"Por Su llaga, hemos sido sanados"* (1a. Pedro 2:24), y *"El envió Su Palabra y los sanó, y los libró de su destrucción"* (Salmo 107:20).

No veas a la información natural ni caigas en temor. La Palabra de Dios declara que tus circunstancias aparentes son solo temporales. Su promesa de sanidad está incluida en más de siete mil promesas que El nos ha dado en Su Palabra. Cuando enfrentamos retos, debemos confiar en Dios por medio de buscar Sus promesas y mantenernos firmes en ellas. ¡Cree que el poder de la Palabra de Dios cambia tus circunstancias!

Espera en el Señor

Mi familia y yo hemos sido testigos del poder sanador de Dios en nuestras vidas muchas veces. Hubo un año en que yo me disloqué mi hombro izquierdo mientras que yo estaba esquiando; después de esa ocasión, siguió saliéndose de la coyuntura una y otra vez. Cada vez que mi brazo salía fuera de su lugar, ¡yo podía rascar mi rodilla sin tener que inclinarme! Algunas veces esto sucedió mientras que yo estaba predicando. En cada ocasión, yo tenía que recoger mi brazo, levantarlo, y volverlo a poner en su lugar, y seguir predicando. Cuando yo levantaba mi portafolio con ese brazo, mi portafolio se permanecía en el suelo, y mi brazo se salía de su lugar. De acuerdo a lo que aparentaban las circunstancias, era todo un desastre.

En una ocasión cuando yo volaba de regreso de Africa, yo no pude poner mi brazo en su lugar. Para arreglarlo, tuve que poner mi brazo entre dos asientos, y pedirle a un hombre que brincara encima de mí para empujarlo. El gritó cuando lo hizo. Yo me sentí mal por él, pero por lo menos, mi brazo volvió a su lugar. ¡Aleluya!

DIOS NO ESTÁ LIMITADO POR LAS CIRCUNSTANCIAS.

El me dijo, "Gary, yo no pienso que tú deberías estar haciendo estos viajes con tu brazo tal y como está, porque se queda fuera de lugar durante horas".

"Sí, yo sé", le dije, dándome cuenta que cuando esto sucedió, mi hombro se inflamó tanto que parecía como si yo estaba usando una hombrera deportiva. Pero yo sabía que Dios quería que yo ministrara, por lo tanto, ¿qué debía de hacer yo?

Finalmente, después de muchos meses de dolor, tuve una operación en mi hombro y en mi brazo izquierdo. Sin embargo, después de que el doctor aseguró mi hombro con alambre y con tornillos, yo me asombré al descubrir que ¡sólo tenía un treinta por ciento de movimiento en este brazo! Ahora, yo difícilmente podía mover mi brazo. Las apariencias fueron de mal a peor.

Yo me podía haber conformado con eso, pero, gloria a Dios, ¡que Su poder cambia nuestras circunstancias!

En una ocasión, tuvimos toda una noche de oración en nuestra iglesia. De repente, mientras que yo estaba adorando a Dios en el servicio, Su poder vino a mi hombro y lo creó completamente nuevo, ¡incluyendo mis músculos! Ahora, yo tengo un cien por ciento de movilidad perfecta, sin limitaciones, y ¡nunca he tenido más problemas con el desde entonces! No solo eso, sino que Dios removió todas las partes metálicas que el doctor había insertado. No existen, y ¡tenemos las placas de Rayos X para probarlo!

¡Caramba! Cuando Dios se muestra, El lo hace perfecto. En este caso, sin embargo, pareció que tomó mucho tiempo antes de hacerlo. Yo tuve muchas oportunidades de caer en temor, debido a las apariencias de mis circunstancias. ¿Alguna vez has pensado que Dios se ha tardado mucho para ayudarte? Yo quiero animarte. ¡No te rindas! ¡Dios va a hacer lo que prometió! Mantente esperando y confiando en El.

Pero si, al contrario, tú prefieres confiar en los hechos naturales, entonces, estás pasando por alto al Dios Viviente. Cuando tú pasas por alto a Dios, tú tienes la inclinación a adoptar una actitud de pesimismo calculador, debido a que comienzas a creer y a aceptar cosas tal y como se ven naturalmente. Entonces, tú te conformas con mucho menos de lo que sería lo mejor que Dios quiere para ti. Sin embargo, cuando tú colocas tu confianza en El, tú te conectas con las promesas de Dios para tu vida. Tú te levantas muy por encima de las estrechas estipulaciones de la información en la forma como aparecen naturalmente, y le permites a Dios rescatarte. Recuerda, a pesar de las circunstancias, Dios está ahí para ayudarte.

Esto es lo mismo que el Dr. Billy Graham quiso decir cuando él habló en el Día Nacional de Oración y de Evocación en septiembre 14 del 2001, después de los ataques terroristas en la misma semana. El Dr. Graham dijo,

Siempre hemos necesitado a Dios desde el comienzo de esta nación, pero hoy lo necesitamos a El especialmente.... Las palabras de la Biblia son nuestra esperanza: *"Dios es nuestro refugio y fortaleza, nuestro pronto auxilio en las tribulaciones. Por tanto, no temeremos aunque la tierra sufra cambios, y aunque los montes se deslicen al fondo de los mares"* (Salmo 46:1-2).... Mi oración el día de hoy es que podamos sentir los brazos amorosos de Dios alrededor de nosotros y que podamos saber en nuestro corazón que El nunca nos abandonará si confiamos en El.[10]

Yo he descubierto que toda la raza humana, incluyendo a los cristianos, encara el pesimismo calculador. Aun cuando los discípulos de Jesús, quienes caminaron con El físicamente y vieron Sus milagros de primera mano, también experimentaron este reto. Mientras que vivamos en estos cuerpos terrenales, vamos a luchar con el pesimismo calculador. Sin embargo, mientras más confiamos en Dios, es más fácil ganar esta batalla.

Los Discípulos de Jesús Lucharon con el Pesimismo Calculador

En el capítulo anterior, estudiamos el milagro de Jesús cuando alimentó a los cinco mil hombres más las mujeres y los niños. Ahí pudimos ver la forma en que los discípulos voltearon a ver al brazo de la carne. En este capítulo, vamos a examinar la forma cómo ellos también creyeron en la información tal y como aparentó ser en forma natural. Como resultado de esto, ellos caminaron en temor en lugar de caminar en fe. El pesimismo calculador controló su forma de pensar.

Quiero que recuerdes que Jesús estaba predicando a una inmensa multitud cuando Sus discípulos le expresaron estas preocupaciones: era tarde en el día, estaban en un lugar lejano, y la gente necesitaba comida. Estando muy conscientes de su medio ambiente, los discípulos habían evaluado la situación. Ellos fueron incapaces de encontrar una solución que no fuera parar el ministerio de Jesús y mandar a la gente lejos para que obtuvieran comida. En lugar de eso, Jesús les dijo que ellos tenían que darles de comer a los cinco mil hombres, más las mujeres y los niños. Su reacción a esta instrucción inusual estaba entrelazada con el escepticismo humano.

Ahora, vamos a ver cómo fue que Jesús expuso lo que Sus discípulos verdaderamente creían:

> *Entonces Jesús, alzando los ojos y viendo que una gran multitud venía hacia El, dijo a Felipe: ¿Dónde compraremos pan para que coman éstos? Pero decía esto para probarlo, porque El sabía lo que iba a hacer.* (Juan 6:5-6)

Aquí vemos que Jesús no estaba preocupado acerca de cómo iba a comer la multitud, debido a que El no creía en la información natural tal y como aparentaba ser. Al contrario, Jesús sabía que en el reino de Su Padre no hay falta de recursos. Sin embargo, El quería probar a Felipe para ver si él podría creer en la información natural, o si él iba a voltear a Jesús en busca de la solución.

Cuando Jesús le preguntó dónde podrían comprar comida, Felipe respondió: *"Doscientos denarios de pan no les bastarán para que cada uno reciba un pedazo"* (Juan 6:7). Felipe falló el examen. Su repuesta reveló que él estaba creyendo solo en la información natural. El y los otros discípulos habían checado

¿ES TU VISIÓN DEL TAMAÑO DE DIOS?

sus recursos tangibles y estaban de acuerdo básicamente, diciendo en forma pesimista, "Lo hemos calculado todo, y estamos seguros que es imposible hacer lo que Tú nos estás pidiendo, Jesús. ¡No hay manera de hacerlo"!

Los discípulos no entendieron lo que Jesús estaba haciendo. El temor de apoderó de ellos. Aunque estaban ante el umbral de un milagro, ellos no podían atravesar ese punto debido a que estaban dependiendo de la información natural aparente. El factor T.E.M.O.R. emergió—**T**emor es **E**videncia falsa, **M**anteniendo la apariencia **O** simulando ser **R**eal. Cuando los discípulos se quedaron viendo a la multitud hambrienta de cinco mil hombres más las mujeres y los niños, ellos no vieron manera alguna de cómo alimentarlos.

- Parecía que no tenían suficiente comida.
- Parecía muy caro el tener que comprar comida para todos.
- Parecía que no podrían ir a las aldeas cercanas y regresar a tiempo.
- Parecía que la gente se iba a ir hambrienta.

Existía la evidencia, pero era falsa, no debido a los estándares naturales, sino a los estándares de la magnitud de Dios. Los discípulos no consideraron la provisión divina que viene por fe. Aun estos hombres, que habían caminado con Jesús por varios años, estaban creyendo en las apariencias naturales.

Recuerda cómo ocurrió el milagro aquí. Jesús les dijo a Sus discípulos que checaran para ver cuántas piezas de pan tenían. Noten que El no les preguntó, ¿"Tienen suficiente para alimentar a la gente"? El simplemente quería saber si los discípulos lo iban a escuchar a El en lugar de depender en la información natural. Juan cuenta lo siguiente:

Uno de sus discípulos, Andrés, hermano de Simón Pedro, dijo a Jesús: Aquí hay un muchacho que tiene cinco panes de cebada y dos pescados; pero ¿qué es esto para tantos? (Juan 6:8-9)

¿Puedes ver cómo Andrés sí pasó el examen? Aunque él no entendió cómo es que Jesús lo iba a hacer, él trajo la comida disponible a su Señor. Andrés de hecho dijo, "Jesús, hemos evaluado la información natural y no tenemos suficiente para hacer lo que Tú nos estás pidiendo. Lo que tenemos es este almuerzo que consiste en cinco piezas de pan y dos pescados. Yo sé que se mira como si fueran migajas ante esta multitud, pero ¿acaso Tú puedes hacer algo con esto que tenemos"?

¡Sí, El podía! ¡Eso era suficiente! Yo puedo imaginarme a Jesús respondiendo, ¡"Ahora podemos hacer algo! Tú pasaste a través del umbral del temor y estás actuando, basado en lo que Yo dije". Jesús tomó entonces las cinco piezas de pan y los dos pescados y los multiplicó:

Entonces El tomó los cinco panes y los dos peces, y levantando los ojos al cielo, los bendijo, y partió los panes y los iba dando a los discípulos para que se los sirvieran; también repartió los dos peces entre todos. Todos comieron y se saciaron. Y recogieron doce cestas llenas de los pedazos, y también de los peces. (Marcos 6:41-43)

Todos tuvieron suficiente para comer, y, además, sobraron doce canastas de comida. ¡Las sobras fueron mucho más de lo que ellos tenían cuando empezaron!

Como ves, todo lo que Jesús necesitaba de los discípulos era un poco de fe, obediencia y unos cuantos pedazos de comida. Estas fueron las semillas de un gran milagro. Eso es todo lo que Jesús necesita de nosotros también—una poca de fe, obediencia ¡y el que no tengamos suficiente de lo que necesitamos! Fe del tamaño de una pequeña semilla de mostaza; obediencia; y las semillas de tu necesidad, éstas juntas, van a producir tu milagro. ¡Piensa acerca de esto!

Jesús declaró: *"Y El les dijo: Por vuestra poca fe; porque en verdad os digo que si tenéis fe como un grano de mostaza, diréis a este monte: "Pásate de aquí allá", y se pasará; y nada os será imposible"* (Mateo 17:20). Jesús también dijo, *"Jesús le dijo: "¡Cómo si tú puedes!" Todas las cosas son posibles para el que cree"* (Marcos 9:23).

Rechaza el pesimismo calculador hoy mismo y confía en Dios. Obedécelo a pesar de lo que veas. Esta es la manera de tener victoria sobre la apariencia natural de la información. Recuerda, Dios no está sujeto a las limitaciones del ámbito natural. Confía en el hecho de que si tú necesitas un milagro, o si Dios planta un sueño o visión en tu corazón, ¡El proveerá la manera de cumplirlo!

DALE A JESÚS TU FE, TU OBEDIENCIA Y LAS SEMILLAS DE TU NECESIDAD, ¡Y OBSERVA LO QUE ÉL VA A HACER!

¿Acaso te estás sintiendo como se sintieron los discípulos cuando Jesús les ordenó a hacer algo, pero la información natural les estaba declarando que ellos no podían hacerlo? ¿Acaso estás viendo una situación, una tarea, o un sueño de Dios en tu vida, y al mismo tiempo, las circunstancias naturales te están hablando en forma negativa? ¿Mientras más hablan, más te convences de que no puedes hacer lo que Dios ha dicho? ¿Acaso no existe una manera natural de suplir esa necesidad? ¿Ha aumentado el volumen de razonamiento negativo, diciéndote que no va a funcionar, que no sirve, que no hay esperanza y que ni siquiera vale la pena intentarlo? En el área natural, ¿acaso parece ser que tú absolutamente no puedes obedecer a Dios?

Si es así, el Señor te está probando de la misma manera en que probó a Felipe. ¿Te das cuenta que El ya sabe lo que El va a hacer en tu vida, y la forma en que lo va a hacer, pero que El sólo quiere ver cómo es que tú le vas a responder? Dios tiene milagros planeados para ti, pero ¡tú debes confiar y obedecerlo a El a pesar de las circunstancias aparentes! ¿Vas a pasar esta prueba? ¿Vas a creer en la información natural, la cual tiene el poder para inducirte temor? ¿Vas a permitir que esa actitud pesimista se apodere de ti? Si lo haces, esto puede provocar que pierdas tu decisión de seguir a Dios y que te pierdas de tu milagro. Sin embargo, tú no tienes que conformarte con este resultado. Hay una respuesta para ti, pero tú no debes creer en la información natural.

Los Líderes del Antiguo Testamento Se Enfrentaron con el Pesimismo Calculador

El Antiguo Testamento está lleno con ejemplos de líderes de Dios que vencieron al pesimismo calculador, tal y como lo hizo Andrés cuando él participó en el milagro de alimentar a los cinco mil. Vamos a considerar varios ejemplos. En estas historias vamos a ver que cuando Dios opera, normalmente, El no hace las cosas en la forma en que nosotros esperamos que sean hechas.

MOISÉS USA SU VARA

Moisés enfrentó una crisis de fe cuando Dios le encargó la responsabilidad de guiar a los esclavos israelitas fuera de Egipto. Al principio, él titubeó cuando Dios lo llamó para esta tarea histórica. Tú podrás recordar que muy temprano en la vida de Moisés, él ya había fallado cuando él confió en el brazo o en el poder de la carne para tratar de ayudar a su pueblo. Como resultado de esto, él mató a un hombre egipcio que estaba golpeando a uno de los esclavos israelitas. Entonces, Moisés escondió el cadáver del egipcio. Vamos a leer lo que sucedió después:

Y al día siguiente salió y vio a dos hebreos que reñían, y dijo al culpable: ¿Por qué golpeas a tu compañero? Y él respondió: ¿Quién te ha puesto de príncipe o de juez sobre nosotros? ¿Estás pensando matarme como mataste al egipcio? Entonces Moisés tuvo miedo, y dijo: Ciertamente se

ha divulgado el asunto. Cuando Faraón se enteró del asunto, trató de matar a Moisés; pero Moisés huyó de la presencia de Faraón y se fue a vivir a la tierra de Madián, y allí se sentó junto a un pozo.
(Exodo 2:13-15)

La primera vez que Moisés trata de ayudar a los israelitas, ellos no reconocieron el llamamiento de Dios en su vida. Por supuesto, en ese tiempo, él estaba operando bajo el brazo o el poder de la carne, y no en obediencia a Dios. De todas maneras, Moisés siguió recordando la actitud negativa de los israelitas para con él, y él tenía miedo de su llamamiento. El también huyó por temor de su vida.

Aproximadamente cuarenta años más tarde, el Faraón que había prometido matar a Moisés murió.[11] La Biblia dice que después de oír el clamor de los israelitas, pidiendo ser liberados de su esclavitud, Dios instruyó a Moisés para que regresara a Egipto y los liberara.

Moisés calculó la instrucción de Dios y contestó básicamente, "Señor, si yo regreso con los israelitas, ellos no me van a creer. Yo he hecho esto antes y no funcionó". Pero Dios le prometió a Moisés, *"Yo ciertamente voy a estar contigo".* (Exodo 3:12). El no estaba mandando a Moisés solo para que cumpliera con esa tarea.

Aun escéptico de la respuesta de los israelitas, Moisés le preguntó a Dios quién iba a decir él que lo estaba mandando y enviando. Dios le dijo a Moisés,

Y dijo Dios a Moisés: YO SOY EL QUE SOY. Y añadió: Así dirás a los hijos de Israel: "YO SOY me ha enviado a vosotros." Dijo además Dios a Moisés: Así dirás a los hijos de Israel: "El Señor, el Dios de vuestros padres, el Dios de Abraham, el Dios de Isaac y el Dios de Jacob, me ha enviado a vosotros." Este es mi nombre para siempre, y con él se hará memoria de mí de generación en generación.   (Exodo 3:14-15)

Sin embargo, Moisés mantuvo su pesimismo calculador. El siguió insistiendo en el hecho de que los israelitas no le iban a creer, así que Dios le dio una señal milagrosa a Moisés:

Y el Señor le dijo: ¿Qué es eso que tienes en la mano? Y él respondió: Una vara. Entonces El dijo: Echala en tierra. Y él la echó en tierra y se convirtió en una serpiente; y Moisés huyó de ella. Pero el Señor dijo a Moisés: Extiende tu mano y agárrala por la cola. Y él extendió la mano, la agarró, y se volvió vara en su mano.   (Exodo 4:2-4)

Con este señal, Dios le recordó a Moisés que aunque la tarea parecía prácticamente imposible, era posible divinamente debido a que Dios la había ordenado.

Para cumplir Su visión, Dios le preguntó a Moisés básicamente la misma pregunta que Jesús les hizo más tarde a Sus discípulos: ¿"Qué está en tu mano"? Con esa pregunta, Jesús probó la fe y la obediencia de Sus discípulos. Lo poquito que ellos tenían no era suficiente para que cumplieran su tarea, pero él quería saber si ellos se iban a aferrar a eso, o si se iban a rendir a El. Hoy en día, Dios nos está pidiendo lo mismo.

Moisés venció a su pesimismo calculador, pasó la prueba de Dios, y fue para dirigir a los israelitas fuera de Egipto. Con su barra, él partió el Mar Rojo, y todos los israelitas escaparon de lo que era una derrota segura. Por el poder de Dios, Moisés venció las apariencias naturales que lo rodeaban, y sin arma alguna, de forma milagrosa, derrotó al Faraón y al ejército egipcio. Moisés usó una barra en su mano y no su fuerza ni su poder militar, y Dios liberó a una nación. Con Dios, eso es todo lo que Moisés necesitaba.[12]

DAVID USÓ SU HONDA

David demostró una fe similar cuando él enfrentó a Goliat. Como tú puedes recordar, los israelitas y sus enemigos, los filisteos, se juntaron para una batalla. El gigante Goliat salió de entre los filisteos para desafiar a los soldados de Israel. El los estuvo molestando por cuarenta días, demandando que ellos sacaran a un hombre para que peleara contra él. La Biblia dice,

> *Cuando Saúl y todo Israel oyeron estas palabras del filisteo, se acobardaron y tuvieron gran temor....Cuando todos los hombres de Israel vieron al hombre, huyeron de él, y tenían gran temor.*
> (1a. Samuel 17:11, 24)

La apariencia de la información natural era aterradora. El rey y los israelitas calcularon sus circunstancias y ellos estuvieron de acuerdo en que no podían ganar.

Sin embargo, siendo aun un adolescente que cuidaba las ovejas de su padre, ¡David sintió el llamamiento de Dios para que fuera a pelear en contra de ese guerrero gigante! El recordó la poderosa mano de Dios sobre él cuando un león y un oso habían venido en contra del rebaño de su padre:

> *Y David añadió: El Señor, que me ha librado de las garras del león y de las garras del oso, me librará de la mano de este filisteo. Y Saúl dijo a David: Ve, y que el Señor sea contigo.* (1a. Samuel 17:37)

Armado solo con una honda y cinco piedras de río, David marchó para pelear en contra del poderoso gigante. Cuando Goliat vio a David, él se burló de David. La honda y las piedras parecían ser armas inofensivas comparadas con el tamaño y con la fuerza y toda la armadura del filisteo. La información natural estaba gritando que este pequeño muchacho no tenía ni la más mínima oportunidad en contra del gigante.

Sin embargo, David respondió a Goliat que estaba maldiciendo, diciéndole,

Tú vienes a mí con espada, lanza y jabalina, pero yo vengo a ti en el nombre del Señor de los ejércitos, el Dios de los escuadrones de Israel, a quien tú has desafiado. El Señor te entregará hoy en mis manos, y yo te derribaré y te cortaré la cabeza. Y daré hoy los cadáveres del ejército de los filisteos a las aves del cielo y a las fieras de la tierra, para que toda la tierra sepa que hay Dios en Israel, y para que sepa toda esta asamblea que el Señor no libra ni con espada ni con lanza; porque la batalla es del Señor y El os entregará en nuestras manos. (1a. Samuel 17:45-47)*

¡Eso sí que es fe! David fue a matar al gigante. Su fe y la subsecuente victoria que tuvo sobre Goliat desafiaron a las expectativas naturales, debido a que David tenía en su mano solo una honda y un puñado de cinco piedrecitas. Pero, con Dios, esto era más que suficiente para ganar la batalla, ¡lo que también llevó a David más adelante a ser proclamado como el rey!

La Palabra de Dios es verdadera. ¡Esta promesa también es para ti!

Ningún arma forjada contra ti prosperará, y condenarás toda lengua que se alce contra ti en juicio. Esta es la herencia de los siervos del Señor, y su justificación viene de mí- declara el Señor. (Isaías 54:17)

MUCHOS OTROS EN LA BIBLIA USARON LO QUE TENÍAN

La Biblia abunda con relatos de gente que estaba llena de fe y que vencían a la información natural con inspiración sobrenatural de Dios—usando lo que ellos tenían en sus manos.

En Jueces 15, por ejemplo, leemos que Sansón usó lo que tenía a la mano para matar mil filisteos. En ese momento estaba atado con cuerdas. Pero a medida que el Espíritu del Señor vino sobre él, ¡las cuerdas se le cayeron! Sansón entonces, tomó lo que estaba a su alcance, que era la quijada de un burro, ¡y mató a mil de sus enemigos con ella! Tú puedes vencer a las apariencias naturales.

Considera este ejemplo, tomado de 1a. Reyes 17. A medida que el profeta Elías se acercaba a la ciudad de Sarepta durante una sequía, él vio a una viuda y le pidió que le diera un trago de agua y una pieza de pan. La mujer explicó que ella estaba preparándose para usar un poco de harina y de aceite que a ella le quedaba para cocinar el último alimento para ella y para su hijo, antes de que murieran de hambre. Mirando a la información natural, la situación de la viuda parecía sin esperanza alguna, y así lo hizo el profeta. Como verás, Dios le había instruido a Elías, diciéndole que esta viuda lo iba a alimentar. Sin embargo, viendo las apariencias naturales, ¡ella no tenía suficiente comida ni siquiera para dos personas y para un solo alimento! Pero el profeta tenía un mensaje sobrenatural para ella:

> CON DIOS, TÚ SIEMPRE TIENES LO SUFICIENTE PARA PODER ENFRENTAR CUALQUIER RETO QUE SE TE PRESENTE.

Entonces Elías le dijo: No temas; ve, haz como has dicho, pero primero hazme una pequeña torta de eso y tráemela; después harás para ti y para tu hijo. Porque así dice el Señor, Dios de Israel: "No se acabará la harina en la tinaja ni se agotará el aceite en la vasija, hasta el día en que el Señor mande lluvia sobre la faz de la tierra".

(1a. Reyes 17:13-14)

Bueno, esas sí fueron buenas noticias, pero la viuda tenía que confiar en Dios y darle a Su siervo de Dios el último alimento que ella tenía a la mano. Antes de darle de comer a su hijo, ella tenía que alimentar al profeta de Dios. Esta era una prueba crítica de su fe.

¿Qué fue lo que sucedió?

Entonces ella fue e hizo conforme a la palabra de Elías, y ella, él y la casa de ella comieron por muchos días. La harina de la tinaja no se acabó ni se agotó el aceite de la vasija, conforme a la palabra que el Señor había hablado por medio de Elías. (v. 15-16)

Los milagros del profeta y de la viuda vinieron cuando ellos creyeron y obedecieron a la Palabra del Señor. Ellos usaron lo que tenían a la mano a pesar de las circunstancias naturales.

Como otro ejemplo, la Biblia relata en 2a. Reyes 6 acerca de algunos hombres que estaban construyendo casas. Mientras ellos estaban construyendo, la cabeza de un hacha que había sido prestada salió accidentalmente del mango de su hacha y fue a caer en un río cercano. El hombre que había tomado prestada esa hacha le gritó al profeta Elías, pidiéndole ayuda. El profeta preguntó que adónde había caído. Cuando le mostraron el lugar donde se había caído, Elías cortó una rama de un árbol y la arrojó en ese lugar. ¡De inmediato, la cabeza metálica del hacha flotó, y el hombre pudo recogerla!

El profeta Elías usó lo que tenía a la mano y a su alcance, que fue una rama o un pedazo de madera, para hacer el milagro que su amigo necesitaba. No importa qué es lo que tenemos en nuestras manos. ¡Sólo importa que lo usemos para Dios, obedeciéndolo y creyendo en El!

No había nada en la esfera natural que pudiera funcionar para ninguna de estas personas de fe. Sin embargo, el Espíritu de Dios ya había hablado y dado a conocer la información sobrenatural en sus corazones, para que ellos usaran lo que tenían a la mano. Y aunque sus armas y sus herramientas parecían ser muy débiles, y la comida de la viuda parecía ser una cantidad muy pequeña, en Dios, ¡todo esto era más que suficiente para cumplir lo que El quería hacer! El poder sobrenatural de Dios venció a toda la información natural que era tan negativa.

Para poder llevar a cabo el sueño o visión que Dios te ha dado, tú no tienes que ser un guerrero poderoso, o un exitoso hombre de negocios, ni un rico jubilado, o un estudiante ejemplar. No, Dios usa gente débil, necesitada, que aparentemente no tiene nada de éxito, y a quien nadie más reconoce o da importancia. El toma herramientas y cosas que los demás ya han desechado y los convierte en los instrumentos de liberación para Su pueblo. Siempre debes recordar que tú no necesitas que las circunstancias naturales sean perfectas para poder tener tu milagro. Simplemente cree en la Palabra de Dios sobrenatural, obedécelo a El, ¡y usa lo que El haya puesto en tus manos en el momento en que El te dio las instrucciones!

DIOS CONVIERTE LA DEBILIDAD EN FUERZA; LA POBREZA EN RIQUEZA; EL FRACASO EN ÉXITO.

Enfrentamos un Pesimismo Calculador el Día de Hoy

Debido a la pasión que tengo para ayudar en las naciones en desarrollo, yo serví como director en una institución humanitaria de ayuda, que sirve y alimenta a los pobres. Hace varios años, los directores compraron y dedicaron un barco de carga para ese ministerio. El barco, que tenía el largo de un campo de fútbol, costó $16 millones de dólares. La información natural inicialmente nos desanimó para no comprarlo, debido a que no contábamos con el dinero para hacerlo. Muchos estaban en duda de que pudiéramos comprar ese barco, pero lo hicimos. Cuando lo dedicamos para el Señor, yo miré el barco y pensé, *¡Aleluya! ¡Padre Amado, esto es lo que la fe produce en unos cuantos meses!*

Poco tiempo después, necesitamos comprar un montacargas que costaba $12,000 dólares para poder mover el grano y poder almacenar el alimento dentro del barco. La reacción inmediata de algunas personas fue calcular cuánto dinero teníamos, y hacer la conclusión de que no teníamos dinero suficiente para comprar ese montacargas.

Cuando un hombre preguntó, ¿"Creen que podemos pagarlo"? la atmósfera fue muy negativa.

Mucha gente expresó sus dudas, "No, acabamos de comprar el barco que nos costó $16 millones de dólares. No podemos juntar más dinero". Su pesimismo calculador estaba saliendo a luz.

Mi respuesta fue todo lo contrario. Yo pensé, *Dios mío, ¿qué tan calculadores nos podemos volver? Señor, Tú acabas de proveernos con $16 millones de dólares. ¿Qué son $12,000 dólares comparados con eso? ¡Tú ciertamente nos puedes dar el dinero para el montacargas que necesitamos para poder cargar ese barco que Tú ya nos diste!* Yo creí que El podría hacerlo, y El proveyó los fondos necesarios para comprar ese montacargas.

Las Apariencias Tratan de Mantenerte Lejos de Tu Milagro

Déjame hacerte una pregunta muy importante: ¿Acaso has calculado tus recursos naturales sólo para darte cuenta de que no tienes lo suficiente como para poder obedecer a Dios? Tú debes darte cuenta de que tus recursos naturales no están diseñados para esto porque Dios es tu Proveedor. Sus provisiones nunca van a fallar. Por el otro lado, tu enemigo, que es Satanás, trata de usar tu medio ambiente natural para hacer que abortes los sueños y visiones que Dios te dio. El enemigo te habla siempre a través de tus circunstancias. Si tú escuchas a la voz de Satanás que se encuentra en la información natural, tú vas a caer en temor y en miedo, y vas a dudar del plan y de la provisión de Dios, y por consiguiente, vas a perder tu milagro.

Como puedes ver, cuando nos habla la voz del medio ambiente natural, puede llegar a ahogar la voz sobrenatural de Dios. Cuando nuestras mentes naturales y calculadoras aceptan esta información, tal y como se ve naturalmente, le estamos permitiendo que nos ciegue por completo. Esto genera el temor y el miedo, y nos impide ver más allá de las limitaciones naturales. En lugar de escuchar la voz de Dios, va a ser la dependencia en nosotros mismos la que nos va a desanimar. Sin embargo, cuando escuchamos a la voz sobrenatural de Dios, podemos ver más allá de los límites de la información natural.

El Miedo o Temor Te Ciega para que No Puedas Ver Tu Milagro

El temor y el miedo te va a decir que tú ya has evaluado y calculado la situación, y que no puedes ganar. El creer en la información natural va a causar que el pesimismo gobierne tu vida. Y una vez que esto sucede, tú no puedes moverte hacia delante para pasar a través del umbral que el temor ha puesto en tu vida y para poder tener tu milagro. El temor y el miedo pueden hacer que tú te pongas de acuerdo con gentes que tienen muchas otras formas de pensar negativas, y que dicen cosas como éstas, "Hemos contado todo el dinero, y hemos medido la distancia, y simplemente, no va a funcionar, o no se puede hacer". ¿Alguna vez has tenido conversaciones de pesimismo calculado como éstas, en donde la gente se pone de acuerdo contigo en el hecho de que tu sueño o visión no va a funcionar?

Tú debes darte cuenta de que el miedo y el temor te impiden explorar todo el potencial con el que Dios te ha equipado, lo cual es la habilidad para lograr aquello que parece imposible de forma natural. Como puedes ver, el temor te va a cegar para que no puedas reconocer las semillas de tu milagro. Te va a cegar para que no puedas encontrar tus piezas de pan y tus peces, ni tu vara milagrosa. El temor y el miedo te van a impedir usar una honda y una piedrecita para matar a tu Goliat, o te van a impedir tomar una quijada de burro para matar a tus enemigos. El temor va a hacer que abortes tu provisión milagrosa de comida y alimentos. Te va a impedir encontrar la cabeza de tu hacha perdida. Va a detener tu barco para que no pueda descargar, y entonces, ¡tú ni siquiera vas a necesitar el montacargas!

Si tú vives en temor o en miedo, la voz natural del pesimismo te va a decir que tú no puedes tener éxito. Te va a impedir que puedas buscar las provisiones de Dios. Tú nunca vas a saber lo que es la visitación de Dios, porque te vas a seguir preguntando lo que el almuerzo de un muchacho tenía que ver con alimentar a una multitud de miles de gentes. Tú vas a seguir imaginándote lo que una vara, una honda y piedras, o lo que una quijada de burro pueden hacer por ti cuando enfrentes a una poderosa maquinaria de guerra. Tú vas a seguir suponiendo que te vas a morir de hambre y que nunca vas a poder recuperar lo que has perdido. Tú no vas a poder ver cómo es que el poco dinero que tienes puede ser capaz de crear la visión que Dios ha colocado en tu corazón. El temor te hace que te quedes paralizado como si estuvieras muerto, ahí donde está parado, y que no veas la respuesta que Dios ya te ha dado. De hecho, tú ni siquiera la vas a ver porque tú estás pensando, *Nada va a funcionar.*

¿Le estás permitiendo a la información natural que domine tu mente? Te está cegando en un medio ambiente y te está impidiendo que te muevas en la vida?

Tal vez tú tienes miedo de pedir ayuda, estando en un matrimonio abusivo. Tal vez tú tienes miedo de hacer una decisión, debido al dolor que tú tuviste que pasar o que has visto en otras parejas. Tal vez tú juraste que nunca volverías a volar otra vez, debido a que tú perdiste a tu ser querido en un accidente aéreo. Tal vez tú tienes miedo de manejar en la carretera debido a que tú fuiste testigo de un accidente, o debido a que estuviste cerca de que fuera tu accidente.

¿ESTÁS ARRODILLADO Y DOBLEGADO POR EL TEMOR, O TÚ ESTÁS HACIENDO QUE EL TEMOR SE ARRODILLE Y DOBLEGUE ANTE TI?

¿Estás arrodillado y doblegado por el temor, y ni siquiera te atreves a buscar las respuestas debido a las circunstancias que te rodean? Si es así, esto puede apagar completamente tu vida. El temor y el miedo pueden debilitarte y crear obstáculos subsecuentes que te pueden impedir buscar la voluntad de Dios para tu vida. Tú necesitas cambiar tu manera de pensar para que estés de acuerdo con el plan que Dios tiene para ti.

¿Acaso Dios Te Ha Estado Llamando para que Te Salgas de Tu Zona de Comodidad?

Uno de mis empleados vino a verme hace algunos años, diciendo que él había estado orando por mí. El Señor le había dicho que yo necesitaba comprarme el automóvil más seguro posible. Ahora bien, mi naturaleza es de negociar y de gastar lo menos posible. ¡El tipo de auto que me estaba sugiriendo era muy caro! Sin embargo, yo reconocí que ésta era la voluntad de Dios para mí. A pesar de la información natural, la cual me decía que yo no debía gastar tanto dinero en un automóvil, yo ordené el auto de Florida y ni siquiera se podía manejar para probarlo primero, lo cual era muy raro para mí.

Antes de que mi auto nuevo fuera manejado siquiera cien millas, una persona que estaba manejando a una velocidad de setenta millas por hora, se estrelló en contra de mi auto, haciendo pedazos completamente el lado del pasajero en mi vehículo. ¡Se necesitaron cuarenta y cinco minutos para que los bomberos y el equipo de emergencia pudieran sacarme del auto!

Si yo no hubiera vencido mi manera de pensar en cuanto a gastar el mínimo dinero posible en un auto, y a tener que probarlo, y si yo hubiera estado en un automóvil más barato, yo no estaría vivo hoy en día para escribir **¿TE ESTÁ DETENIENDO EL TEMOR?** este libro o para compartir esta historia contigo. El hecho de comprar ese auto más caro estaba muy por fuera de mi zona de comodidad, pero yo obedecí a la voluntad de Dios para mi vida. Por cierto, ese auto fue deshecho totalmente, y ahora, tengo otro igual a ése. ¡Aleluya!

Algunas veces tú necesitas salirte de tu zona de comodidad y de tu forma normal de pensar para oír a Dios. ¿Qué es lo que tú necesitas volver a pensar? Cada lunes, ¿acaso tú arrastras el hecho de ir a trabajar porque tú odias tu trabajo? ¿Has contado el dinero, has mirado hacia el futuro de tu camino, y te pusiste a pensar que ya has ido muy lejos como para poder cambiar? ¿Crees que ya no puedes hacer nada al respecto? ¿Quién dice que tú no puedes parar? ¿Quién dice que tú no puedes aspirar a tener un trabajo que te guste? ¿Quién dice que tú estás atado a eso por el resto de tu vida?

Un hombre había trabajado durante muchos años en una compañía como ayudante de contador y jefe de oficina, pero él era muy infeliz con ese trabajo. El soñaba con tener un mejor trabajo, así que él decidió asistir a la escuela preparatoria nocturna para obtener un diploma como contador en una universidad cercana. Le tomó trece años de estar tomando cursos por las noches hasta que él se graduó y obtuvo su diploma. De hecho, él y

111

su hijo se graduaron de la universidad casi al mismo tiempo.

Después de un tiempo, la familia de ese hombre pensó que él podía cambiar de trabajo para poder obtener un mejor empleo en su especialidad. Sin embargo, él estaba muy temeroso de dejar su empleo actual, de tal manera que él se quedó con el mismo empleo y en la misma compañía. Cuando él murió muchos años después, él todavía estaba trabajando en el mismo empleo, a pesar de todos esos años que él tuvo que invertir para obtener su título en la universidad.

Si a ti no te gusta tu trabajo, ¿por qué no renuncias? Si no te gusta la ciudad donde vives, ¿por qué no te cambias? En situaciones como ésta, el temor o el miedo pueden hacer que te quedes atado. Tú te quedas en una situación o a un medio ambiente, temeroso de confiar en Dios y poder moverte hacia delante.

Tú tal vez estés pensando, *Bueno, yo no puedo renunciar a mi trabajo. Me están pagando por ello.*

Mucha gente se encuentra empleada y trabajando en el mundo. ¿Por qué quieres desperdiciar tu tiempo haciendo algo que no te gusta hacer?

Tengo miedo de dejarlo. Siento que tengo cierta seguridad aquí.

¿Por qué? Ese trabajo no vino de ningún hombre. Vino de Dios. El dinero que te pagan viene de El también. Si Dios te está guiando para que dejes ese trabajo, El tiene otro trabajo ya preparado para ti.

Tú tal vez te estás preocupando, *¿Qué tal si se lleva mucho tiempo y tengo que estar sin recibir dinero durante unos meses? Voy a perder mi casa, mi automóvil, quien sabe cuántas cosas más.*

¿Qué es lo que dijo Jesús? *"Jesús le respondió: Escrito está: "No sólo de pan vivirá el hombre, sino de toda Palabra que sale de la boca de Dios"* (Lucas 4:4). Si Jesús estuviera caminando en la tierra el día de hoy, El diría, "Tú no vives de un pago a otro pago, sino de toda Palabra que sale de Dios". Si unos cuantos meses de interrupción van a hacer que lo pierdas todo, eso quiere decir que no te pertenece de todas maneras. Tú necesitas trabajar en un plan que te saque todo tipo de deudas. Declara la Palabra de Dios sobre tus finanzas y tu economía y sobre tu trabajo. Permítele a El que se mueva en tu vida, para que puedas tener un trabajo que sí te guste.

Tal vez tú has calculado la duración del viaje de tus sueños y estás diciendo, *Dios mío, está muy lejos como para poder hacerlo. Me voy a morir de hambre antes de yo pueda llegar ahí. Voy a morir en el camino del desierto.* Espera. ESCUCHA LA VOZ DE JESUS que te está preguntando, ¿"Cuántas piezas de pan tienes"? Cuando tú escuches su voz quieta y calmada, va a despertar tu espíritu, para que tú puedas romper esa barrera de temor o de miedo. Trae lo poco que tú tengas ante Jesús, y déjalo que El se mueva. Pon tu fe en El, y tú vas a poder ver más allá de las apariencias naturales. Confía que Dios hará obrar Su Palabra.

El Gnosticismo en Contra del Verdadero Evangelio

Dios por Sí Mismo es mucho más que cualquier otra cosa que tú jamás llegues a necesitar en el reino natural. El es todo lo que tú necesitas que El sea. El Mismo es más que suficiente. En El, todo es posible.

Desafortunadamente, muchos cristianos no creen todo esto de Dios. Y ya sea que lo reconozcan o no, muchos creen en un evangelio gnóstico. Esto enseña que Cristo Jesús, más alguna otra cosa, van a equivaler al cumplimiento del sueño o del deseo. Ellos creen que la felicidad sólo va a venir con Cristo

TÚ NO NECESITAS A DIOS MÁS ALGUNA OTRA COSA COMO AÑADIDURA.

Jesús, más algún otro mecanismo de apoyo. La única manera en que algunos cristianos creen que realmente pueden servir a Dios es por medio de combinar la fe en El con ciertas otras expectativas. Por ejemplo, ellos quieren a Cristo Jesús, pero ellos también anhelan más dinero para llegar a ser más felices. Tal vez se trata de Cristo Jesús más el matrimonio lo que los va a llenar, o Cristo Jesús más un automóvil o una casa, o Cristo Jesús más unas vacaciones, o Cristo Jesús más otro tipo de conocimientos.

Aquellos que piensan de esta manera se ponen en una posición para una caída muy peligrosa. Cuando las apariencias naturales indican que los materiales que ellos creen que necesitan, tales como el dinero para fundar una visión, no están disponibles, ellos caen en temor y en miedo. Ellos acaban concluyendo que no hay esperanza alguna de que ellos lleguen a lograr sus sueños porque no tienen el elemento extra que ellos creen que se está necesitando.

El gnosticismo brota de la mentira de que la Palabra de Dios necesita algo añadido a ella para que pueda funcionar. ¡No! ¡Su Palabra es más que suficiente! Esta filosofía define a Dios como inadecuado. Nosotros no necesitamos a Cristo Jesús más alguna otra cosa. Nosotros sólo necesitamos a Cristo Jesús por Sí Mismo. En El habita toda la plenitud de la Deidad. La Biblia declara acerca de Jesús:

> *Pues su divino poder nos ha concedido todo cuanto concierne a la vida y a la piedad, mediante el verdadero conocimiento de aquel que nos llamó por su gloria y excelencia, por medio de las cuales nos ha concedido sus preciosas y maravillosas promesas, a fin de que por ellas lleguéis a ser partícipes de la naturaleza divina, habiendo escapado de la corrupción que hay en el mundo por causa de la concupiscencia.* (2a. Pedro 1:3-4)

Todo lo que necesitamos está sólo en El, pero la mayoría hemos adoptado la mentira de que necesitamos algo más que debe ser añadido a Dios.

Todo lo que realmente necesitamos es que Cristo Jesús toque el área de nuestra insuficiencia. El producirá cualquier cosa que necesitemos para poder llevar a cabo Su visión. No se necesita tener todo en su lugar para poder acercase a El.

Cuando ya era tiempo para poder comprar ese edificio para nuestro ministerio, yo no tenía dinero suficiente, pero yo tenía a Dios. Yo no necesitaba a Cristo Jesús más un millón de dólares para comprarlo. Los directores de la organización humanitaria de ayuda no tenían el dinero suficiente para comprar su barco, ni para comprar el montacargas, pero Dios lo multiplicó. Ellos no necesitaban a Dios más millones para poder hacerlo. El profeta Elías sólo tenía una vara pequeña para poder recobrar el hacha del agua, pero él tenía a Dios. El no necesitaba a Dios más el equipo de buzos para recobrar el hacha perdida.

En el ámbito natural, los discípulos, la viuda en Sarepta, y el profeta no necesitaban al Señor más la comida suficiente. Andrés y los discípulos sólo tenían cinco piezas de pan y dos peces en medio de cinco mil hombres hambrientos más las mujeres y los niños, pero lo más importante es que ellos tenían a Jesús. Durante la sequía, la viuda de Sarepta sólo tenía un poco de comida y un poco de aceite para alimentar al profeta Elías, a su hijo y a ella misma por muy poco tiempo, pero ella tenía a Dios.

Moisés, David y Sansón no necesitaron a Dios más las armas poderosas para derrotar a sus enemigos. Moisés sólo tenía una vara en su mano mientras que el ejército egipcio los estaba acorralando a él y a los israelitas en contra del Mar Rojo, pero él tenía a Dios. David sólo tenía una honda y unas cinco piedrecitas cuando él confrontó a su enemigo, que era un poderoso guerrero, pero él tenía al Dios Todopoderoso. Sansón sólo tenía la quijada de un burro para matar mil filisteos, pero lo más importante, él tenía a Dios.

Estos hombres y mujeres de fe tomaron lo que ellos tenían en sus manos, que nunca era suficiente, y creyeron que Dios lo usaría para realizar milagros a medida que ellos Le obedecían. Ellos lograron lo que era imposible naturalmente. Por lo tanto, no debemos permitir que nuestras circunstancias naturales produzcan temor o miedo en nosotros. Como Jesús les dijo a Sus discípulos, *"Pero Jesús, mirándolos, les dijo: Para los hombres eso es imposible, pero para Dios todo es posible"* (Mateo 19:26).

¿Qué Tienes en Tu Mano?

¿Qué es lo que tienes en tu mano para poder hacer que se realice tu sueño? No lo veas como algo insuficiente. Velo y considéralo como la semilla para tu milagro. Tú ya tienes todo lo que necesitas para realizar todo lo que Dios ha dicho de ti. ¡Eso es Jesús! ¡Pon lo que tienes en Sus manos y no temas, ni tengas miedo! Entonces, observa cómo El transforma tu necesidad en abundancia. Observa cómo El transforma tu debilidad en fuerza. ¡Observa cómo El transforma tu circunstancia natural en un milagro sobrenatural! El temor y el miedo tienen que rendirse de rodillas ante El, porque El Solo y por Sí Mismo es más que suficiente. ¡El Gran Yo Soy está contigo!

Dios nunca ha retrocedido en una sola de las promesas que El nos ha dado. Como el Buen Pastor, El guía a Sus ovejas hacia donde está el agua y la comida. Nuestro amado Buen Pastor va a suplir todas nuestras necesidades. Escucha Su voz que viene desde los cielos y pasa por encima de ese umbral de temor o de miedo. Tú puedes oír Su voz, si te pones a escuchar. Jesús, el fiel Buen Pastor dijo,

Mis ovejas oyen mi voz, y yo las conozco y me siguen; y yo les doy vida eterna y jamás perecerán, y nadie las arrebatará de mi mano. Mi Padre que me las dio es mayor que todos, y nadie las puede

arrebatar de la mano del Padre. Yo y el Padre somos uno. (Juan 10:27-30)

¿Pruebas o Tentaciones?

Tal vez tú ya has calculado tu situación. Tú has sumado y calculado todo el dinero, has mirado al tamaño de tu reto, y has evaluado todas las opciones. Con toda sinceridad, absolutamente todo en la esfera natural indica que tu sueño o visión no va a funcionar. Esta no es una situación cómoda. Sin embargo, algunas veces Dios te coloca en ese tipo de posiciones. ¿Por qué? El quiere ver lo que hay dentro de ti. En ocasiones, El prueba tu fe. Esto es diferente a que el diablo te esté tratando de llevar a cierta tentación. Las pruebas de tu fe son muy preciosas para Dios. Ellas determinan qué tanto confías en El y qué tanto Lo amas. Su Palabra dice,

En lo cual os regocijáis grandemente, aunque ahora, por un poco de tiempo si es necesario, seáis afligidos con diversas pruebas, para que la prueba de vuestra fe, más preciosa que el oro que perece, aunque probado por fuego, sea hallada que resulta en alabanza, gloria y honor en la revelación de Jesucristo. (1a. Pedro 1:6-7)

Tened por sumo gozo, hermanos míos, el que {os} halléis en diversas pruebas, sabiendo que la prueba de vuestra fe produce paciencia, y que la paciencia ha de tener {su} perfecto resultado, para que seáis perfectos y completos, sin que {os} falte nada. (Santiago 1:2-4)

Desafortunadamente, muchos de nosotros fallamos aquí. Nos perdemos en medio de nuestras pruebas porque volteamos hacia el temor o el miedo y nos paralizamos en lugar de seguir hacia delante con nuestros sueños y visiones. Deberíamos estar diciendo, "Bueno, ya conté el dinero, y he calculado el costo de todo esto, y no tengo suficiente para lograrlo. Bueno, ¡pues hacia delante"!

Espera un minuto, me vas a decir. *¿Acaso Jesús no dijo que primero nos detuviéramos a contar el costo?*

Sí, pero vamos a ver este pasaje de las escrituras. El no dijo, "Cuenta el costo y ríndete". Es cierto. El dijo que deberíamos contar el costo, y entonces, hacerlo. El dijo,

> *Si alguno viene a mí, y no aborrece a su padre y madre, a {su} mujer e hijos, a {sus} hermanos y hermanas, y aun hasta su propia vida, no puede ser mi discípulo. El que no carga su cruz y viene en pos de mí, no puede ser mi discípulo. Porque, ¿quién de vosotros, deseando edificar una torre, no se sienta primero y calcula el costo, para ver si tiene {lo suficiente} para terminarla? No sea que cuando haya echado los cimientos y no pueda terminar, todos los que lo vean comiencen a burlarse de él, diciendo: "Este hombre comenzó a edificar y no pudo terminar". Así pues, cualquiera de vosotros que no renuncie a todas sus posesiones, no puede ser mi discípulo.* (Lucas 14:26-30, 33)

Jesús nos instruyó aquí que debemos contar el costo de ser Sus discípulos, y entonces, hacerlo. El nos quiere como Sus discípulos.

Jesús no dijo, "Cuenta el dinero, y si tienes suficiente, hazlo". El quiere que nosotros lo hagamos, pero necesitamos saber cuánto tenemos que gastar para poder realizar esa empresa o proyecto. Necesitamos estar muy seguros que podemos creer que Dios es suficiente para construir todo el edificio. Es importante que reconozcamos el costo o precio de fe antes de comenzar el proyecto. Por ejemplo, cuando yo compré el edificio

CUENTA EL COSTO Y ENTONCES, VÉ HACIA DELANTE CON EL PLAN DE DIOS.

para el ministerio, yo me di cuenta de que no me podría mover a este proyecto solo con una ofrenda de $5,000.00 dólares. No, yo tenía que creer en Dios para recibir el millón de dólares. Yo tenía que estar dispuesto a poner mi fe y creer en El para la cantidad total del proyecto.

¿Qué Es lo que Dios Te Ha Estado Hablando?

Dios coloca sueños y visiones en la vida de Sus hijos e hijas, pero el diablo usa al ambiente natural para desviarnos de ellos. Problemas matrimoniales, limitaciones físicas, atrasos financieros y económicos y muchas otras áreas de conflicto y de reto surgen, pero aun así, el Señor nunca niega poder cumplir cada una de las promesas que El nos ha dado. Sólo necesitamos escuchar Su voz amable, preguntándonos, "Qué es lo que tienes en tu mano"? Necesitamos encontrar a ese niño que trajo su almuerzo. Necesitamos encontrar la vara, la honda con las piedrecitas, o la quijada de burro. Encuentra la vara. Tú debes encontrar la idea inspiradora que Dios tiene para ti, a fin de que sea creada la visión o el sueño que El te dio. No tengas miedo de mirar a los recursos que tienes. Encuentra qué es lo que Dios te ha estado hablando y úsalo para Su gloria.

Deshazte del Conflicto de la Mortificación y de la Molestia

¿Acaso tienes un conflicto de mortificación y molestia en tu vida, tal y como yo tenía ese brazo dislocado? ¿Tienes miedo de que este reto te va a detener para que no puedas seguir con los planes que Dios tiene para ti? No te alejes, intimidado por tus conflictos. Dios los usa para Su gloria y para fortalecerte a ti. Cuando El te llama, corre hacia la batalla lleno de confianza. Como te puedes dar cuenta, cada conflicto que tú enfrentas te fortalece para la siguiente batalla. Eso es lo que le sucedió a David.

El primero peleó y mató un león y un oso con sus propias manos. El Dios que le dio el poder para hacer eso, fácilmente le podía dar la victoria frente al gigante Goliat.

¡Yo creo que El va a hacer lo mismo hoy por ti! Entonces, tu victoria previa en un conflicto se convierte en una piedra de apoyo para tu siguiente éxito. Yo he visto esto suceder numerosas veces en mi vida. Como lo mencioné anteriormente, yo he estado en muchas esferas y medio ambientes que inducen al temor y al miedo—incluyendo el área física, el área económica y financiera, mi familia, el área social y aun viajes alrededor del mundo. Y nunca falla el hecho de que el Dios que está conmigo es mucho más grande que cualquier tipo de temor o de miedo que viene en contra de mí. Dios me da la victoria una y otra vez.

CADA TRIUNFO SE CONVIERTE EN UNA PIEDRA DE APOYO PARA LA SIGUIENTE VICTORIA.

¡Este es el Dios que está contigo el día de hoy! Ahora, vamos a orar para que seas libre de los conflictos que hay en tu vida. Dios quiere liberarte. Declara estas palabras en voz alta:

El que está en mí es más grande que este temor y miedo que he estado sintiendo. En el Nombre de Jesús yo le notifico esto a cada fortaleza que me ha estado atando. Yo no dependo en mí mismo. Mi confianza está en Cristo Jesús. Yo me desprendo de todo lo que me estaba atando al temor y al miedo, en el Nombre de Jesús. Miedo y temor, tú debes rendirte de rodillas, porque el Gran Yo Soy está conmigo.

Yo tomo autoridad sobre todos los temores y miedos, sobre todos los factores limitantes, sobre todas las apariencias de las circunstancias, sobre todos los pagos que yo debo, y sobre todas las presiones de la vida. En el Nombre de Jesús, ustedes no tienen poder alguno sobre mí, porque Dios está conmigo. Yo rompo todo poder engañador del pecado de desánimo y depresión, y ordeno que tienes que soltarme. Tú no tienes ningún poder sobre mí, en el Nombre de Jesús. No voy a temer, no voy a tener miedo, ni me voy a desanimar, porque el Gran Yo Soy es mi Dios. ¡Aleluya!

En este mismo momento, yo recibo fuerza que viene directamente de Dios en mi espíritu. Yo recibo salud y sanidad en mi cuerpo. Yo recibo la mente de Cristo Jesús. Mi Dios me sostiene en la palma de Su mano, y nada ni nadie puede sacarme de ahí.

Pon Tu Mira en el Señor

Oh, sólo mira al Señor. En este momento, donde tú estás sentado, enfócate en El por un momento. Reconoce que El es la restauración de todo lo que tú necesitas y de todo lo que tú has perdido. El es el Dios que te liberta. El Te sostiene en la mano derecha de Su justicia y te arrulla en la palma de Su mano. El no va a permitir que nadie te arrebate de El.

El es el Dios que te compró con la Sangre de Su Hijo, y que dijo básicamente, "Si sacrifiqué a Mi propio Hijo por ti, ¿acaso no te daré todas las cosas gratuitamente"? No sólo te dará todas las cosas, *sino que El es todo lo que tú necesitas*. ¡El es para ti **todo** lo que tú necesites que El sea! ¡Aleluya!

Recibe el poder de Su unción en tu vida en este mismo momento y ora, declarando Su Palabra en voz alta:

No voy a escuchar ninguna voz que sea contraria a la voz del Buen Pastor. Jesús, Tú eres el Buen Pastor. Tú vas delante del rebaño. Tú me guías. Tú enderezas mis caminos. Tú nivelas las montañas para que no sean un obstáculo para mí. Tú levantas los valles profundos para que yo no caiga en ellos.

Dios, Tú dices en Tu Palabra que *"yo saldré con gozo, y seré guiado con paz"*. Yo confío en Ti, y yo me sostengo en Tus promesas. Tú dices que Tú vas a restaurar mi alma, y que Me vas a guiar en los caminos que debo seguir. Tu Palabra es *"lámpara a mis pies y luz en mi camino"* para guiarme. Tú dijiste, *"Yo Soy el Señor Tu Dios, que Te enseño cómo prosperar, que Te guío por el camino que debes seguir"*. Gracias por mostrarme el camino por dónde debo ir, y por enseñarme a prosperar.

Tú *"Nos has bendecido con toda bendición espiritual en los lugares celestiales con Cristo Jesús"*. Tú prometiste que en cualquier cosa en que ponga mis manos para hacer, será prosperada. Dios, tú dices que yo soy como un árbol plantado junto a las corrientes de las aguas. Cuando vienen el calor y la sequía, no me voy a secar, sino que voy a dar fruto continuamente en el tiempo adecuado. Tú dices que todo lo que yo haga va a prosperar. Yo confío en Tu Palabra.

Padre, Tú declaraste que ninguna arma que se levante contra mí prosperará y que toda lengua que se levante contra mí en juicio va a ser condenada. Tú dices que las armas de lucha no son físicas, pero, Dios, que Tu poder divino está conmigo. ¡Tú estás conmigo! Gracias por ser mi Defensor. Yo escucho Tu voz desde los cielos y yo paso a través del umbral del temor y del miedo ¡porque Tú estás conmigo! ¡Tú estás conmigo! ¡Tú estás conmigo!

Tú le dijiste a Moisés, "YO SOY EL QUE SOY", y Tú eres El Mismo para mí el día de hoy. Dios mío, Tú lo eres Todo. Tú eres el Esposo o la Esposa para quienes no tienen esposo o esposa. Tú eres el Padre para quienes son huérfanos. Tú eres Familia para aquellos que no tienen familia. Tú eres el Consolador para los que están agobiados. Tú eres Fuerza para aquellos que están débiles. Tú eres Ayuda en el momento de necesidad para los que están en problemas. Tú eres Esperanza para los que ya no tienen esperanza. Tú estás con los que han caído.

Tú eres mi Libertador. Tú eres mi Paz. Tú eres mi Seguridad. Tú eres mi Gozo. Tú eres mi Vida. Tú lo eres Todo para mí. Tú eres la Vara de Moisés, la Piedra de David, la Fuerza de Sansón, y la Vara de Elías. Tú eres la Comida para la multitud de discípulos hambrientos, para la familia de la viuda y para el profeta. Tú eres el Dinero para las visiones que Tú has impartido a Tus hijos. Tú eres la División de las aguas del Mar Rojo y los Milagros de Cristo Jesús. Tú eres el Canal a través del cual la gente es guiada del cautiverio a la liberación. Tú estás en medio de todos los imposibles. Tú dijiste, *"Todo es posible para aquel que cree"*. Tú eres Quién dices ser. Tú eres el Obispo y el Sumo Pastor de mi alma. Tu ley es la niña misma de mi ojo. Tú eres mi Rey que viene pronto.

Tú eres El Shaddai, el Dios Todopoderoso. Tú eres Todo para mí. Tú eres Jehová Nissi, el Señor como mi Bandera de Victoria. Tú me liberaste de las prisiones del enemigo. Tú eres el Señor de mi Justicia. Tú me libraste de la vergüenza y de la culpabilidad, Dios mío. Tú has restaurado todo lo que el enemigo me había robado. Tú eres Jehová Jireh, mi Proveedor. Tú eres mi Riqueza, Tú te hiciste pobre para que yo pueda tener una provisión completa. Tú eres el Señor mi Santificador. Tú me libras de los límites y de los impedimentos de este mundo. Dios mío, Tú eres Todo para mí. Tú eres Todo-Suficiente. Yo no necesito agregarte, ni añadirte nada para que suplas mi necesidad. Tú Solo y por Ti Mismo eres más que Suficiente. ¡Tú eres más que Suficiente!

Tú eres mi sabiduría. Padre, yo creo que la sabiduría que Tú me has dado sobrepasa la apariencia natural de mis circunstancias. Tú plan de acción me infunde fe para ir más allá de las limitaciones del razonamiento humano. Yo sé que tengo suficiente fe, porque Tú dices, Dios, que Tú me Has dado *"la medida de fe"*. Yo puedo actuar basado en la fe que tengo para ver que venga Tu Reino y que sea hecha Tu Voluntad en el área física. Yo puedo remontarme en Tu habilidad divina aunque me encuentre en medio de una situación imposible, porque Tú, Dios mío, eres el Camino de Liberación ahí, justo donde me encuentro. Tú eres todo lo que yo necesito en este momento.

Oh, Dios, Tú dices que Tú irás delante de mí y que Tu gloria será quien guarde mis espaldas. Podrán caer mil a mi lado izquierdo y diez a mi lado derecho, pero, tal y como Tú lo dices, ni el terror, ni la pestilencia, ni la destrucción podrán acercarse a mí. ¡Aleluya! Tú vas a cuidar de mí.

Padre, Tú dijiste, *"Te voy a apresurar para que se cumpla Mi Palabra en ti"*. Tú vigilas sobre Tu Palabra, para que, cuando yo dé el paso de fe, Tú lo hagas. Dios, Tú no eres un mentiroso. Tú vas a hacer lo que has prometido hacer porque Tú estás comprometido con Tu Palabra y porque Tú me amas. Gracias por ser Quién Tú dices Ser. ¡Aleluya! ¡YO SOY está conmigo! Y debido a que Tú estás conmigo y por mí, ¿quien podrá estar en contra de mí? En el Nombre de Jesús, Amén.[13]

Capítulo Cinco

REACCIONES SENSORIALES DEL TEMOR

La tercera causa del temor que Dios me reveló es la reacción que tienen nuestros cinco sentidos ante la información natural. Como puedes ver, nuestros sentidos pueden inducir un gran temor o un gran miedo cuando procesamos información natural negativa. Vimos en el capítulo anterior que la información por sí misma puede dar como resultado el temor y el miedo porque tiene una voz muy poderosa. Pero si no sabemos cómo callar nuestras reacciones negativas que son tan fuertes, entonces, todo tipo de emociones evasivas y derrotadas van a controlar nuestra vida. Dios quiere capacitarte para que gobiernes tus emociones a pesar de tus reacciones sensoriales.

Nuestros Sentidos Reaccionan ante las Experiencias Personales

Biológicamente, cuando un estímulo entra en contacto con cualquiera de nuestros sentidos—como la vista, el oído, el olfato, el gusto o el tacto—ellos reaccionan. Cuando uno o varios de ellos reaccionan ante algo, eso nos puede afectar emocionalmente, creando temor o miedo y muchas inhibiciones. Debido a que somos humanos, cada uno de nosotros experimenta respuestas sensoriales. Nuestros sentidos reaccionan continuamente a la información natural, y frecuentemente, anticipamos que suceda lo peor. Si nuestros sentidos reaccionan con duda o con incertidumbre, nos volvemos temerosos y miedosos.

Desafortunadamente, muchos de nosotros no hemos considerado el hecho de por qué es que experimentamos temores y miedos derivados de nuestros sentidos. En cualquier situación donde tus sentidos reaccionan o reciben información, tú debes considerar qué tan pesimistas son tus pensamientos y tus expectativas acerca de lo que acabas de experimentar. En este capítulo, vamos a examinar las conclusiones extremas que tú sacas de tus sentidos. Pueden dar como resultado conclusiones sin base alguna y sin sentido, las cuales son exageradas o falsas. Recuerda que cuando existe evidencia que es falsa, pero que está haciéndose pasar como verdadera (T.E.M.O.R), esto afecta nuestros sentidos, induciendo temor y miedo.

Por ejemplo, si tú te levantas en medio de la noche y hueles a humo, ¿qué es lo que te sucede? ¿Te llenas de pánico y de temor instantáneamente? ¿Estás convencido de que tu casa se está quemando hasta las cenizas? O si acaso oyes la sirena cerca de tu casa, ¿acaso piensas que un familiar cercano ha tenido un accidente? Cuando tú miras al estado de cuenta de tu chequera o al estado de cuenta de tu tarjeta de crédito, ¿el miedo hace presa de ti? Si tú comes algo que tenía un sabor algo raro, ¿de inmediato piensas que te estás envenenando?

¿SIEMPRE ESPERAS QUE SUCEDA LO PEOR?

Cuando tú tienes una tos severa, ¿acaso supones que ya tienes pulmonía? Cuando tú sufres de dolor de cabeza, ¿llegas a la conclusión de que tal vez tienes un aneurisma o principios de embolia? Si sientes las palpitaciones de tu corazón o si tienes indigestión, ¿te llenas de pánico, creyendo que se trata de un ataque cardíaco? Si sientes una pequeña protuberancia bajo tu piel, ¿te sientes convencido de que eso es síntoma de las primeras etapas de cáncer, igual a como murió tu bisabuela?

Si tú recibes una carta de la Oficina de Impuestos del Gobierno, ¿supones que te quieren hacer una auditoría, o que te quieren poner una multa, o que vas a parar en la cárcel?

¿Estás siendo afectado negativamente en forma continua por todo aquello que tú ves, oyes, hueles, pruebas o tocas? Cuando tus sentidos están reaccionando repetitivamente en esta forma, tu vida está envuelta en completa tensión nerviosa. Con cualquier cosa que tú encuentras, tú supones que lo peor está sucediendo. Si esto describe tu vida, estás viviendo atado o atada al temor o al miedo. Cada vez que tú te imaginas lo peor, debido a que tus sentidos reaccionaron espontáneamente ante la información natural, el temor y el miedo son las fuerzas que te impulsan. Tus reacciones sensoriales están induciendo temor y miedo y te están limitando.

Un ejemplo muy claro de esto es la historia de "Beth y Todd" que te conté en el capítulo uno. Aunque yo cambié los nombres para proteger la privacidad de los individuos involucrados, su historia es verídica. Un pariente masculino cercano molestó sexualmente a esta joven mujer cuando ella era una niña pequeña, y nuevamente, cuando ella era una adolescente. Sin darse cuenta, ella desarrolló miedo y temor hacia todos los hombres.

A pesar de todo tipo de defensas que ella puso alrededor de ella, con todo y eso, esta joven mujer se enamoró de un hombre cristiano a quien conoció cuando ella estudiaba en la universidad. El la amó desde un principio, y también probó su amor por ella una y otra vez a través de los años. Cuando él le pidió a ella que se casara con él, ella quería decir que sí y confiar de que Dios le ayudaría a poder manejar la intimidad física del matrimonio. Ahora, déjame contarte el resto de la historia.

Ella se casó con él, confiando que Dios la sanaría. Sin embargo, aunque ambos eran cristianos, el temor y el miedo atrapó a esta joven mujer en cautiverio. Cada vez que su esposo la acariciaba amorosamente, ella revivía el toque lujurioso de aquel pariente suyo en ese sótano obscuro donde sucedió. El diablo estaba usando sus sentidos para invocar temor y miedo en ella. Y aunque ella sabía que su esposo la amaba y que nunca le iba a hacer ningún daño, no podía vencer a esas terribles memorias que eran revividas cada vez que él la tocaba.

Esta hubiera sido una historia muy trágica si hubiera terminado de esta manera. Pero Dios es mucho más fuerte que todas las experiencias de nuestro pasado. Su amor y Su poder callaron por completo la voz que emanaba de los sentidos de esta mujer. Eventualmente, a través del amor paciente de su marido, y con la verdad sanadora de la Palabra de Dios, y el poder transformador del Espíritu Santo, ocurrió el milagro. Dios sanó a esta mujer y la liberó completamente del temor. Ahora, muchos años más tarde, ella todavía es muy feliz, estando casada con el mismo hombre, y ella sirve fielmente al Señor que la liberó de la prisión de temor en que se encontraba.

¿Te das cuenta cómo es que nuestros sentidos pueden limitarnos y ponernos en tremendas ataduras? Sin embargo, ¡Dios sí puede liberarnos, y Nos va a liberar!

Nuestros Sentidos Reaccionan ante las Noticias de los Medios de Comunicación y ante Otras Fuentes de Comunicación

No sólo debemos contender contra las reacciones sensoriales de nuestras experiencias personales, pero también debemos contender con nuestras propias reacciones ante lo que vemos que les sucede a otros o ante lo que oímos que les sucede a otros. Tal y como discutimos anteriormente, la mayoría del mundo libre tiene acceso a una infinita cantidad de información a través de la radio, de la televisión, los periódicos y de la Internet. Además de estos mensajes, también podemos recibir mensajes a través del correo electrónico (E-mail), los teléfonos celulares, los bípers y las maquinas de fax, y podemos quedar inundados con información incesante. Desafortunadamente, la mayoría de todo esto son malas noticias. Podemos sentarnos en la sala de nuestra casa y ser testigos de cosas y sucesos horribles a medida que están aconteciendo a miles de kilómetros de distancia. Estas imágenes y sonidos pueden infundir gran temor y mucho miedo.

Punto Cero—Yo Estaba Ahí

¿Dónde estabas tú en la mañana del martes, 11 de septiembre de 2001, cuando los terroristas secuestradores atacaron a las Estados Unidos de América? En esos momentos, yo estaba con mi hijo Eric, en un túnel del sistema de transporte subterráneo de Nueva York. Estábamos en medio de Manhattan, aproximadamente a treinta calles de distancia de lo que muy pronto se convertiría en el Punto Cero en el bajo Manhattan.

Justo cinco minutos antes de que el primer avión secuestrado, que fue el vuelo 11 de American Airlines, se estrellara en la torre norte del World Trade Center, Eric miró hacia fuera de la ventana del vagón del metro donde íbamos, pudiendo contemplar las dos Torres Gemelas. Los edificios estaban en perfecto estado. Era un día típico en Nueva York mientras que el tren nos llevó hacia su recorrido subterráneo.

No sabíamos nada de lo que iba a ocurrir en pocos momentos. Para el momento en que nuestro tren subterráneo regresó al nivel de la calle en Madison

Square Gardens, el caos había hecho presa de la ciudad. ¿Qué había sucedido mientras íbamos bajo tierra?

Eric y yo nos metimos en un taxi. Muy pronto, supimos que el chofer de nuestro taxi estaba estacionado justo enfrente del World Trade Center en el momento en que el primer avión se estrelló en el centro de la torre norte. En un completo estado de shock, él de inmediato puso su pie en el acelerador y llegó hasta la calle donde nosotros lo paramos. Totalmente asombrado, el chofer parecía decir cosas sin sentido a medida que preguntábamos lo que estaba sucediendo. El sintonizó la radio tan fuerte como pudo y gritó, !"Sólo miren alrededor de ustedes"!

¡Eric y yo volteamos para ver grandes columnas de humo que salían del World Trade Center que se estaba quemando! ¡La Torre Gemela del sur se había desvanecido, dejando un gran hueco junto a la torre norte que estaba humeando!

Nos dimos cuenta de la realidad a medida que las autoridades estaban preparándose para cerrar todo Manhattan, atrapándonos en la isla. Todo alrededor nuestro eran multitudes de gente que corrían por Wall Street y que huían a través de Central Park hacia la parte alta de Manhattan, con la esperanza de huir a través de los sectores del norte. Sin embargo, al no tener ninguna vía de escape, todos nos vimos forzados a pasar la noche en la isla. Debido a que yo conocía a uno de los gerentes, Eric y yo pudimos pasar esa noche en un hotel. Sin embargo, esa noche a través de toda la ciudad, miles de gentes durmieron literalmente en las calles debido a que no pudieron encontrar ningún lugar donde pasar la noche. Los hoteles abrieron sus salones y otras áreas donde la gente podía

EL SÓLO VER UNA TRAGEDIA A TRAVÉS DE LOS MEDIOS DE COMUNICACIÓN PUEDE TENER GRANDES EFECTOS QUE VAN A SER MUY NEGATIVOS.

dormir en el piso debido a que esa pesadilla había atrapado a toda esta gente.

Poco tiempo después del ataque, mi esposa Faye, llamó a mi teléfono celular. Viendo la televisión en el estado de Delaware, su reacción a los evento horribles era mucho más grande que la mía, ¡aunque yo me encontraba justo ahí en Manhattan! Ella vio y escuchó las imágenes y sonidos más dramáticos que los medios de comunicación pudieron capturar, mientras que Eric y yo simplemente vimos una columna de humo sobre los edificios y a la gente que corría para tratar de alejarse de la isla. Mi hijo y yo no vimos a los aviones estrellarse, ni tampoco vimos a la policía y a los bomberos correr hacia las torres justo antes de que los edificios se colapsaron.

El estado de zona de guerra que estaba siendo visto continuamente por la televisión, no estaba siendo visto por nuestros ojos. Debido a que los medios de comunicación estaban bombardeando constantemente a su auditorio con las imágenes, con los sonidos, y con la información del ataque, Faye tenía una reacción mucho más grande que nosotros, estando a una distancia de más de cien millas, siendo que nosotros nos encontrábamos justo ahí. Piensa acerca de esto. Frecuentemente no nos damos cuenta lo poderosa que es esta era de la comunicación. Las imágenes que vemos y los sonidos que escuchamos a través de los medios de comunicación nos influencían mucho más de lo que nos podemos dar cuenta.

Faye se puso un poco frustrada conmigo mientras que hablábamos en el celular. Ella se preguntaba por qué yo no estaba reaccionando como ella.

"Ellos han cerrado la isla", me informó Faye.

"Bueno, está bien. Vamos a conseguir una habitación en un hotel", yo le contesté.

"No", ella explicó, "no están permitiendo que nadie se quede en los hoteles".

"Yo conozco a alguien aquí que nos puede conseguir una habitación. No te preocupes, Faye".

A medida que hablábamos, yo observé un mar de gente que venía del sur de Manhattan. Sin embargo, Faye experimentó algo dramáticamente diferente mientras ella observaba la televisión. Ella estaba viendo una y otra vez, una y otra vez, los aviones estrellándose, a los rescatistas entrando en los edificios, a las torres colapsándose y a la gente llena de polvo y cenizas que corrían frenéticamente. Faye siguió escuchando las repeticiones de la gente aterrorizada que estaba gritando y a los reporteros anonadados, explicando los terribles eventos a medida que se iban desarrollando.

"Eric y yo vamos a conseguir una habitación de hotel", le dije a Faye, "y vamos a conseguir algo de comer".

¿"Van a comer ustedes"? preguntó Faye al principio, llena de incredulidad. Entonces añadió rápidamente, "Compren comida para tres días".

Lo que yo quería decir es que íbamos a buscar un restaurante para cenar. Yo pensé, *Hombre, ¡eso va a ser muchísima cena!*

No, Faye quería que yo consiguiera provisión de comida y de agua que pudiera durarnos varios días, porque, debido a lo que ella vio y escuchó, parecía que todos los comercios en el área fueron completamente destruidos. Nos estábamos comunicando en dos niveles diferentes, porque no estábamos viendo ni escuchando las mismas cosas.

Yo había planeado ir a una subasta en Nueva York esa noche, así que Faye preguntó, ¿"Tú no vas a ir a esa subasta esta noche, o sí"?

"Sí, Faye. Sí, voy a ir".

De inmediato ella me contestó, "No, Gary. No vayas. Yo quiero que tú me digas esto, dime que no irás. ¡Dime que no irás, Gary"!

"Faye, yo no te puedo decir eso". Yo todavía estaba planeando ir esa noche.

¡"Tú tienes que decirme que no irás"! ella insistió. ¿"Acaso no sabes en medio de lo que estás"? Faye estaba frenética. Para consolarla y darle alivio, eventualmente yo acordé con ella no ir a la subasta.

Muy rápidamente me di cuenta que la realidad de los sucesos no nos habían impactado tanto a Eric y a mí, estando en Manhattan, como habían impactado a Faye, estando en Delaware. Y todo esto se debía a los medios de comunicación y especialmente a la televisión. Cuando Faye y muchas otras gentes vieron las noticias, ellos se preocuparon por nosotros mucho más de lo que Eric y yo realmente nos preocupamos. Yo no estoy tratando de aligerar el peso de los sucesos de ninguna manera. Yo simplemente quiero decir que las imágenes y sonidos de la televisión impactaron mucho más poderosamente a la gente que estaba lejos del evento, que la realidad de la situación que nos afectó a nosotros, quienes estábamos físicamente a unas calles de distancia del Punto Cero en el momento de los hechos.

Eric y yo sabíamos que nos encontrábamos en una situación muy seria cuando vimos a más de cien mil personas, llenas de pánico, corriendo hacia nosotros para tratar de escapar de la isla. Sin embargo, existía una gran diferencia entre esta imagen y lo que Faye estaba viendo. Las imágenes y sonidos que ella estaba recibiendo de la televisión tenían un efecto paralizante. Sin embargo, debido a que nosotros no las vimos, pudimos escapar del miedo y del temor que Faye y muchos otros estaban sintiendo.

La Repetición Tiene un Impacto Muy Poderoso

¿Por qué era la reacción de Faye y la mía tan diferentes en ese día de septiembre 11 del 2001? A través de nuestros sentidos, ambos experimentamos el ataque, pero nuestras reacciones fueron muy diferentes. La razón es que cuando los creyentes o los incrédulos se sientan enfrente de los televisores para ver las mismas imágenes negativas y escuchar la misma retórica negativa una y otra vez, una y otra vez, ellos empiezan a meditar en ello y a volverlo a vivir una y otra vez. Lo mismo sucede cuando nuestros ojos y nuestros oídos reaccionan ante un suceso horroroso que está siendo repetido en la televisión, o cuando leemos algo terrible una y otra vez, o cuando escuchamos información negativa continuamente. La repetición hace que tenga un efecto de apoderarse de nosotros y de nuestra vida mucho más profundamente. Nuestros sentidos reaccionan y nos paralizamos, llenos de temor, incapaces de tomar los pasos correctos.

DEBES MANTENER A DIOS COMO TU FUENTE PRINCIPAL DE INFORMACIÓN—Y NO A LAS NOTICIAS.

Debemos detener esta oleada de frenesí de miedo, que nos empuja al temor, la cual tiene atrapada a nuestra nación, y no solo a nuestra nación, sino a la mayoría del mundo entero, y también a la iglesia. Está debilitando a la iglesia, haciendo que nos volvamos inactivos e inútiles para poder traer liberación al mundo entero. Las mismas imágenes llenas de terror que los atan a ellos, nos atan a nosotros también.

¿Qué podemos hacer para combatir este problema? ¿Acaso sólo debemos sintonizar los canales de información como si este problema no existiera? No, debemos estar conscientes de los hechos, pero también debemos entender las realidades espirituales y la naturaleza de Dios para que podamos vivir exitosamente en medio de todos los conflictos y retos. Necesitamos vivir, no por medio de la reacción de nuestros sentidos, sino por medio de la Palabra de Dios.

Debemos, tal y como lo discutimos anteriormente, evitar estar dependiendo de las fuentes de comunicación equivocadas, las cuales causaron u originaron la primera aparición del temor en el Jardín del Edén. Es esencial mantener a Dios como nuestra Fuente de información en lugar de enfocarse en el despliegue continuo de maldad que hace el diablo, especialmente a través de los medios de comunicación. Recuerda que nuestro enemigo usa los medios de comunicación para saturarnos con información que induce al temor. El hecho de alimentarse constantemente con todas estas malas noticias, sin tener las Buenas Nuevas de Dios es muy detrimente a nuestra salud espiritual, física y mental.

Necesitamos evaluar cuánto tiempo pasamos observando, leyendo o escuchando las noticias. Por ejemplo, si pasamos veinte horas a la semana absorbiendo las noticias y los programas del mundo, ¿cómo va a ser que un sermón de cuarenta y cinco minutos del domingo por la mañana, va a poder deshacer el impacto de todas esas veinte horas de mensajes negativos?

Una Guerra por Nuestras Creencias

El estar revisando constantemente la información negativa hace que el temor haga presa de nosotros y que nos atormente para mantenernos cautivos y que la confusión opaque nuestro juicio. Estos efectos nos roban nuestro tiempo y hacen que abortemos los propósitos para los cuales Dios nos colocó en esta tierra. Estamos en guerra el día de hoy. Y ésta es una guerra no solo en contra de enemigos físicos invisibles, sino en contra de otro enemigo invisible. Este es un enemigo espiritual. El trabaja para tirar nuestra fe en Dios y en las verdades de Dios y en Su autoridad, así como para tirar y destruir la naturaleza de Dios que está dentro de nosotros. Estamos en guerra por aquello en lo que creemos.

Carl Von Clausewitz (1780-1831),[14] quien fue el oficial del ejército prusiano, todo un estratega militar, y definitivamente, un experto en la guerra occidental, definió la palabra *guerra* en una forma muy interesante. En su tratado clásico *On War*, él escribió: "La guerra...es un acto de violencia que lleva la intención de hacer que nuestro oponente o adversario haga nuestra voluntad".[15]

Debes leer esa definición otra vez. Los crímenes y los actos de terrorismo son formas de guerra. ¿Qué es lo que producen el crimen y el terrorismo? Temor y miedo. Muchos criminales y terroristas perpetran la violencia con la intención de llegar a hacer su voluntad y de hacernos sucumbir ante el temor y ante sus creencias, ante sus formas de política y ante su estilo de vida.

¿Has notado que la mayoría de los encabezados en los periódicos y revistas produce temor y miedo? Entonces, ¿qué es lo que recibes como fruto de estar viendo, oyendo y leyendo las noticias por horas? Tú vas a experimentar gran temor y miedo. Ahora bien, yo no estoy diciendo que los medios de comunicación están aterrorizándonos intencionalmente, pero es el diablo quien usa toda esta información natural para excitar nuestros sentidos hacia el temor y el miedo. El está en guerra contra nuestra forma de creer, contra nuestros pensamientos y contra nuestras emociones, y él va a usar cualquier medio posible para tratar de destruirnos.

Tú debes reconocer que el propósito de tomar noticias negativas de los medios de comunicación no sólo es simplemente para perturbar tu día. El propósito es llegar a dominarte y traerte bajo el dominio de la voluntad de otra persona: ¡Y esa persona es el diablo mismo! ¿Estás listo para reconocer que tú has estado siendo el blanco del diablo con el fin de traerte a un estado de temor total y absoluto? Este no es un acto aislado, sino un continuo flujo que pasa delante de tus ojos y por tus oídos para cambiar tu creencia y apartar tu vida de Dios. Esta es la guerra que el diablo tiene contra nosotros:

La Biblia explica esta guerra:

Pues aunque andamos en la carne, no luchamos según la carne; porque las armas de nuestra contienda no son carnales, sino poderosas en Dios para la destrucción de fortalezas, destruyendo especulaciones y todo razonamiento altivo que se

levanta contra el conocimiento de Dios, y poniendo
todo pensamiento en cautiverio a la obediencia de
Cristo. (2a. Corintios 10:3-5)

Vamos a leer este pasaje en la versión amplificada Dios
Habla Hoy:

Es cierto que somos humanos, pero no luchamos
como los hombres de este mundo. Las armas
que usamos no son las del mundo, sino que son
poder de Dios capaz de destruir fortalezas. Y así
destruimos las acusaciones y toda altanería que
pretenda impedir que se conozca a Dios. Todo
pensamiento humano lo sometemos a Cristo, para
que lo obedezca a él. (v. 3-5 Dios Habla Hoy)

Aquí vemos que nuestra guerra consiste en
mantenernos enfocados en el conocimiento de Dios,
manteniéndolo a El como nuestra Fuente de información.
El enemigo va a intentar establecer fortalezas de ataduras
en nuestra vida para hacer que nos perdamos en
imágenes mentales que son contrarias a Dios, o en
discusiones y pretensiones que van en contra de Dios.
Sin embargo, debemos mantener nuestras creencias
y nuestros pensamientos alineados con Cristo Jesús.
Esta es la guerra que encaramos, ¡pero tenemos armas
poderosas para pelearla!

Los Pensamientos Repetitivos
Causan Mucho Más Daño

Si no estamos vigilantes en la batalla, podemos
sufrir seriamente. Como consecuencia de ser inundados
con reportes de eventos y sucesos horrorosos, la gente
no duerme por las noches. Ellos tienen dificultad aun
para caminar en paz. El temor y la preocupación
han hecho presa de ellos. Están confundidos. La

gente está precipitándose hacia muchas conclusiones equivocadas. Ellos están experimentando enfermedades psicosomáticas. Retos muy grandes están surgiendo en las vidas de muchas gentes.

Cuando la información negativa constante llega a doctrinar a la gente, es muy fácil voltearlos en esa dirección. De hecho, es casi un juego de niños el poder dominar o manipular a la gente que ha sido llena de malas noticias. De esta manera, algunas gentes se entregan a sus enemigos humanos y espirituales, y no saben cómo llegar a ser libres. Ellos han perdido la batalla y se han sujetado a la voluntad de otro tercero.

ESTAMOS AYUDANDO AL ENEMIGO CUANDO SATURAMOS NUESTRA MENTE CON PENSAMIENTOS DE TEMOR Y DE MIEDO.

Esto no necesariamente significa que sus enemigos les están infligiendo un daño adicional. Algunas de estas víctimas están creando sus propios retos por medio de saturarse a sí mismos con una cantidad constante de reportes y de imágenes de los medios de comunicación. Si ellos continúan en este ciclo y no lo rompen, ellos pueden quedar paralizados mental y espiritualmente, inertes e inútiles para poder llevar a cabo sus propósitos. Ellos incluso, pueden terminar con una enfermedad irreparable.

¡Es Tiempo de Recuperar Tus Sentidos!

Hoy en día, debemos de tomar decisiones muy sobrias. Con autoridad inquebrantable, debemos rehusar convertirnos en títeres que estén bajo las manos de los editorialistas liberales, los cuales están muy bien entrenados.

No debemos sucumbir ante aquellos que crean un medio ambiente de temor a través del sensacionalismo, usando el principio de que *si una historia es sangrienta, entonces es la más importante del día.* ¿Acaso quieres vivir con tu mente atrapada en estas garras continuamente? Dios tiene sabiduría para que tú puedas vivir en paz aun en medio de tiempos peligrosos, y esta sabiduría no viene a través de estar viendo los medios de comunicación seculares. Viene de la Palabra de Dios. Esta es la única manera de vencer nuestras reacciones sensoriales.

En el Antiguo Testamento, los israelitas crearon pequeños contenedores conocidos como los rollos, los cuales contenían pequeños papiros con pasajes de la Palabra de Dios. Ellos se los amarraban en sus frentes y en sus brazos, para que pudieran tener continuamente la Palabra de Dios delante de sus ojos.

> LA PALABRA DE DIOS MINISTRA PAZ A LOS CORAZONES ATRIBULADOS.

Como cristianos, no necesitamos vestir literalmente con la Palabra de Dios, sino que necesitamos mirar a Jesús, Quien es la Palabra de Dios. El libro de Hebreos nos instruye lo siguiente:

> *Puestos los ojos en Jesús, el autor y consumador de la fe, quien por el gozo puesto delante de El soportó la cruz, menospreciando la vergüenza, y se ha sentado a la diestra del trono de Dios. Considerad, pues, a aquel que soportó tal hostilidad de los pecadores contra sí mismo, para que no os canséis ni os desaniméis en vuestro corazón.*
>
> (Hebreos 12:2-3)

Aquí vemos que debemos fijar nuestros ojos en Cristo Jesús. ¿Qué va a pasar si no lo hacemos? Nos vamos a llenar de preocupación y vamos a desmayar en nuestra mente.

Como puedes ver, si no nos saturamos con la Palabra de Dios, vamos a perder nuestra meta muy fácilmente para acabar desviándonos fuera de curso. Nuestra mente, y por lo tanto, toda nuestra vida, puede acabar en un desastre. Acabaremos siendo gobernados por nuestros sentidos.

Nosotros Somos Unos Barriles de Pólvora

Ya es tiempo que nos demos cuenta que, durante los últimos cuarenta años, hemos estado siendo manipulados. Nos han traído hacia una distorsión de la verdad que ha sido progresiva, llena de sensacionalismo y perversión. Hemos gastado dinero yendo a los cines y hemos pasado horas viendo la pantalla de televisión. Al hacer esto, hemos pasado una gran parte de nuestra vida adoptando la visión de otras gentes, la cual está llena de terror, de miedo, de destrucción, de confusión y de desorientación. Después de años de estar construyendo esto en nosotros mismos, nos hemos convertido como barriles de pólvora que estamos listos para explotar. Las noticias de un suceso terrible pueden prender la mecha, y nuestra vida puede estrellarse en todo nuestro derredor, paralizándonos completamente con temor y con miedo. ¿Por qué? Porque hemos sido predispuestos para creer en lo peor. Esta es una guerra, y todo lo que se necesita es poder capturarnos con un solo reporte negativo o con una sola noticia negativa. ¡Eso es todo lo que se necesita!

Como creyentes en Dios, no deberíamos vivir de esta manera. ¿Te das cuenta que los creyentes deben estar programados para creer en Dios y no para creer en lo peor? Cuando aceptamos a Cristo Jesús como nuestro Salvador, el Espíritu de Dios vino a vivir en nosotros, conectándonos con El. El y Su Palabra se convirtieron en algo primordial para nuestras vidas. Recibimos la medida de fe para creer en Dios por encima de cualquier otra cosa. Ahora bien, si tú has pasado tu vida constantemente enfrente de muerte, destrucción y otras cosas como ésas, que son contrarias a Dios, y que Hollywood ha producido para que los medios de comunicación las transmitan, tú te has predispuesto a ti mismo para creer en lo peor, en lugar de creer en lo mejor de Dios.

Para ilustrar esto, compara el número de horas que tú dedicas a través de tu vida viendo y escuchando películas y muchas otras formas de los medios de comunicación, comparado con el tiempo que tú dedicas en la Palabra de Dios, entrenándote y desarrollándote en Sus perspectivas. ¿Cuál de las dos categorías tiene más horas? Si tú eres como la mayoría de la gente, Hollywood y los medios de comunicación te ganaron y por mucho, mas no así la Palabra de Dios.

Esto debe cambiar. No podemos cumplir los propósitos que Dios diseñó para nosotros si continuamente rechazamos Su Voz de nuestras vidas. Dios y Su Palabra deben de ser nuestra máxima prioridad, estando constantemente delante de nuestros ojos y de nuestros oídos, y manteniéndola almacenada en nuestra mente y en nuestro corazón.

Es Tiempo de Romper Este Ciclo

Este reto no es nuevo. Los israelitas en el Antiguo Testamento tenían que aprender cómo deshacer todos los años de negatividad, antes de que ellos se pudieran mover dentro de la Tierra Prometida. Vamos a ver el libro de Josué para ver cómo Dios les dijo que hicieran este cambio. Este ejemplo claramente ilustra el proceso de realinear tus prioridades con la Palabra de Dios.

Anteriormente, discutimos la manera en que los israelitas quedaron bajo el nuevo liderazgo de Josué cuando Moisés estaba a punto de morir. Recuerda que los hijos de Israel habían estado por cuarenta años en el desierto. La generación anterior había muerto porque se rebelaron en contra de Dios y rehusaron confiar en El. Ellos habían murmurado, fueron negativos, estaban todos temerosos y constantemente se quejaron en contra de El, se quejaban de Sus provisiones y se quejaban en contra de Su siervo Moisés. Recuerda que, debido a esto, Dios había prometido dar la Tierra Prometida a la *segunda* generación en lugar de dársela a la primera generación tan negativa de sus padres.

Esta era la atmósfera en que Josué creció. El vivió en una nación caída, llena de negatividad. Después de que todos los padres pecaminosos habían muerto, Dios habló a Josué, que era el nuevo líder de Israel, diciendo,

> *Sé fuerte y valiente, porque tú darás a este pueblo posesión de la tierra que juré a sus padres que les daría. Solamente sé fuerte y muy valiente; cuídate de cumplir toda la ley que Moisés mi siervo te mandó; no te desvíes de ella ni a la derecha ni a la izquierda, para que tengas éxito dondequiera que vayas. Este libro de la ley no se apartará de tu boca, sino que meditarás en él día y noche, para que cuides de hacer todo lo que en él está escrito; porque entonces harás prosperar tu camino y tendrás éxito. ¿No te {lo} he ordenado yo? ¡Sé fuerte y valiente! No temas ni te acobardes, porque el SEÑOR tu Dios {estará} contigo dondequiera que vayas.* (Josué 1:6-9)

En el pasaje anterior, Dios le prometió a Josué que El iba a estar con él. Por un momento, piensa acerca de la guerra en que estamos. Recuerda que todo lo que necesitemos, Dios puede hacer eso para nosotros. No debemos temer porque YO SOY está con nosotros y es mucho más grande que cualquier cosa que temamos.

Estas son noticias maravillosas, ¿pero cómo podemos deshacernos del temor que sentimos naturalmente? Dios le dio a Josué la respuesta: *"Medita en ella de día y de noche"* (v. 8). Esto significa murmurar y declarar Su Palabra una y otra vez. ¿Por qué tenía que hacer esto Josué? Era para que él *"pudiera cuidar de hacer todo lo que en él está escrito"* (v. 8). Josué necesitaba que la

Palabra de Dios estuviera siempre presente en su oír, en su boca y delante de sus ojos, para que continuamente le ministrara fe hacia dentro de su corazón. Esta es la única manera en que él pudiera prosperar y tener éxito en el propósito de Dios para su vida y para el pueblo de Israel.

Es crítico que podamos entender el porqué esto era tan importante en la vida de Josué. Recuerda que por cuarenta años él había vivido rodeado de gente que estaba llena de negatividad. Josué necesitaba que todos los efectos negativos de cuarenta años fueran removidos en un corto tiempo, para que él pudiera pasar y poseer lo que Dios le había prometido.

EL MEDITAR EN LA PALABRA DE DIOS PUEDE REMOVER LA INFLUENCIA NEGATIVA DEL DIABLO.

De la misma manera, vivimos en circunstancias muy similares. Como una nación, tenemos cerca de cuarenta años de haber sido inundados continuamente con la miseria de otras gentes a través de un instrumento que ha capturado nuestras vidas: la televisión. Si vamos a poseer las promesas de Dios, debemos liberarnos de todos esos grilletes y cadenas que nos han estado atando los últimos cuarenta años con todo tipo de negatividad, y necesitamos pasar a meditar en la Palabra de Dios. Esta es la forma cómo vamos a ganar la guerra por nuestras creencias. Debemos recuperar el terreno que nunca debimos perder.

Hoy en día, vamos a romper el ciclo de estarnos alimentando con información negativa. Vamos a revertir los efectos de todo ese sinnúmero de horas de estar viendo, escuchando y hablando acerca de la información del mundo. ¿Estás listo para hacer la guerra en contra del temor y del miedo, en contra del tormento, la confusión y la desorientación? Yo creo que esto es tu día de victoria. Tú ya no necesitas vivir en ataduras. Tú ya no debes de ser el rastro o la víctima de una guerra, estando sujeto a la voluntad de otra persona. ¡Tú puedes ser libre como millones de otros han podido llegar a ser libres!

David Se Movió Más Allá del Plano Natural

La Biblia contiene muchos ejemplos de gente que tuvieron victoria por encima de sus reacciones sensoriales y de sus temores, para llegar a ser libres. Solo entonces es que ellos pudieron cumplir los propósitos de Dios en sus vidas. Anteriormente, discutimos la historia donde David enfrentó a Goliat. Es un claro ejemplo de este principio. Recuerda que cuando los hombres de Israel miraron al gigante armado, llamado Goliat, y lo escucharon burlándose de ellos y de su Dios, todos ellos cayeron presa del temor. Sus sentidos reaccionaron e indujeron el temor. Entonces, vino David. El no compartía el temor que tenía el resto de Israel, porque en lugar de escuchar en las exhibiciones del enemigo, todas las horribles cosas que él planeaba hacer a los israelitas, David recordaba todas las victorias sobrenaturales que Dios había realizado en su vida. ¡David recordaba la forma cómo Dios le había dado fuerzas para matar un oso y un león con sus propias manos, cuando éstos trataron de robar las ovejas de su padre! Y con Goliat, esto no iba a ser diferente.

RECUERDA LAS COSAS QUE DIOS HA HECHO POR TI.

¿Puedes ver la diferencia de objetivos entre el objetivo de David y el objetivo que tenían los ejércitos de Israel? Los ejércitos sólo recordaban las malas noticias y las amenazas, mientras que David sólo recordaba los resultados positivos de confiar en Dios. Contra todo lo imposible, David sabía que Dios iba a estar con él cuando él peleara contra Goliat. El se apoyaba en el hecho que el Gran YO SOY iba a estar con él, tal y como siempre le había prometido.

El joven David convenció al Rey Saúl de que él podía pelear contra el gigante y ganar, así que Saúl estuvo

REACCIONES SENSORIALES DEL TEMOR

de acuerdo. Sin embargo, Saúl vistió primeramente a David en su armadura, confiando que podía protegerlo en contra de Goliat. Como hombre carnal y natural que era Saúl, él creía que sin su armadura, David no tenía oportunidad alguna. Saúl le dijo a David, *"Entonces Saúl dijo a David: Tú no puedes ir contra este filisteo a pelear con él, porque tú eres un muchacho y él ha sido un guerrero desde su juventud"* (1a. Samuel 17:33). Saúl insistió que David tenía que usar estas armas naturales para poder tener alguna oportunidad de derrotar al gigante.

Antes de que él fuera a la batalla, David caminó aparatosamente usando la armadura de Saúl para ver cómo se sentía. Voy a parafrasear la historia en este punto. Totalmente incómodo en la armadura, David declaró, "Esta es una cosa miserable. Tengo que deshacerme de esto. Yo nunca he usado esta armadura. Yo no sé si funciona, pero yo sí sé lo que funciona: Dios sí funciona. Déjenme ir con Dios y tomar sólo aquello que está en mi mano, que es mi honda. Yo sólo voy a tomar unas cuantas piedras que hay en el camino. No necesito nada más. Mi confianza está en mi Dios. YO SOY está conmigo. El es todo lo que yo necesito".

Como puedes ver, David y Saúl operaron en dos planos muy diferentes de vista. Saúl vivía en el nivel carnal y natural, en el cual sus sentidos reaccionaban y sus emociones lo gobernaban. El caminaba por las apariencias de lo que él vio, y por lo que él oyó, olió, saboreó y tocó. David, por el otro lado, vivió en el área sobrenatural, teniendo su mira enfocada solamente en Dios. El rehusaba permitir que las tácticas naturales dominaran sus sentidos o sus emociones. Esta es la razón por la cual David no cayó presa del temor. Debido a que él escogió no limitarse a sí mismo a través de sus reacciones sensoriales, David estaba libre para moverse

LOS VENCEDORES VIVEN EN UN PLANO SOBRENATURAL.

en una dimensión que va mucho más allá de sus sentidos naturales. El operó en la fuerza sobrenatural de Dios para matar al gigante enemigo.

Tú puedes derrotar a tus gigantes también, si no permites que el miedo o el temor te cieguen. Recuerda que el temor es un espíritu de atadura. Te va a limitar, haciendo que te sientas como si tú vivieras en una camisa de fuerza, dejándote completamente inerte y sin poder. Dios tiene un camino mucho mejor.

Solo Dos Espías Transmitieron las Buenas Nuevas

El libro de Números relata un conflicto entre los hombres que eran gobernados por los sentidos y otros que no eran gobernados por los sentidos. Aquí hay doce israelitas que fueron testigos de una situación natural. Todos, excepto dos, respondieron de acuerdo a sus sentidos. Vamos a leer este relato en donde el Señor instruyó a Moisés para que enviara doce líderes de Israel a reconocer la tierra de Canaán, la cual Dios les había prometido. Pon mucha atención. Tú tal vez has escuchado esta historia antes, pero si tú no estás viviendo en la victoria de esta historia, entonces, tú no la has escuchado con tu espíritu.

Trayendo de regreso un gran racimo de uvas y otras frutas de la Tierra Prometida, los doce hombres se reportaron ante Moisés después de su expedición de cuarenta días. Ellos dijeron,

Y le contaron, y {le} dijeron: Fuimos a la tierra adonde nos enviaste; ciertamente mana leche y miel, y este es el fruto de ella. Sólo que es fuerte el pueblo que habita en la tierra, y las ciudades, fortificadas {y} muy grandes; y además vimos allí a los descendientes de Anac. Amalec habita en la tierra del Neguev, y los heteos, los jebuseos y los amorreos habitan en la región montañosa, y los cananeos habitan junto al mar y a la ribera del Jordán. (Números 13:27-29)

Los hombres observaron una tierra muy bien fortificada con grandes ciudades donde vivían gigantes poderosos. A pesar de los frutos que habían traído consigo, los mensajeros estaban titubeantes en cuanto a poseer y ocupar la tierra de Canaán, porque no podían entender los peligros que habían visto. En lugar de enfocarse en Dios y en Sus promesas, ellos se enfocaron en

ENFÓCATE EN DIOS—Y NO EN LOS OBSTÁCULOS DE TU CAMINO.

los obstáculos aparentes que se encontraban frente a ellos. Ellos dependieron en sus sentidos y cayeron presos del temor y del miedo.

Sin embargo, no todos los doce espías reaccionaron de esta manera. Hubo dos, Josué y Caleb, que vieron la misma situación, pero de forma muy diferente. Ahora, esto fue cuarenta años antes de que Josué se convirtiera en el nuevo líder de Israel. *"Entonces Caleb calmó al pueblo delante de Moisés, y dijo: Debemos ciertamente subir y tomar posesión de ella, porque sin duda la conquistaremos"* (v. 30). Vamos a leer en un momento que Josué se puso de acuerdo con Caleb. Solo Josué y Caleb regresaron diciendo, "Sí somos capaces de poseer la tierra". Todo el resto de los espías dijeron, "No somos capaces".

Pero los hombres que habían subido con él dijeron: No podemos subir contra ese pueblo, porque es más fuerte que nosotros. Y dieron un mal informe a los hijos de Israel de la tierra que habían reconocido, diciendo: La tierra por la que hemos ido para reconocerla es una tierra que devora a sus habitantes, y toda la gente que vimos en ella son hombres de {gran} estatura. (Números 13:31-32)

Es interesante notar que, en Hebreo, la frase *"mal informe"* significa "difamar, dar un reporte malvado, infamemente, chisme".[16] Con estos informes y reportes, los hombres, literalmente, difamaron y dijeron chismes acerca de la Tierra Prometida, ¡lo cual enojó a Dios![17]

Números 13:33 continúa relatando acerca de este malvado informe: *"Vimos allí también a los gigantes (los hijos de Anac son parte de {la raza de} los gigantes); y a nosotros nos pareció que éramos como langostas; y así parecíamos ante sus ojos"*. Este versículo dice, *"Vimos...."*. Ellos habían visto los gigantes con sus propios ojos. Sus sentidos estaban gritando que los gigantes eran enormes, y ellos estaban reaccionando de acuerdo a eso. Por lo tanto, los gigantes se convirtieron en un GRAN problema para ellos.

SI SE LO PERMITES, EL TEMOR PUEDE ACALLAR TU FE.

¿Acaso conoces tú alguna persona que piensa que todo es un gran problema? Cualquier cosa se convierte en un gran problema para este tipo de personas, ¡aun cuando Dios promete otra cosa! Yo he visto una camioneta rodando por nuestra ciudad. Tiene una calcomanía que dice, "Si el trabajo te parece muy grande, entonces, tu Dios es muy pequeño". Me gusta eso. ¡Nada es muy grande para mi Dios! ¿Y qué tal para tu Dios?

¿Qué otras cosas vieron estos diez espías? Ellos dijeron, *"A nosotros nos pareció que éramos como langostas; y así parecíamos ante sus ojos"* (v. 33). Sus sentidos reaccionaron ante la información natural, y ellos cayeron presa del temor y del miedo, en lugar de creer que Dios estaba con ellos. Al hacer esto, ellos pusieron en duda la omnipotencia de Dios. Ellos restaron la habilidad de Dios para poderlos apoyar en batalla en contra de los gigantes, y se miraron a sí mismos como simples insectos saltamontes.

Números 14 nos deja ver que había una atmósfera muy intensa de temor reinando sobre Israel después de que los diez espías vinieron contando estas historias aterradoras acerca de Canaán. Esta conmoción hizo que Josué y Caleb les advirtieran a los israelitas acerca del temor de dudar del poder protector de Dios. Ellos exhortaron a todo Israel, reafirmando la habilidad de Dios de poder subyugar a sus enemigos, para que ellos pudieran poseer la tierra. Entonces Josué y Caleb le pidieron a todo el pueblo: *"Sólo que no os rebeléis contra el SEÑOR, ni tengáis miedo de la gente de la tierra, pues serán presa nuestra. Su protección les ha sido quitada, y el SEÑOR está con nosotros; no les tengáis miedo"* (Números 14:9).

¿QUÉ TAN GRANDE ES TU DIOS?

El temor dominó a todos, excepto a dos de los espías israelitas que Moisés había enviado a investigar la Tierra Prometida. Sin embargo, era muy tarde, porque aquellos que creyeron que no eran capaces de poseerla ya habían hecho que su voz fuera oída. Yo les llamo "los incapaces". Ellos pusieron todo el pueblo de Israel en temor, a pesar del testimonio lleno de fe que compartieron Josué y Caleb, los "capaces".

Este reporte lleno de miedo provocó la ira de Dios. El condenó a los cínicos que había entre ellos a una vida de aflicción y de muerte en el desierto, diciendo: *"Pero en cuanto a vosotros, vuestros cadáveres caerán en este desierto"* (v. 32). Entonces, Dios mató con una plaga a los diez espías que habían sido dominados por sus sentidos. Sin embargo, Josué y Caleb vivieron, y eventualmente, heredaron las promesas de Dios. Josué llegó a guiar a los hijos de Israel para que entraran en la Tierra Prometida cuarenta años más tarde. Como ves, el miedo o el temor insulta a Dios por medio de poner en duda Su habilidad infinita y Su fidelidad para cumplir Sus promesas. Esto lo empequeñece a El y puede provocar Su enojo.

El Gnosticismo Alza Su Horrible Cabeza

Tal y como los gnósticos, de acuerdo a como discutimos anteriormente, quienes combinan a Dios con otros instrumentos de éxito, los israelitas tampoco confiaron en Dios. Ellos lo ponían en segundo lugar mientras que, al mismo tiempo, buscaban otras fuentes para el éxito. Pensando que ellos necesitaban a Dios más algún otro tipo de provisión, ellos rehusaron confiar en Dios solamente. Ellos fallaron en aceptar que *"el hombre no vivirá de pan solamente; sino...de toda palabra que proviene de la boca de Dios"* (Deuteronomio 8:3). Ellos necesitaban aprender que no era Dios más las provisiones que querían añadir. El era toda la provisión. Por consecuencia, Dios los hizo vagar por el desierto por cuarenta años, donde murieron y no experimentaron la plenitud de Sus promesas en sus vidas. Al contrario, tuvieron que ser sus hijos los que heredaron las promesas.

Desafortunadamente, no somos muy diferentes de ellos. Como lo mencioné anteriormente, muchos cristianos han adoptado una forma de gnosticismo. Pensamos que necesitamos algo más, además de Dios. Pensamos que necesitamos algo más que solo Su Palabra, algo más que solo lo que El dice. Necesitamos a Dios más alguna otra cosa que satisfaga nuestros sentidos, Dios más alguna otra cosa en la que podamos creer. Buscamos otros caminos para el éxito, y entonces, añadimos a Dios a esta ecuación. Piensa acerca de esto. ¿Alguna vez tú has pensado que necesitas a Dios más alguna otra cosa? Sé honesto. Si lo has hecho, tú has venido hacia una mentalidad del tipo de la serpiente, la cual te ha separado y te ha apartado del verdadero Dios Viviente. Este es el Dios que dijo, *"Yo velo sobre mi palabra para cumplirla"* (Jeremías 1:12). Lo que Dios ha dicho, El lo va a cumplir. Tú no necesitas ninguna otra cosa, sino solo ésta.

Si tú encuentras que tus sentidos están buscando algo más para suplir tu reto, o si tú estás buscando una solución natural, detente en este mismo momento. Date cuenta de que Dios, Quien te ha hablado a ti—ya sea en forma personal (*rhema* en el griego) o a través de Su Palabra escrita (*logos* en el griego)—es capaz de hacer todo lo que El prometió. Termina tu búsqueda ahora mismo, y voltea solo a Dios. Con El, ¡tú eres capaz de poseer tu Tierra Prometida!

El Número de los "No Capaces" Es Mucho Más Grande que el Número de los "Capaces"

Hoy en día, todavía estamos viviendo en un medio ambiente de "no capaces". ¿Acaso tú conoces a algunos de estos "no capaces"? Ellos tratan de hacer que tú vivas bajo la respuesta de sus sentidos. Desafortunadamente, no son muchos los que ven la vida tal y como Dios lo prometió. Una gran mayoría ven la vida de acuerdo a como la sienten, viviendo bajo la reacción de los sentidos. Yo le doy gracias a Dios, sin embargo, de que los "no capaces" no gobiernan el reino de Dios. El cuerpo de Cristo opera siendo los "capaces" quienes le dan habilidad a los "no capaces". Los "capaces" viven en Su revelación y el resto de la gente se beneficia de ellos.

Yo conozco muy pocos "capaces", y por lo tanto, me quiero asegurar de estar en contacto con todos ellos. Tú deberías hacer lo mismo. Deja que esto penetre en tu espíritu. Yo tengo una lista de "capaces", y cuando estoy listo para poner en práctica una visión, yo los llamo. Yo comparto mis visiones y mis sueños con ellos. En cada ocasión, su única preocupación es, ¿"Acaso Dios te dijo esto"?

LOS "CAPACES" VIVEN EN LAS PROMESAS DE DIOS.

"Sí", yo contesto. "Dios me dijo que hiciera esto".

"Entonces, sí somos capaces", siempre contestan ellos. "Eso es todo lo que necesitamos: 'saber que Dios lo dijo'. ¡Hagámoslo! ¡Aleluya!"

Ellos nunca me dicen, "No lo hagas". Ellos nunca se quejan, diciendo, "Se necesita un milagro para que esto suceda". Ellos nunca jamás preguntan, ¿"Acaso tienes lo suficiente para hacer esto"? No, si Dios lo dijo, eso es más que suficiente para ellos. Me gusta estar alrededor de los "capaces".

Para Recibir las Promesas de Dios, No Debes Escuchar a Tus Sentidos

Debes entender esto acerca de Dios: Tú nunca vas a recibir lo que El tiene para ti, si tú escuchas a tus sentidos. Tus sentidos no tienen la habilidad de llevarte a las promesas de Dios. Si tú crees en tus sentidos, tú vas a caer preso del temor, el cual te va a esclavizar hasta que tú lo rompas. Cuando tú vives en las sombras del temor y del miedo, esto te va a controlar hasta que tus sentidos se desconecten de la falsa representación de la información natural.

Cuando Dios, Quien es el Principio y el Fin, te dice que hagas algo, no veas a las probabilidades de acuerdo a tus sentidos, para acabar diciendo, "Dios, no puedo hacerlo". ¡El ya sabía tus obstáculos antes de darte la promesa que te dio! ¿No crees tú que El ya había planeado cómo tratar con esos obstáculos antes de dirigirse a ti? ¿Acaso tú crees que cuando tú descubriste tus obstáculos, esto también fue un shock para Dios? ¡No! Yo nunca he leído en la Biblia que Dios dijera, "Oh, Espíritu Santo, ¿qué vamos a hacer en este problema"?

Sí, yo sé que tus sentidos se pueden convertir en una bola de confusión. Tus sentimientos están gritando constantemente, pero no los escuches. No les permitas que te incapaciten. Todos enfrentamos este reto una y otra vez. Aun algunos de nosotros que hemos tenido encuentros directos con Dios, hablándonos audiblemente, y dándonos visiones. Aun nosotros confrontamos, y algunas veces caemos víctimas de este tipo de temor, en donde nuestros sentidos reaccionan ante la información natural. Sin embargo, debemos levantarnos por encima del ruido que hagan los gritos de nuestros sentidos. Debemos acallar las voces de nuestros puntos de vista naturales—las percepciones, los sentimientos, la vista física, el oído, el sentido del gusto, del tacto y del sabor. En las siguientes páginas, vamos a discutir cómo hacer esto, pero antes de hacerlo, quiero que declares esto en voz alta conmigo, en este mismo momento:

> Dios, lo que Tú me hablas es la verdad. Yo reprendo mis sentidos, los cuales me debilitan y hacen que yo dude de Ti, y hacen que me doblegue y me arrodille, lleno de temor y de miedo. Temor, miedo, ustedes deben arrodillarse ante mí, porque yo soy uno de los "capaces" en el Nombre de Jesús. Yo voy a llevar a cabo la visión de Dios, aunque todas las probabilidades estén en mi contra.

Mis Sentidos Gritan Desesperadamente

Yo he practicado lo que estoy predicando aquí. Créanme, yo entiendo lo difícil que es silenciar las voces de los sentidos. Cada semana mis sentidos gritan con relación a lo que Dios me ha prometido, pero ¡ya yo nunca los escucho! Déjame compartirte algunas de mis experiencias.

En 1975, cuando Dios me llamó al ministerio, mi esposa Faye y yo íbamos directo al divorcio. Yo sabía que para que yo pudiera estar en el ministerio, mi hogar tenía que estar en orden. El temor trató de apresarme, debido a que yo estaba separado de mi esposa, quien en ese entonces ya me odiaba, ¡y todo esto no era exactamente tener mi casa en orden! Mis sentidos gritaban que yo no podía trabajar para Dios en esta condición.

Dios me dio instrucciones de amar a Faye a medida que pasábamos por esta prueba tan grande.

Yo dije, "Dios, me lastima el tener que amar a esa mujer".

"Tienes que aprender a amar a los demás", me respondió Dios, "así que ¡empieza con tu esposa"!

"Pero", yo me quejé, "esto me lastima porque ¡ella está viviendo con mi mejor amigo"!

La repuesta de Dios no era lo que yo quería escuchar: "Cuida a tus hijos por ella", El dijo, "para que ella pueda tener libertad con él".

¡Qué! Mis sentidos se rebelaron por completo. Mis sentimientos se me salían por la garganta. El dolor que yo iba a enfrentar por obedecer a Dios era mucho más de lo que yo podía soportar. Mis sentidos sintieron que estaban haciendo un corto circuito. Yo no podía fingir portarme amable con Faye y con mi mejor ex-amigo, ¡mucho menos cuidarles los niños mientras ellos se divertían! ¿Qué estaba pensando Dios?

"Dios", le dije finalmente. "Algo tiene que suceder dentro de mí, porque lo que yo estoy sintiendo en este momento ¡es exactamente no cooperar con lo que Tú estás diciendo"! El miedo se apoderó de mí, debido a que mi ministerio parecía también estar en peligro.

"Si tú aprendes a amarla", El prometió tranquilamente, "tú la podrás recuperar".

"Oh, Dios, ¡esa sí es una promesa en la que yo me puedo sostener"! Todo lo que se necesitaba era tener una promesa de Dios que me sostuviera.

Yo comencé a cuidar a mis niños en obediencia al Señor. ¡Muchas veces yo estaba en la sala con mis niños, mientras que Faye y mi mejor amigo estaban en la recámara! No me gustaba. Mis sentidos gritaban. A duras penas podía contenerme para permanecer ahí sentado sin precipitarme a ir para abrirles la puerta. Sin embargo, yo sabía que yo no podía escuchar a mis sentidos. No importa qué tan difícil era o cuánto tiempo iba a tardar, yo hice la promesa de no reaccionar de acuerdo a mis instintos naturales. Yo sabía que mis instintos no tenían habilidad alguna para darme la promesa que Dios tenía para mí. Yo tenía que permanecer

LA OBEDIENCIA A DIOS TRAE LAS BENDICIONES.

indiferente ante ellos. Esta era la única manera en que yo podría recibir la promesa de Dios de devolverme a Faye, ¡para que juntos pudiéramos buscar la vida que Dios había propuesto para nosotros!

Yo decidí no permitir que mis sentidos dictaran mis opciones, mientras que yo declaraba, "Dios, lo que Tú has dicho es mucho más valioso que lo que yo siento acerca de ello". Yo rehusé permitir que mis sentimientos obstaculizaran el plan de Dios para mi vida. Eventualmente funcionó tal y como El dijo que sucedería. Yo empecé a amar a Faye como yo nunca la había amado antes, a pesar de nuestra separación y de sus continuos amoríos. Ella estaba con uno, luego con otro y luego con otro.

Entonces, un día Faye demandó, diciendo, "Gary, yo quiero el divorcio pero no puedo pagarlo".

Dios me dijo de inmediato, "Dale todo lo que ella quiere".

¿"Acaso tú estás diciendo, Dios", le pregunté a El, "que Tú quieres que yo le dé a Faye el divorcio y que además pague por ello"?

"Hazlo", El me dijo.

Oh, pero yo la amaba y yo no quería divorciarme. Para este momento, Dios ya había hecho un milagro en mi vida. Yo no estaba amargado. El dolor ya no era una plaga en mi corazón. Yo ya no tenía ningún rencor en contra de Faye. ¡Yo la amaba y sabía lo que Dios había hablado! Yo sabía que ella tenía que estar en el ministerio conmigo, así que un divorcio me iba a llevar más lejos de la visión de Dios para nosotros. Pero, debido a que Dios lo dijo, yo pagué obedientemente por el divorcio. Mis sentidos no disfrutaron mientras que yo estaba escribiendo ese cheque. Pero yo pagué ese divorcio y le di a Faye todo lo que ella me pidió.

El día que nos divorciamos, sin embargo, yo le pedí a Faye que saliera en una cita conmigo. Dado que ahora los dos éramos solteros, ¡yo la llevé a almorzar! Seguía amando a Faye y obedeciendo a Dios, confiando que Él iba a cambiar el corazón de ella hacia mí y que íbamos a estar juntos en el ministerio.

¡Todo valió la pena debido a que Dios me devolvió a Faye! Después de que nos divorciamos en 1976, nos volvimos a casar otra vez en ese mismo año, y hemos permanecido casados desde entonces. Ahora, ministramos juntos para la gloria de Dios. La revista *Charisma & Christian Life* publicó esta historia de nosotros como su historia principal en su número de febrero de 1991. También, tú vas a poder leer más acerca de esto en mi próximo libro titulado *Sólo Se Necesita Uno*.

Tus Emociones No Van a Poder Sostener Tu Visión o Tu Sueño

Mucha gente busca apoyo emocional para sus sueños o para sus visiones. Sin embargo, cuando sus emociones parecen contradecir a sus sueños o a sus visiones, ellos caen presa del temor y del miedo. Tú debes recordar que tus emociones no pueden sostener la valentía. Solo Dios puede hacerlo. Cuando Dios te da un sueño o una visión, no importa si tus emociones reaccionan en contra de ello. Como puedes ver, si obedeces a Dios a pesar de tus sentimientos, las emociones correctas van a tomar su lugar ¡y tu sueño o tu visión se va a manifestar! Esta es la manera como funciona.

Mi esposa y yo vemos esto en muchos matrimonios. Debido a nuestro poderoso testimonio, frecuentemente ministramos a parejas de casados. Muy a menudo los escuchamos que se quejan debido a que ya no se aman el uno al otro y que quieren divorciarse. Muchas parejas dicen que se casaron por amor, y que se mantienen casados solo porque aman a su esposo o esposa. Una vez que pierden el amor, ellos temen que no lo van a poder recuperar otra vez. Esta es una forma de pensar que está equivocada. Los sentimientos del amor tal vez no duren para siempre, pero el compromiso hacia nuestra pareja sí debe durar para siempre. No existe garantía alguna de que tú siempre vas a tener las emociones correctas para resolver los retos de tu matrimonio. Sin embargo, tú siempre vas a tener al Sanador de matrimonios—¡que es Dios! Si tú no sientes que estás enamorado o enamorada de tu pareja, tú puedes componer tu matrimonio que está roto por medio de comprometerte a obedecer a Dios y a permanecer con tu pareja. Los sentimientos del amor regresarán a medida que tú obedeces a Dios.

Yo recuerdo cuando Faye y yo pasamos por nuestro divorcio, que ella me dijo abiertamente, "Yo ya no estoy enamorada de ti, Gary".

"Bueno, eso no es ningún secreto", le dije. "Yo tampoco estoy enamorado de ti". Yo creo que esto la impactó, debido a que yo estaba rehusando aceptar el divorcio. Yo la había dicho en repetidas ocasiones acerca de mi deseo de continuar estando casados.

¿"Acaso ya no me amas"? me preguntó Faye. Probablemente, tratando de imaginar el porqué mis palabras parecían contradecir lo que yo había dicho antes.

"Sí, yo te amo", le expliqué, "pero no estoy enamorado de ti. Tú haces cosas muy feas que a mí no me gustan", yo continué diciéndole honestamente, "pero yo te amo, Faye".

Toda confundida, ella preguntó, ¿"Qué es lo que quieres decir"?

"Significa que estoy dispuesto a sacrificar cualquier cosa para verte restaurada", le expliqué. "Estoy dispuesto a seguir viéndote. Estoy dispuesto a darlo todo para hacer que funcione nuestro matrimonio. Y esto se debe a que yo te amo, Faye, y no debido a que yo me sienta muy enamorado de ti en este momento".

Eventualmente, Dios me dio amor para mi esposa. Ahora, yo estoy tan enamorado de Faye, que muy difícilmente lo puedo contener. Sin embargo, el amor vino después de haber hecho mi decisión de obedecer a Dios. Vino después de mi compromiso y después de mi sacrificio. Vino a pesar de mis emociones.

Las Victorias No Vienen de los Sentimientos

Es crítico que recuerdes que tú no vas a recibir tus victorias mientras que, al mismo tiempo, estés entreteniendo tus sentimientos. Si tú confías en lo que tú percibes y sientes, tú nunca podrás ir más allá de tus percepciones y tus sentimientos. Tú nunca vas a experimentar las promesas de Dios si tú sigues permitiendo que tus sentimientos te hablen tan fuerte. El temor y el miedo que son resultado de esto, van a acabar por aplastar tu visión y tu sueño.

Tú tal vez te vas a sentir rechazado algunas veces en el momento en que tú te resistas al control de tus sentimientos. Jesús se sintió igual, también. Los hombres lo rechazaron, lo infamaron, se burlaron de El, lo golpearon, lo afligieron y lo crucificaron, pero Jesús jamás se venció ante Sus sentimientos humanos. La Biblia dice acerca de El:

Fue despreciado y desechado de los hombres, varón de dolores y experimentado en aflicción; y como uno de quien {los hombres} esconden el rostro, fue despreciado, y no le estimamos. Ciertamente El llevó nuestras enfermedades, y cargó con nuestros dolores; con todo, nosotros le tuvimos por azotado, por herido de Dios y afligido. Mas El fue herido por nuestras transgresiones, molido por nuestras iniquidades. El castigo, por nuestra paz, {cayó} sobre El, y por sus heridas hemos sido sanados. (Isaías 53:3-5)

Porque no tenemos un sumo sacerdote que no pueda compadecerse de nuestras flaquezas, sino uno que ha sido tentado en todo como {nosotros}, {pero} sin pecado. Por tanto, acerquémonos con confianza al trono de la gracia para que recibamos misericordia, y hallemos gracia para la ayuda oportuna.   (Hebreos 4:15-16)

Tu dolor, tus sentimientos de enfermedad, tus debilidades y tus temores y miedos tocaron a Jesús, porque El experimentó estas mismas emociones y tentaciones cuando El caminó en la tierra. Sin embargo, El no sucumbió ante ellas. Dale tus sentimientos a Jesús y El se va a convertir en el Sanador de tu "sentimentalismo". El Espíritu de Gracia te va a ayudar a vencerlos.

Cuando tú comienzas a sentir que tus emociones negativas están tomando el control, debes reconocer lo que está sucediendo. Busca la ayuda del Señor. Corre a El cuando tú sientes dolor, desánimo, enojo, desesperación, irritación y cualquier otro tipo de emoción conflictiva. Tal y como tú has leído, yo tuve que tratar con mucho miedo que surgió de las heridas del tiempo

JESÚS ES EL SANADOR DE TU SENTIMENTALISMO.

cuando yo estaba teniendo problemas matrimoniales y me estaba divorciando. No hay nada que lastima más que eso. Sin embargo, debido a que yo conquisté ese dolor, ahora yo sé cómo evitar el tener que vivir controlado por los sentimientos. Nada me controla ni nada me controlará jamás usando el dolor, debido a que yo decidí obedecer a Dios con mis emociones. En El yo he decretado que el dolor nunca más me va a tener en sus garras otra vez. Y además, mi vida se ha convertido en un testimonio de la habilidad de Dios para rescatar a sus hijos de las emociones escapistas.

¡El va a hacer lo mismo por ti! No estés esperando que la siguiente herida "inevitable" llegue a tu camino, para que tú la puedas añadir a tu lista de razones de por qué no puedes seguir adelante. En lugar de hacer eso, decide que el dolor del temor o que el dolor en sí, ¡nunca te van a controlar, en el Nombre de Jesús!

¡Derrota al Cáncer!

No importa cuál es tu obstáculo, Dios tiene una manera para que tú obtengas la victoria en las promesas que El te ha dado. Ignora tus sentidos y recibe tu milagro en el Nombre de Jesús. Aun si tu obstáculo es esa temida palabra *cáncer*, ¡Dios es tu Sanador! Aun si los doctores han declarado una sentencia de muerte sobre ti o sobre algún ser amado tuyo, ¡Dios es tu Sanador! Aun si no hay alguien en esta tierra que tenga esperanzas para ti o para tu ser amado, ¡Dios es tu Sanador!

Yo recuerdo haber escuchado cuando John Osteen [18] contaba el testimonio de sanidad de su esposa Dodie. En 1981, ella tenía cáncer terminal en la forma de metástasis en el hígado. Los doctores perdieron toda esperanza de que ella pudiera sobrevivir, ¡pero Dios la sanó de una manera sobrenatural! Esto sucedió en 1981, y ella todavía está sin cáncer hasta la fecha. Dodie escribió un libro llamado *Sanada de Cáncer.*

John habló acerca de un versículo de la Escritura que ayudó a Dodie y a él a través de la lucha que tuvieron con el miedo del cáncer. En ese tiempo, yo no comprendía mucho de lo que él decía. Sin embargo, a medida que yo oía la historia una y otra vez, mi espíritu pudo retenerlo y finalmente lo pude entender. Como yo recuerdo, Dodie tenía cáncer en su espalda, en sus pulmones y a través de todo su cuerpo. Ella estaba muy, pero muy enferma. John decía que él leía continuamente Isaías 41:10 mientras que él caminaba por toda su casa con Dodie. Juntos, ellos meditaban en este poderoso versículo. Recuerda que ya lo leímos anteriormente: *"No temas, porque yo estoy contigo; no te desalientes, porque yo soy tu Dios. Te fortaleceré, ciertamente te ayudaré, sí, te sostendré con la diestra de mi justicia"* (Isaías 41:19).

John dijo que ellos anduvieron caminando con este diagnóstico del cáncer en Dodie y que ellos declaraban, "No temas porque YO SOY está contigo". Ellos continuaron meditando en esto y declarando Isaías 41:10 día tras día. Ellos sabían que no se podían rendir a sus sentidos.

John dijo que no solo el cáncer estaba destruyendo a Dodie, sino que el temor los estaba tratando de estrangular a ambos. ¡Su temor le estaba dando al cáncer el permiso para matarla! Piensa qué tanto es que el miedo y el temor pueden hacer presa de ti por medio de un diagnóstico de cáncer. Para derrotar al cáncer, ellos tenían que romper el miedo y el temor primeramente. Una de las maneras en que lo hicieron fue por medio de meditar y de confesar esta Escritura en el Nombre de Jesús. Entonces, Dios sanó completamente a Dodie Osteen. ¡Aleluya! Esto sucedió hace más de veinte años.

EL MEDITAR EN LA PALABRA DE DIOS HACE QUE SE ARRODILLE EL TEMOR.

Medita en la Palabra de Dios

A medida que John Osteen contaba la historia de la sanidad de Dodie, él hablaba acerca de los beneficios de meditar en la Palabra de Dios. Recuerda que anteriormente en este capítulo, leímos cómo Dios le dio instrucciones a Josué para que meditara y declarara Su Palabra día y noche:

Este libro de la ley no se apartará de tu boca, sino que meditarás en él día y noche, para que cuides de hacer todo lo que en él está escrito; porque entonces harás prosperar tu camino y tendrás éxito. (Josué 1:8)

Recuerda que Josué necesitaba meditar en la Palabra de Dios para poder remover los primeros cuarenta años de temor y de negatividad. John y Dodie Osteen también tuvieron que hacer esto. Todos debemos hacerlo.

Cuando John describió la sanidad de Dodie, él explicó cómo funciona la meditación. El dijo que cuando meditamos en una porción de la Palabra de Dios, el pasaje es como las piedras al principio de un arroyo en lo alto de una montaña. Las piedras comienzan a caer hacia abajo por la corriente, y eventualmente recorren todo el camino hasta llegar hasta el océano. ¿Alguna vez has visto un brazo de río que sale hacia el océano? Las piedras de esa corriente son suaves y muy finas. Algunas casi son translúcidas. De la misma manera, a medida que leemos, declaramos y meditamos en un pasaje de la Biblia, va rodando una y otra vez en nuestro espíritu como esa piedra que va rodando hacia abajo con la corriente del agua. Eventualmente, se purifica y se convierte en un cristal claro. Entonces es que podemos ver profundamente en ese pasaje. Esto es lo que sucede cuando meditamos en la Palabra de Dios. Se convierte en algo tan claro como el cristal sin que haya nada que opaque nuestra vista de ello.

Isaías 41:10 También Es para Ti

Cuando Dios dijo en Isaías 41:10 que El está contigo, que El te va a ayudar, y que El te va a sostener con la diestra de Su justicia, El te está diciendo que la victoria se debe a que YO SOY está contigo. El te declara perpetuamente, "No temas". ¿Por qué? Es porque el Dios que todo lo puede está ahí para remover todo temor y todo miedo. El te está trayendo la liberación, la libertad, la preservación, la sanidad, la salud y un futuro brillante debido a Quién es El. No se debe a una metodología ni a un principio ni a una ley. Se debe a que el Dios Viviente en persona está presente para ayudarte en tus conflictos y en tus retos.

Declara esto en voz alta:

Dios, Tú dices que no tema porque Tú estás conmigo, así que, ¡yo no temo ni tengo miedo! ¡Yo no tengo miedo! ¡Yo no temo! ¡Yo no temo! ¡No temas! ¡No tengas miedo! ¡No temas! En el Nombre de Jesús, yo digo ¡"No temas"! ¡No temo! ¡Mientras más veces escucho esto, siento menos temor!

Como discutimos en un capítulo anterior, meditando y declarando Isaías 41:10 me ha ayudado inmensamente. Si tú lo aplicas en tu vida, va a hacer lo mismo para ti. De hecho, en este mismo momento, yo te animo a que medites en esto. Decláralo en voz alta, sin importar lo que tus sentidos te digan acerca de tus circunstancias: *"No temas, porque **Yo estoy** contigo; no te desalientes, porque **Yo soy** tu Dios. Te fortaleceré, ciertamente te ayudaré, sí, te sostendré con la diestra de Mi justicia.* (Se añadió énfasis). Repítelo otra vez.

Ahora, pon tu nombre en este versículo, y repítelo de esta manera:

(Tu nombre), no temas, porque YO SOY está contigo. (Tu nombre) no te desanimes, porque YO SOY es mi Dios. MI DIOS me fortalecerá. Sí, MI DIOS me ayudará. MI DIOS me va a sostener con la mano derecha de Su justicia. Por lo tanto, (tu nombre), no va a temer jamás. El gran YO SOY está conmigo.

Aun solo después de repetir estas palabras un par de veces, tú vas a sentir un cambio en la atmósfera y en el ambiente. ¿Por qué? En el comienzo de esta declaración tú hablaste varias frases acerca de tus emociones y acerca de cómo funcionan. Entonces, tú trajiste al escenario al gran YO SOY y permitiste que tomara lugar la gran habilidad de la presencia de Dios. Su unción rompe todo yugo de ataduras, incluyendo a las ataduras del temor y del miedo:

Y sucederá en aquel día que su carga será quitada de tus hombros y su yugo de tu cerviz, y el yugo será quebrado a causa de la unción.
(Isaías 10:27)

¡No subestimes el poder de meditar en la Palabra de Dios! Sólo *debes* hacerlo. No existe atajo alguno que puede ahorrarte este camino.

¡Se Detuvo una Cirugía de Corazón Abierto!

Hace varios años, los médicos descubrieron que una de las mujeres de nuestra iglesia tenía varias arterias tapadas. Ella tuvo que pasar por un procedimiento de angioplastía, el cual consiste en destapar los canales de circulación con un catéter que contiene un pequeño globo inflable. Los doctores le dijeron que si este procedimiento no tenía éxito, la mujer iba a necesitar una cirugía a corazón abierto. Desafortunadamente, la angioplastía no funcionó así que los cirujanos hicieron planes para hacer un puente a través de sus venas coronarias.

El temor hizo presa de la mujer. Sus sentidos gritaron cuando oyeron los reportes naturales. Ella tenía varias arterias tapadas. El primer procedimiento no funcionó, y ahora los doctores querían hacerle una cirugía a corazón abierto. Esto sí que llamó la atención de la mujer.

EL TEMOR PUEDE OBSTACULIZAR LA PROMESA DE DIOS PARA SANIDAD.

Ella sabía que tenía que romper el temor y el miedo que la estaban paralizando, o de otra manera, ella no iba a recibir la promesa de Dios para su sanidad. La mujer decidió confiar en Dios y no en sus propios sentidos naturales.

Antes de que ella fuera al hospital por segunda vez, ella fue ungida con aceite de acuerdo a lo que dice la Biblia:

Y echaban fuera muchos demonios, y ungían con aceite a muchos enfermos, y los sanaban. (Marcos 6:13)

¿Está alguno entre vosotros enfermo? Que llame a los ancianos de la iglesia y que ellos oren por él, ungiéndole con aceite en el nombre del Señor; y la oración de fe restaurará al enfermo, y el Señor lo levantará, y si ha cometido pecados le serán perdonados. (Santiago 5:14-15)

Ella también estudió y meditó en las Escrituras que hablaban acerca de no temer. ¡Ella continuó con esto hasta que rompió por completo todo el temor y pudo entender que YO SOY estaba con ella!

Antes de la cirugía del corazón, los doctores tenían que checar el corazón de esta mujer para poder determinar dónde se encontraban las obstrucciones que tapaban las arterias. Cuando lo hicieron, ¡ellos no encontraron absolutamente nada malo! Todas las obstrucciones habían desaparecido. El sistema cardiovascular de la mujer estaba completamente sano. ¡Ella había sido sanada! Sus médicos estuvieron asombrados por el milagro.

¿Qué podría suceder si *tú* hicieras que el miedo y el temor se arrodillaran delante de ti, y que tú desataras la presencia de Dios en *tu* vida? ¿Qué sucedería si tú pudieras levantarte muy por encima de tus reacciones sensoriales? ¿Qué sucedería si tú dejaras de confiar en la información natural y rompieras todo el efecto que ha ejercido en tu vida, para que de esta manera tú te pudieras conectar a la habilidad de Dios? Si tú pudieras

165

hacer esto, entonces la sabiduría creativa de Dios, Su habilidad y su unción fluirían. De repente, tu reto ya habría terminado. Se habría convertido en historia. Tú estarías libre. ¿Te gustaría que te sucediera eso? Tú *puedes* tenerlo. Tal y como has visto a través de las páginas anteriores, esto ya ha sucedido para muchísimas gentes de Dios, tales como David, Josué y Caleb, Dodie Osteen, la mujer con el problema de corazón en nuestra iglesia, mi esposa Faye y yo. ¡*Tú* puedes ser el siguiente!

Toca a Jesús Ahora Mismo

¿Estás listo para un cambio? Si es así, te va a costar. Recuerda que le costó a Jesús Su vida para poder hacerte libre. ¿Sabes cuál va a ser uno de los precios que vas a tener que pagar? ¡Tú necesitas ejercitar tu mano por medio de tomar el control remoto de tu televisión y presionar el botón para apagarla! Tú sabes que solo tú tienes la autoridad y el control para poder hacerlo, ¿o no? La televisión no tiene que dominar la mayor parte de tu tiempo. Mientras tú la apagas, declara a Dios lo siguiente:

> Padre, Tú dijiste que me ibas a sostener con Tu mano derecha. Ya estoy listo. Estoy apagando la fuente de información del mundo para poder ser libre y que tú te conviertas en mi única Fuente de información. ¡Aleluya! Te voy a buscar a Ti y a Tu Palabra para que sean mi única Fuente de información.

Ahora, pídele a Jesús que te toque. Abrele tu espíritu a El. Entrégale todo sentimiento de dificultades pasadas. Si tú has sentido que la gente te ha obstaculizado, te ha despreciado, o te ha lastimado, este es el tiempo para que pongas esos sentimientos en las manos de Dios. Deja que el Espíritu de Gracia tome tus sentimientos. De hecho, déjalo que tome a la gente que te ha lastimado. Déjale que tome a tu esposa, a tu cuñado, a tu hermana, a tu padre, a tu madre, a tu ex-pastor y a tu pastor actual. Quienquiera que te haya lastimado, entrégaselo a Dios para que El trate con esa persona como El crea que es conveniente. Entonces, si tus sentimientos te han estado afectando, quiero que repitas esta oración conmigo en voz alta ahora mismo:

DALE TUS HERIDAS A JESÚS.

Padre, Tú conoces mi corazón. Tú conoces mi vida. Tú conoces dónde he estado. Tú conoces lo que me ha sucedido. Tú conoces lo que he tenido que enfrentar. Tú conoces lo que yo he hecho y lo que yo he dicho. Tú conoces mis fallas. Tú has visto mis temores. Tú sabes lo que he sentido. Tú sabes todo aquello que yo he permitido que me domine. Dios, nadie en esta tierra me conoce como Tú me conoces. Tú conoces mis pensamientos aun antes de que yo piense. Tú conoces el número de cabellos que hay en mi cabeza. No hay nada desconocido para Ti.

Dios, Tú también conoces los sueños y las visiones que Tú me has dado. Tú sabes lo que Tú me has hablado, Padre, y yo sé lo que Tú me has prometido. Tú dijiste que yo puedo ser libre de los efectos de mis sentimientos. Tú dijiste que Jesús puede ser tocado con el sentimiento de mis enfermedades, debido a que El fue tentado igual que yo, pero sin pecado.

Jesús, Tú puedes sentir y experimentar lo que yo siento. En este momento, yo te entrego mis sentimientos, para que Tú te conviertas en el Sanador de mi "sentimentalismo". Espíritu de Gracia, ayúdame a vencer a mis sentimientos de temor y de miedo que vinieron a mí por aquello que yo he visto, oído, olido, probado y tocado.

Padre, yo te pido que Tu unción rompa todos los yugos que haya en mi vida. Espíritu Santo, mi Ayudador, ven en mi ayuda. ¡En el Nombre de Jesús!

¿Acaso tienes algunos sentimientos que ya no quieres guardar dentro de ti? ¿Estás listo para deshacerte de ellos? Si es así, confiesa lo siguiente en voz alta en este mismo momento:

La Santa Palabra de Dios declara que las armas de mi guerra no son carnales, sino que son poderosas a través de Dios para destruir todo tipo de fortalezas. En este momento, yo les hablo a los efectos del dolor y de las heridas en mi vida. Yo les ordeno que no tengan ningún efecto en mi vida porque estoy muerto para ustedes. Sentidos, yo estoy muerto para ustedes porque la Palabra de Dios declara lo siguiente:

Porque habéis muerto, y vuestra vida está escondida con Cristo en Dios. (Colosenses 3:3)

Porque si hemos sido unidos {a El} en la semejanza de su muerte, ciertamente lo seremos también {en la semejanza} de su resurrección. (Romanos 6:5)

Con Cristo he sido crucificado, y ya no soy yo el que vive, sino que Cristo vive en mí; y la {vida} que ahora vivo en la carne, la vivo por fe en el Hijo de Dios, el cual me amó y se entregó a sí mismo por mí. (Gálatas 2:20)

Debido a que estoy muerto en Cristo Jesús, yo estoy libre de los efectos de mis sentimientos. Todo sentimiento demoníaco de desilusión, de dolor, de fracaso y de temor deben arrodillarse y rendirse totalmente ante Jesucristo. Toda causa y todo motivo que me ha hecho sentir "no capaz", debe arrodillarse y rendirse ante la Palabra de Dios, la cual dice que yo soy muy capaz.

Toma un momento para imaginar la batalla en que te encuentras en este momento. Ora una vez más en voz alta repitiendo lo siguiente:

Padre, mi espíritu sabe que el gran YO SOY está conmigo. No me voy a desanimar. YO SOY es mi ayuda. Sí, YO SOY me fortalece y me sostiene con la mano derecha de Su justicia. YO SOY está conmigo. Por lo tanto, yo rompo todo el poder del temor y del miedo. En el Nombre de Jesús, Amén.

Capítulo Seis

Entreteniendo a las Imágenes Malignas

Muchos de nosotros vivimos con imaginaciones secretas y llenas de temor. Cuando somos atrapados por imaginaciones atribuladoras o engañadoras, normalmente no nos damos cuenta de que se trata del espíritu de temor que nos está atacando. Al contrario, simplemente consentimos estos pensamientos, creyendo que son parte de nuestra humanidad. Sin embargo, esto no es cierto. Los espíritus demoníacos pueden implantar imaginaciones temerosas en nuestra mente, ¡y nos toca a nosotros echarlos fuera! Pueden parecer falsamente placenteras o alarmantemente aterrorizantes, pero de cualquier forma, dan como resultado temor y ataduras.

¿Te das cuenta que la única manera de que te liberes de tus obscuras imaginaciones mentales es por medio de exponerlas? ¡El enemigo no quiere que tú sepas esta verdad! Tal vez tú has vivido la mayor parte de tu vida tratando de esconder estas imaginaciones secretas. Eso es exactamente lo que el diablo quiere que tú hagas. Tal vez nunca has podido confiar en alguien como para abrir las puertas de estas imágenes y voces espantosas que te han tenido atrapado. El pensamiento de exponerlas puede ser muy espantoso. Esta es la forma cómo Satanás te mantiene atado. Sin embargo, yo te aseguro que esta es la manera de encontrar la paz y la libertad de estas imaginaciones malignas.

Hoy, a través de este libro, te estoy pidiendo que me permitas tener acceso a esta cuarta área que produce el temor y el miedo. ¿Estás tú dispuesto a descubrir estas imágenes e imaginaciones que nadie ha conocido jamás? Se va a requerir honestidad de tu parte, así como el entendimiento de cómo opera este engaño demoníaco. Voy a compartir este conocimiento transformador de vidas contigo. Entonces, si tú puedes ser honesto, yo creo que, dentro de los siguientes momentos, tú vas a romper una barrera de imaginaciones escondidas y de temores. ¡Esto te va a permitir vivir más libre de lo que jamás tú hayas creído que puedes vivir!

Imagínate cómo sería poder vivir en libertad y en paz. Tú *puedes* vivir de esta manera. De hecho, ¡esto sólo se encuentra a una cuantas páginas de distancia! En verdad, puede ser así de simple, porque el poder de Dios está en estas palabras. El te ama y quiere liberarte hoy mismo. Ven conmigo y entremos ahora a esos rincones internos de tu corazón y de tu mente. ¿Qué es lo que puedes perder excepto el temor, el dolor, las ataduras y la destrucción?

¿Cuál Es la Imagen que Está en Tu Mente?

La mayoría de las comunicaciones operan con imágenes mentales y no necesariamente con palabras únicamente. Satanás es muy habilidoso en usar imaginaciones para engañarnos. En este capítulo vamos a discutir cómo él y sus demonios tratan de desviarnos de nuestro curso por medio de implantar ¿QUÉ IMÁGENES ESTÁN LLENANDO TU MENTE? falsas impresiones en nuestros pensamientos, para que perdamos perspectiva de los deseos de Dios y de la plenitud de la vida. Aquí vamos a explorar cómo derrotar a nuestro enemigo y cómo restaurar en nuestro corazón las imaginaciones y las imágenes que están llenas del poder y de la fe de Dios.

Todos hemos visto imágenes pintadas en el fondo de nuestra mente. Como ves, cuando manejamos en la carretera, cuando leemos libros y revistas, cuando vemos la televisión y las películas, cuando usamos nuestras computadoras, cuando entramos a los diferentes tipos de medio ambiente, cuando nos dormimos, o cuando nos despertamos, estamos recogiendo imágenes en nuestra mente. Estas imágenes pueden ser seductoras o atemorizantes, y ellas pueden proceder de espíritus demoníacos. Tal y como si fueran reales, estos escenarios frecuentemente juegan en nuestra mente con nosotros o con nuestros seres amados. El resultado es temor o miedo. Muchos de nosotros no sabemos cómo romper o neutralizar sus efectos antes de que ellas comiencen literalmente a guiarnos, a dominarnos, e inclusive, aun a controlarnos.

Muy a menudo, las imaginaciones del enemigo ocurren cuando nos encontramos en ciertas esferas o ciertos tipos de medio ambiente. Por ejemplo, cuando tú te encuentras en lugares muy altos o muy elevados, tú te puedes imaginar a ti mismo cayendo directo hacia tu muerte; o cuando tú manejas el automóvil y estás cruzando un puente muy grande, tú puedes imaginar cómo tu auto se sale por un lado del puente, hundiéndose en el agua. Tal vez cuando tú entras en una habitación muy caliente, con mucha gente, tú tienes la impresión de que te estás ahogando o sofocando. O tal vez cuando tú visitas a una persona muy enferma, o simplemente pasas manejando frente a un hospital, tú te imaginas a ti mismo muriendo de una terrible enfermedad.

Tal vez te han estado persiguiendo las pesadillas. Muy a menudo, cuando los niños se van a la cama por las noches, ellos se imaginan que los fantasmas o los monstruos los están atacando en la obscuridad, y todo esto, como resultado de haber visto ciertas películas. El enemigo es el responsable de plantar estos retratos de desastre y de maldad en nuestra mente.

Debido a que estas imágenes no son reales, muchos tratan de ignorarlas, y al hacerlo, piensan que no nos van a lastimar. Sin embargo, Satanás es la fuente de estas imágenes. Recuerda que en el capítulo tres discutimos los efectos de depender en la fuente equivocada de información. Si no mantenemos a Dios como nuestra Fuente de información, estamos invitando al desastre a que venga a nuestras vidas. Los problemas vienen cuando comenzamos a adoptar las imágenes e imaginaciones que vienen del diablo.

LAS IMAGINACIONES MALVADAS DEL DIABLO SE PUEDEN CONVERTIR EN NUESTRA REALIDAD.

Por ejemplo, tú tal vez te sientas para hacer los cheques y pagar todas las deudas de cada mes, y de inmediato comienzas a preocuparte de que tú no vas a poder resolver tus obligaciones económicas y financieras. Tú te imaginas que vas a tener que vender tu casa. Entonces, en tu imaginación, tú puedes ver cómo pierdes el carro. Muy pronto tú empiezas a imaginarte que estás condenado en un desastre total, debido a que ese escenario te ha proyectado a un fracaso total que es a todo color y casi en vivo. Tú te imaginas a ti mismo incluido en esa imagen de fracaso a medida que se repite una y otra vez en tu mente. Antes de muy poco tiempo esa imagen muy negativa se convierte en algo más real para ti que los hechos literales de tus circunstancias.

El enemigo también trae imágenes de sucesos verdaderos que tienen que ver con errores de tu pasado. Con esto, él crea nuevas imágenes de errores y fracasos de tu futuro. Tú te imaginas que las derrotas del pasado se van a repetir nuevamente. ¿Acaso las imágenes y las imaginaciones en tu mente te han pintado un panorama de un futuro fracaso? ¿Acaso puedes ver muy claramente que tú no vas a tener éxito en ciertos planes en particular? Estas imágenes pueden paralizar a muchos de nosotros.

Algunas gentes tienen miedo de casarse otra vez después de un divorcio, por ejemplo, porque ellos ven continuamente en su mente las imágenes de hogares anteriores que fueron destruidos. Esto le sucedió a Faye cuando yo le propuse matrimonio otra vez después de que nos habíamos divorciado en 1976. El solo pensamiento de volverse a casar con el mismo hombre de quien se había divorciado recientemente era aterrador, ¡especialmente porque yo era ese hombre! Las imágenes de nuestra vida pasada tan horrible como pareja la persiguieron. Justo antes de que volviéramos a casarnos, Faye sintió como su estuviera parada al borde de un precipicio, teniendo a Dios pidiéndole que brincara. Ella tuvo que creer que Dios realmente estaba ahí y que iba a restaurar nuestro matrimonio.

Faye conocía las palabras de Jesús con relación al matrimonio: *"Lo que Dios ha unido, que no lo separa el hombre"* (Marcos 10:9). Sin embargo, el poder confiar que Dios iba a estar con ella en estos momentos y bajo estas circunstancias era muy difícil. El temor al fracaso la preocupó mientras que ella se imaginaba que nosotros pasábamos por otro divorcio. Pero, a pesar de las imágenes llenas de temor que había en su mente, Faye obedeció al Señor, ¡y yo estoy muy feliz de que lo hizo! El día de hoy, hemos estado casados por más de treinta años—¡con nueve meses que no cuentan por mala conducta, como a mí me gusta decir!

Debes darte cuenta y aprender a reconocer rápidamente que, cuando las imaginaciones de tu mente son pesimistas, eso no está basado en el plan de Dios para ti. Si tú ves imágenes de ti mismo fallando o fracasando en algo que Dios te ha prometido, esta imaginación no proviene del Espíritu de Dios. Recuerda que leímos en el capítulo anterior, que aquellos que siguen a Dios son "capaces". Si tú ves imágenes de ti mismo siendo "incapaz", ¡éstas vienen directamente del abismo del infierno! Este tipo de imaginaciones están diseñadas para debilitarte. A mí me gusta tomar las falsas imaginaciones del enemigo que vienen a mi mente y compararlas con esta promesa de Dios: *"Pero el SEÑOR está conmigo como campeón temible; por tanto, mis perseguidores tropezarán y no prevalecerán. Quedarán muy avergonzados, pues no han triunfado, {tendrán} afrenta perpetua que nunca será olvidada"* (Jeremías 29:11).

Todas las imaginaciones y imágenes mentales que no están de acuerdo con estos planes de Dios, vienen del enemigo; y por lo tanto, yo los rechazo.

Satanás Trata de Imitar a Dios

Antes de que nos movamos hacia la victoria, debemos contestar algunas preguntas. ¿Dónde se originaron todas estas imaginaciones? ¿Por qué somos susceptibles a las imágenes del diablo? Satanás no crea nada nuevo, sino que falsifica e imita los principios de Dios.[19] El sólo roba y distorsiona los planes de Dios para sustituirlos con tus propias tretas seductoras y cuyo fin es desviarte de la verdad. Como puedes ver, el Espíritu de Dios es el Creador Original de imágenes. El Espíritu Santo se comunica con nosotros a través de impresiones en nuestro espíritu. El trae imágenes de Sus mensajes hacia nosotros. Entonces, para desviarnos de nuestro curso, el diablo trata de usar el mismo método.

En el libro de Génesis encontramos a Dios, Quien es el Creador de toda imagen, trabajando aun antes de que el hombre existiera. Cuando Dios creó a los cielos y la tierra, el Espíritu Santo se movía sobre la faz de la tierra en medio de la obscuridad caótica. El comenzó a tener la visión de las imágenes de otras creaciones. Vamos a leer este relato:

En el principio creó Dios los cielos y la tierra. Y la tierra estaba sin orden y vacía, y las tinieblas cubrían la superficie del abismo, y el Espíritu de

Dios se movía sobre la superficie de las aguas. Y dijo Dios: Sea la luz. Y hubo luz. (Génesis 1:1-3)

El Espíritu Santo fue como una gallina. Estaba incubando sus huevos antes de que nacieran sus polluelos. Siendo el Creador de imágenes, El construyó imágenes de luz y de otras creaciones antes de crearlas realmente. El Espíritu formó las imágenes antes de que "tomaran" vida. Entonces, a través de Su Palabra declarada, El creó el mundo.

Dios hizo al hombre posteriormente a Su propia imagen:

Y dijo Dios: Hagamos al hombre a nuestra imagen, conforme a nuestra semejanza; y ejerza dominio sobre los peces del mar, sobre las aves del cielo, sobre los ganados, sobre toda la tierra, y sobre todo reptil que se arrastra sobre la tierra. Creó, pues, Dios al hombre a imagen suya, a imagen de Dios lo creó; varón y hembra los creó. (v. 26-27)

En ningún lado de la Biblia dice que exista algo de la creación de Dios que sea a Su imagen—excepto el hombre. Sabemos que el diablo quiere derrotar a Dios. Y dado que el hombre es el único que lleva la imagen de Dios, es fácil poder ver el porqué Satanás desea destruirnos. El quiere aniquilar por completo la imagen de Dios en la tierra. Por consecuencia, nos hemos convertido en sus objetivos. Una de las más grandes herramientas del diablo es quitar nuestra mira del Creador de las Imágenes para que veamos la falsificación de la imagen. Satanás hace esto por medio de conjurar sus imágenes productoras de temores y de miedos, las cuales nos debilitan en nuestra mente y tratando de crear un corto circuito

FUIMOS CREADOS A LA IMAGEN DE DIOS, QUIEN ES EL CREADOR DE LAS IMÁGENES.

en las imágenes que Dios nos muestra con relación a nuestros propósitos.

El diablo también nos puede tentar para que entretengamos en nuestra mente imágenes de suicidio, y usa esto como una manera de destruirnos y hacer que sean abortados los propósitos de Dios. Satanás puede hacer que el suicidio parezca una muy buena forma de escape para nuestros problemas, pero es una falsa sensación de libertad. Un hombre que yo conocí recientemente me compartió que estaba al borde de suicidio. La imagen pasaba por su mente continuamente, diciéndole que no había salida para su problema económica y financiero. Como una posible respuesta, la imaginación de su muerte llenaba su mente. El podía ver a la compañía de seguros, pagando toda su deuda, a su esposa, casándose con un "mejor hombre", y a sus hijos, estando "mucho mejor" sin él. Sí, ¡su muerte parecía ser la única respuesta! Yo le doy gracias a Dios que, sin embargo, pudimos alcanzar a este hombre antes de que sus imaginaciones se convirtieran en una pesadilla muy real para su familia.

Esta imaginación era una mentira que venía desde el abismo del infierno. Dios no quería que ese hombre muriera. Dios tiene un propósito y un plan de liberación económica y financiera. Una sola idea inspirada de Dios podía hacer a este hombre completamente libre. Recuerda, la respuesta es confiar en Dios. El suicidio *nunca* es la solución. Esto *siempre* es en contra de la voluntad de Dios porque El es el Dador de vida.

Las Imágenes de Dios de Propósitos y Promesas

Cuando el Espíritu de Dios me habla, yo veo imágenes de Sus comunicaciones. ¿Puedes tú ver esto? Yo sé lo que contiene el mensaje, sus efectos y sus ramificaciones. Esta es la forma cómo Dios nos transmite Sus propósitos. El habla con nosotros a través de imágenes. Tal y como dijo Habacuc, *"Estaré en mi puesto de guardia, y sobre la fortaleza me pondré; velaré para ver lo que Él* (Dios) *me dice, y qué he de responder cuando sea reprendido"* (Habacuc 2:1). De forma similar, frecuentemente nos preguntamos unos a otros el día de hoy, ¿"Puedes ver lo que estoy diciendo"?

Un ejemplo del Espíritu hablando en una visión me sucedió en 1975. Durante un tiempo de comunión en el Espíritu Santo, yo recuerdo que Dios me mostró una imagen de campos de gente. El dijo, "Tú vas a guiar a todos estos, por millones, hacia Mí". Entonces yo pude observar como estos campos de gente venían hacia Cristo Jesús. Confiando en la promesa de Dios, yo reconocí como el Espíritu Santo iba a traer a mi memoria lo que Jesús me había dicho. El plantó esta imagen en mi espíritu y la volvía a poner frecuentemente en mi mente una y otra vez después de esta ocasión.

La información natural alrededor de mí estaba gritando que esta visión de Dios jamás se podría realizar. Este fue el momento en que mi esposa y yo nos divorciamos. El diablo trató de sustituir la imagen de Dios en mi mente con sus propias imágenes desalentadoras de mi fracaso. Yo recuerdo que yo llegué a decir, "Querido Dios, Tú tienes un gran desastre aquí". Pero a pesar de esos tiempos difíciles, yo me aferré a la imagen de Dios, porque yo sabía que era una impresión que tenía que ver con Su propósito para mi vida. Ahora, en el tiempo actual, yo estoy viendo la manifestación de esta visión. ¡Aleluya!

SATANÁS TRATA DE CUBRIR Y TAPAR LAS IMÁGENES QUE DIOS HA IMPLANTADO EN NOSOTROS.

¿Acaso tienes impresiones o imágenes que te llegaron años antes, en tu temprano caminar con Dios? ¿Acaso todavía ellas existen en el fondo de tu mente y de tu corazón? Cuando Dios coloca Sus imágenes en ti, ellas se convierten en parte de tu ser. Satanás tal vez trate de implantar sus imágenes en ti, para bloquear las impresiones y las imágenes de las promesas de Dios para ti. Sin embargo, yo creo que si tú quitas el engaño satánico, tú podrás redescubrir que las imágenes del Espíritu Santo no se han disipado.

Yo quiero animarte para que no pierdas las imágenes que Dios te ha comunicado. No permitas que las imaginaciones de Satanás obstruyan tus imágenes inspiradas por Dios. Si tú se lo permites, el temor debilitante vendrá como resultado de, esto. Siempre debes de recordar que Satanás diseña imágenes en tu mente para que los propósitos y promesas de Dios sean abortados en tu vida. Es muy importante que separamos las imágenes que el diablo quiere plantar de las imágenes que el Espíritu Santo ha dado.

En nuestra Escuela Bíblica que se llama la Escuela de Estudios Bíblicos hemos enseñado acerca de imaginaciones con gran lujo de detalles. Discutimos la forma en que Satanás falsifica a Dios a través de las imaginaciones en nuestra mente, con el objetivo de desviarnos completamente de nuestro curso en la vida. Si nos enfocamos en las impresiones o imaginaciones demoníacas, vamos a perder perspectiva de los propósitos y de las promesas de Dios. Cubrimos todo este tema en el curso llamado *Victoria en la Guerra Espiritual.*[20]

Cómo Operan las Imaginaciones Seductoras de Satanás

CÁMARAS DE IMAGINACIONES EN EL ANTIGUO TESTAMENTO

Recuerda que discutimos en el último capítulo que estamos en una guerra por nuestras creencias. La razón de que Satanás construye imágenes para dominar nuestra mente es para que eventualmente él puede controlar nuestras creencias. Si permitimos que esto suceda, nos vamos a desviar de la voluntad de Dios.

Hemos estudiado cómo es que el diablo usa imágenes atemorizantes y aterradoras para este propósito. Ahora vamos a examinar cómo es que él trata de controlarnos, usando imágenes de tentación. El libro de Ezequiel nos muestra la forma cómo Satanás utiliza imágenes seductoras, convincentes para pervertir el propósito de Dios para Su pueblo y para robar su adoración.

En el capítulo 23 Ezequiel relata una parábola de dos hermanas muy promiscuas, Aholá, la mayor, y Aholibá, su hermana, quienes entretenían en su mente imágenes de engaño y de perversión. Ellas fueron cautivadas por medio de las imaginaciones e imágenes de oficiales babilonios y gobernadores asirios y de comandantes y guerreros. Sus imaginaciones sensuales consumían a estas dos rameras, y ellas escogieron vivir y poner en práctica estas imaginaciones por medio de prostituírse a sí mismas. Ezequiel nos explica lo siguiente:

Y aunque su hermana Aholibá vio {esto,} se corrompió en su pasión más que ella, y sus prostituciones fueron mayores que las prostituciones de su hermana. Se apasionó de los asirios, gobernadores y oficiales, vecinos {suyos,} lujosamente vestidos, jinetes montados a caballo, todos ellos jóvenes apuestos. Y vi que ella se había contaminado; un mismo camino seguían las dos. Y aumentó sus prostituciones. Vio hombres pintados en la pared, figuras de caldeos pintadas con bermellón, ceñidos sus lomos con cinturones {y} amplios turbantes en sus cabezas, con aspecto de oficiales todos ellos, semejantes a los babilonios de Caldea, tierra de su nacimiento. Cuando los vio se apasionó de ellos y les envió mensajeros a Caldea. Y vinieron a ella los babilonios, al lecho de amores, y la contaminaron con sus prostituciones. Y después

de haber sido contaminada con ellos, su alma se
hastió de ellos. (Ezequiel 23:11-17)

Las imaginaciones de realización que estas dos
hermanas buscaron culminaron en su destrucción. Ellas
comenzaron a adorar los ídolos de los hombres que
ellas deseaban. Por consecuencia, su estilo de vida
las alejó de Dios, y eventualmente terminó en sus
muertes prematuras. Ellas se volvieron víctimas de
las imaginaciones satánicas. Lee todo el capítulo para
que puedes entender la forma en que, al permitir las
imaginaciones satánicas, esto distorsiona y destruye el
propósito de Dios para Sus hijos.

Como profeta, muy frecuentemente Ezequiel recibía
visiones sobrenaturales a través de sus encuentros con
Dios. En una de estas ocasiones, el Señor le descubrió qué
tanto en tinieblas estaban caminando los israelitas en
las imaginaciones demoníacas. Ezequiel vio en el Espíritu
Santo que ellos estaban adorando físicamente ídolos e
imágenes falsas y que secretamente estaban siguiendo
las desviaciones de sus imaginaciones, que el enemigo
había inspirado. Dios mostró sobrenaturalmente estas
"cámaras de imaginaciones" a Ezequiel. Vamos a leer
acerca de esto.

Me dijo entonces: Hijo de hombre, ¿has visto
lo que hacen en la oscuridad los ancianos de
la casa de Israel, cada uno en su cámara de
imágenes grabadas? Porque ellos dicen: "El Señor
no nos ve; el Señor ha abandonado la tierra".
(Ezequiel 8:12)

Aquí los israelitas se hicieron susceptibles a las
mentiras del diablo por medio de permitir que sus
imágenes tomaran control de sus vidas. Por consecuencia,
esto ahogó la visión de victoria que venía de Dios.
Ellos se volvieron completamente ciegos a las imágenes

exhortadoras de Dios de Sus promesas y cayeron en la idolatría y en la completa destrucción.

CÁMARAS DE IMAGINACIONES DE HOY EN DÍA

Arriba, pudimos ver la forma cómo las imágenes seductoras de Satanás plagaron completamente los pensamientos de dos hermanas y de los israelitas, haciéndoles sucumbir completamente en la adoración de los ídolos. El mismo proceso opera en nuestras vidas actualmente. Concebimos imágenes tentadoras en nuestra mente, las adoramos por medio de entretener nuestros pensamientos en ellos, y entonces, eventualmente, llegamos a cometer estos actos de pecado. Sin embargo, independientemente de que *cumplamos físicamente* o *realicemos físicamente* nuestros pensamientos pecaminosos, *¡el simple hecho de entretenerlos en nuestro mente es pecado!* De esta manera, llevamos a cabo el sueño del diablo de derrotar los propósitos de Dios para nuestras vidas.

Jesús reveló claramente que el pecar solo con nuestra mente no es una fantasía inocente, sino pecado real:

Habéis oído que se dijo: "No cometerás adulterio." Pero yo os digo que todo el que mire a una mujer para codiciarla ya cometió adulterio con ella en su corazón. Y si tu ojo derecho te es ocasión de pecar, arráncalo y échalo de ti; porque te es mejor que se pierda uno de tus miembros, y no que todo tu cuerpo sea arrojado al infierno. (Mateo 5:27-29)

Los espíritus demoníacos están operando en todas las áreas de nuestra vida, produciendo volúmenes y cantidades de imaginaciones pecaminosas en nuestra mente. Ellos hacen que tú veas escenarios imaginarios, seductores de ti mismo. Estas imágenes pueden ser tan reales y tan vívidas, que tú prácticamente puedes oler, probar y aun tocarlas. Ellas te hablan, haciéndote sentir como si tú realmente estuvieras ahí, viviendo estas imágenes.

Este tipo de imaginaciones se pueden ver, sentir y pueden parecer muy placenteras, pero en realidad son engañosas y destructivas. Se pueden convertir muy fácilmente en tu retiro secreto, al cual tú quieres visitar en forma habitual. Esta vida secreta se puede llegar a convertir en un escape de tu vida real. Cuando esto sucede, tú estás derrotando el propósito de Dios para tu misma existencia en la tierra en este día, debido a que El tiene planes para ti, que tú te estás perdiendo.

EL CONSENTIR UNA "VIDA SECRETA" TE IMPIDE CUMPLIR EL PROPÓSITO QUE DIOS TE DIO.

Por ejemplo, vamos a examinar cómo funciona esto en un matrimonio. Dios ha diseñado el matrimonio para que sea una experiencia gratificante y llena de gozo entre un hombre y una mujer. Sin embargo, podemos abortar muy fácilmente este plan. Esta es la forma cómo sucede muy frecuentemente. El marido mira una imagen pornográfica en la Internet o en una revista, cierra sus ojos y se imagina estar teniendo sexo con otra mujer. Cuando esto sucede, el diablo se ha infiltrado hacia la cámara de imaginaciones de este hombre.

O si la esposa lee una novela muy romántica, entonces se imagina a otro hombre que no es su esposo estando en cama con ella. Ella le ha entregado la cámara de sus imaginaciones al diablo. Esto también puede suceder fuera del matrimonio. Por ejemplo, una persona soltera se va a dormir en la noche y permite que las imágenes eróticas le den consolación en una noche en que no puede dormir. Completamente solo o sola en la obscuridad, él o ella puede escoger regresar a esas imágenes e imaginaciones noche tras noche. Un espíritu demoníaco está controlando la cámara de imaginaciones de esta persona.

Considera otro ejemplo. Vamos a decir que alguien te ha hecho algo muy malo. En lugar de arreglar esto en la manera bíblica, tú empiezas a odiar a este enemigo con toda tu pasión. Para poder consolarte, tú evocas pensamientos e imaginaciones violentas y llenas de sangre en contra de esta persona. Tú imaginas cuchilladas, disparos o de alguna manera, algún tipo de daño. El mantenerte entreteniendo estas imágenes diabólicas confirma que Satanás domina tu cámara de imaginaciones.

Algunas de las fuerzas más destructoras hacen presencia en la mente, posando como imágenes seductoras muy deseables. Esto puede incluir un breve sentir de victoria que viene de una venganza imaginaria. La alegría superficial de usar drogas y alcohol y la ilusión de poder que resulta de cometer una violación o un asesinato. El diablo nutre la mente del hombre en forma mortal, con imágenes engañosas de satisfacción como éstas, tratando de ejercer control. Al hacer esto, él engaña al hombre para que caiga presa de sus mentiras.

Cuando adoptamos modelos de escapismo y de fantasía, apagamos completamente a Dios. Nos enfocamos en nuestras vidas imaginarias de imaginaciones y de falsedad. Estas imágenes demoníacas nos apartan de la dirección y de las bendiciones de Dios. Nuestras vidas se vuelven sin sentido alguno y no tenemos lugar para los propósitos de Dios.

También cuando albergamos imaginaciones demoníacas, muy frecuentemente es una indicación de que hemos fallado en confiar completamente en Dios, y hemos rehusado de buscar Sus soluciones para nuestros retos. En nuestros intentos desesperados para encontrar alivio en medio de las circunstancias difícíles, estamos dependiendo en un falso sentido de comodidad que nos ofrecen esas imágenes demoníacas. Esto sin embargo, genera temor y miedo porque no estamos siguiendo a Dios. Subsecuentemente, cualquier otro temor puede afligirnos, que es el temor de tener nuestros secretos personales expuestos en público. Adicionalmente a esto, muy frecuentemente, la culpa y la vergüenza vienen a reemplazar a la falsa imagen de satisfacción y logro que viene de entretenerse en las imaginaciones demoníacas.

Las imágenes que el diablo implanta en la mente siempre son fuentes de destrucción creciente. Este es su verdadero propósito escondido. El va a mantener cautivas las cámaras de nuestras imaginaciones hasta que nos soltemos de sus garras, por miedo de someternos a la intervención divina de Cristo Jesús. Más tarde, vamos a discutir este proceso en detalle, pero recuerda esta promesa de la Biblia: *"Someteos a Dios, resistid al diablo, y huirá de vosotros"* (Santiago 4:7). Nuestra mente puede ser completamente libre de todo tipo de imaginaciones e imágenes demoníacas porque tenemos el derecho de *"tener la mente de Cristo"* (1a. Corintios 2:16).

> LAS IMÁGENES DE PLACER DEL DIABLO VIENEN A SER LAS REJAS DE TU PRISIÓN.

Tu Oscuro "Secretito"

Si tú te involucras en imaginaciones demoníacas secretas, se pueden llegar a convertir en tu oscuro "secretito". Cuando esto sucede, el diablo aguarda felizmente por la oportunidad para exponerlas a otras gentes. De esta manera, tu secreto escondido se convierte en la más poderosa fortaleza del enemigo en tu vida. El crea imágenes devastadoras para ilustrar las consecuencias de descubrir tu secreto. Entonces, el diablo te dibuja en medio de estas imágenes horrorosas. Para protegerte, tú mantienes tus pensamientos probados muy escondidos, esperando que nadie los va a descubrir.

Si tú permites que el diablo te espante y te atormente de esta manera, esto va a crear miedo y temor. Tú vas a imaginarte que vas a fallar en el futuro, debido a estas imágenes. Tú vas a dudar de tu habilidad para prosperar. La amenaza de culpa y de dolor, que resulta de ser expuesto, va a ser tu constante compañera. Y eventualmente el temor te va a paralizar y tu secreto se va a convertir en tu esquina privada del infierno.

Echando Fuera las Imaginaciones e Imágenes del Enemigo

DESCUBRE TU SECRETO

¿Acaso tienes un "esqueleto en tu closet" que podría destruir tu futuro? Si es así, ¿por qué no lo publicas en un libro o lo compartas con otros? ¡En serio! Eso es lo que yo hice. Yo escribí mi propia historia en mi libro titulado *Conquistando a Tus Enemigos Invisibles*. Si tú expones tu secreto, ya nunca más tienes que vivir en el temor de ser sorprendido—porque no tienes nada que esconder. El decirle a todos que tú eres un pecador rompe la fortaleza del enemigo en tu vida. Es tiempo de echar fuera los efectos de las imaginaciones demoníacas. ¡El descubrir tu secreto es la respuesta!

Yo he hecho esto y ahora yo vivo en "una casa de cristal". Mi vida es del dominio público y está abierta y visible para que todos la vean. Si tú buscas el nombre Whetstone en la biblioteca de la Universidad de Delaware, tú puedes leer acerca de mi vida. Es de dominio público. Yo no tengo secretos. Desde que yo me convertí en cristiano, me he arrepentido abiertamente de todo aquello que yo sé que hay en mi vida, y que necesita ser descubierto. Si yo encuentro más, créeme, que lo voy a sacar porque yo sé que todo aquello que yo mantengo en secreto tiene el poder de atraparme.

Algunas veces, mi propia historia viene a visitarme a la iglesia que yo pastoreo, que se llama Victory Christian Fellowship. Sin embargo, todo el mundo ahí conoce acerca de mi historia negativa, así que esto ya no es una amenaza para mí. ¡Mi pasado ya no puede lastimarme ahora porque se ha convertido en una parte de mi testimonio cristiano! Si alguien quiere sacar algo a luz, esto sólo le da gloria a Dios, porque El me rescató y transformó completamente mi vida. ¡Yo encuentro muy interesante el hecho de que el diablo ya no usa mi pasado tan frecuentemente!

Sí, yo sé que todos tenemos miedo de ser abiertos y honestos, y que no queremos que los demás conozcan nuestros secretos. Sin embargo, debemos exponer aquellas cosas en que hemos participado con las imaginaciones del enemigo. El precio en mantenerlas en oculto es muy grande. Debemos abrir nuestros pecados secretos y tratar con ellos. Esta es la única manera para dejar de ser víctimas de las imaginaciones satánicas.

SÉ LIBRE DE LAS LIMITACIONES DE LOS ERRORES PASADOS

Permíteme compartir un ejemplo específico de mi vida. En una ocasión, yo tenía miedo de alcanzar un alto grado de efectividad en el liderazgo. El origen de mi miedo era una imagen de un error pasado, con el cual el diablo me atormentaba continuamente en mi mente. Como puedes ver, antes de que yo llegara a ser pastor, mi esposa y yo habíamos tenido varios negocios, los cuales habían crecido hasta un nivel de ventas de diez millones de dólares por año. Sin embargo, cuando llegábamos a cierto punto de utilidad y de ganancia, nuestros negocios se desbarataban organizacionalmente y estructuralmente. Yo no sabía ir más allá de este nivel. Tuvimos tres tiendas, una compañía de mayoreo, una firma representante de un fabricante y una compañía consultora para pequeños negocios. Había personas que decían que me estaba extendiendo demasiado y que por eso apretaba poco. Sin embargo,

DIOS VA A TRANSFORMAR TU PASADO EN UN TESTIMONIO DE SU GRACIA.

yo sabía que la falta de conocimiento era mi reto. Varios años después, cuando me convertí en pastor, el diablo trató de espantarme con aquellos errores en los negocios cada vez que salían circunstancias similares. En la iglesia, mientras que yo dirigía mi equipo administrativo, comenzaron a desarrollarse algunos retos en el área de las relaciones interpersonales (pero no en el área económica). Igual que en nuestros negocios, yo llegué a un punto en el ministerio donde yo sentía que ya había llegado demasiado lejos. Parecía que yo había desplegado todos los recursos necesarios para llevarme a un nivel más alto en la obra de Dios. Me sentía como atrapado.

De inmediato, yo pensé, *Yo he estado en esta situación antes. Yo he visto esto en mis negocios. Yo no sé si puedo vencer esto, porque nunca lo pude vencer antes.* El diablo me estaba hablando a través de esta imagen negativa. ¿Alguna vez has estado en esa situación donde sientes "Ya pasó esto antes", viendo la misma imagen de ti mismo, exactamente en el punto donde fallaste? Cuando esto sucede, los detalles son muy claros. La imagen que el diablo me había plantado firmemente estaba asegurándome de mi falla en mi futuro otra vez, y me convertí en víctima del temor y del miedo.

Sin embargo, en lugar de albergar y de entretener estas acusaciones en mi mente y permitirles que me aplastaran, yo le abrí mi corazón a nuestra congregación. Yo expliqué exactamente lo que estaba pasando, pidiéndole a la iglesia que orara por mí. Yo no tenía miedo de lo que cualquiera pudiera pensar o decir. No importaba si mi confesión podía impactar a la gente o si podía hacer que me amaran o que me odiaran. Yo sólo quería sacar mi cámara de imaginaciones. Yo quería romper el efecto de este tormentoso hoyo del infierno, en el cual el diablo me había clavado con la misma falla del pasado. Yo no quería vivir ahí otra vez. Yo necesitaba la victoria. Yo rehusé tenerle miedo a los demás, porque la Biblia dice, *"El temor al hombre es un lazo, pero el que confía en el*

Señor estará seguro" (Proverbios 29:25). Como puedes ver, si nos preocupamos de lo que otros piensen, no podemos ser libres del temor o del miedo.

En esta situación, yo no podía darme el lujo de desconfiar de nadie porque yo necesitaba la libertad desesperadamente. Todo mi ministerio dependía de ello. Yo tenía que vencer el temor de la desconfianza por medio de confiar en Dios y también en aquellos que me rodeaban. Sí, yo tal vez tenía algún "Judas" como mi amigo. Jesús lo tuvo. Sin embargo, aun en la presencia de un Judas, el Señor promete seguridad y libertad. Yo tenía que confiar en Dios. El era mi única esperanza de escape. A través de las oraciones de mi iglesia, yo fui capaz de levantarme por encima de todas estas imaginaciones para poder caminar en las promesas de Dios.

Hoy en día, como pastor para muchos otros pastores, yo veo frecuentemente que el temor de confesar sus faltas está atando a muchos pastores. Una vez, cuando yo estaba ministrando en una conferencia de pastores, el Señor me reveló que éste es uno de los más grandes retos de los pastores. Por medio de nunca confesar sus faltas los unos a los otros, ellos se colocan a sí mismos en la posición de caer. A medida que yo comencé a compartir esta revelación con los pastores, el auditorio quedó en completo silencio.

LA CONFESIÓN ES UN PASO HACIA LA LIBERTAD.

"Vamos a tener un llamamiento al altar ante los corazones de los hermanos", yo expliqué. Entonces, el Señor me dirigió a instruir a los pastores para que revelaran a sus hermanos en Cristo, los otros pastores que estaban ahí, todas las áreas de sus tormentos más grandes. Apagamos las cámaras de televisión, apagamos las grabadoras, y tuvimos este tipo de culto de iglesia por tres horas. Muchos pastores confesaron abiertamente y trataron con sus errores hasta llegar a ser completamente libres. ¡Aleluya! Tuvimos un tiempo tremendo de victoria en el Señor.

DEBES RECONOCER EL PODER DE LA PORNOGRAFÍA

El año pasado, yo recibí una carta que me llegó por entrega especial y que estaba marcada como "Personal y Confidencial. ¡Solo para ser vista por los ojos del Dr. Whetstone"! Lo que yo leí en el contenido de esa carta me impresionó más allá de cualquier cosa que jamás había yo creído. Esta es la historia.

La carta era una declaración de un miembro que pertenecía a la mesa directiva de una denominación cristiana en los Estados Unidos. La petición era muy simple: El me estaba pidiendo que yo refiriera al ministerio de ellos a todo estudiante que se hubiera graduado con nosotros y que estuviera en una posición respetable en la comunidad, y que fuera talentoso en predicar y en enseñar. Y dado que nuestro ministerio incluye la Escuela de Estudios Bíblicos, la cual ha entrenado a miles de pastores y ministerios laicos, esta era una petición muy razonable.

Sin embargo, la razón o el motivo de esta petición era muy perturbador. "Estamos muy cortos de predicadores en nuestros púlpitos", decía la carta, "debido al inmenso número de nuestros pastores que se encuentran en un tiempo de restauración debido a la pornografía". ¡Sí, la pornografía era el problema! En forma secreta, día tras día, estos hombres habían estado siendo forzados por medio de la pornografía que existe en la Internet y la cual muchas veces obliga a que los usuarios la vean aun sin ser solicitada. Los resultados fueron devastadores. Unos se estaban divorciando. Otros estaban volteando a la homosexualidad, a la perversión y a otras trampas similares.

La caverna satánica de imaginaciones está al alcance de nuestros dedos: ¡*en la Internet*! Absolutamente nadie está exento de las imaginaciones del enemigo. Todos debemos estar en guardia. Si tú te has involucrado con la pornografía, ¡prepárate para ser libre!

Independientemente del tipo de imaginaciones malignas—sea pornografía o cualquier otra cosa—que te esté atormentando, es tiempo de descubrir tu lucha. Sácala. Si la mantienes secreta, tu secreto tiene el poder de destruirte. SUSTITUYE LAS IMÁGENES E IMAGINACIONES MISERABLES DE SATANÁS CON LAS VISIONES DE ESPERANZA DE DIOS. Sin embargo, si tú la descubres, tú estás abriendo las puertas del arrepentimiento y de un nuevo comienzo con Dios. Los pecados que resultan de las imaginaciones demoníacas, ya no van a poder mantenerte en su atadura secreta. Ellos pueden servir como un testimonio de arrepentimiento, y como una derrota del diablo y una victoria en Dios. Siempre debes recordar que hasta que tu pecado se haya convertido en tu testimonio, ¡corres el riesgo de seguir experimentando una tentación aun más grande!

En este mismo momento, tú puedes ser completamente libre. En las siguientes secciones hasta el final de este capítulo, yo voy a explicar específicamente cómo hacer esto. Después de que tú hayas terminado estas secciones, tú necesitas tratar en forma efectiva con tu secreto. Aunque tú tal vez no confíes en ningún otro ser humano sobre la faz de la tierra en este nivel actual, tú necesitas comenzar. Pídele a Dios que te ayude a encontrar a un cristiano que apoye tu decisión de ser libre de todas las imaginaciones malignas y ante quien tú serás responsable de hacerlo. Confiesa y descubre tu carga, deshazte de ella, y termina de una vez y para siempre con el poder que ha tenido sobre tu vida.

INVITA A DIOS A QUE ENTRE EN LAS CÁMARAS DE TUS IMAGINACIONES

¿Estás listo en este momento para destruir el poder que el diablo ha tenido sobre tu vida? ¿Estás seguro? Echar fuera todas estas imaginaciones te va a costar, pero el precio bien vale la pena. Una vez que tú traes luz a las tinieblas y pasas a través de las paredes que te han estado aprisionando, tú ya no podrás regresar secretamente a tu rincón secreto. Tú vas a ser libre para nunca volver a vivir otra vez en ese obscuro rincón secreto. ¡Su influencia de destrucción y de fracaso desaparecerá para siempre!

Para limpiar las cámaras de tus imaginaciones, tú debes confiar en Dios implícitamente. Deja que El tenga tus más grandes secretos y temores. El te conoce. El sabe dónde te ha tenido atado el diablo. Confía en Dios y dale todas tus incapacidades y tu vida. Confía en Dios y dale todas aquellas imágenes e imaginaciones que te han hecho escapar de Su mandato o que te han hecho estar poniendo puros pretextos.

Ora a Dios, abriendo y confesando tu pasado, tus secretos y tus temores. Sométete al poder sanador de Jesús. Su Sangre te va a limpiar, te va a liberar de tus secretos, y te va a librar de tus temores. ¡Tú puedes hacer que tus temores se arrodillen y se rindan ante Jesús! Entonces, invita a Dios a que intervenga en las cámaras de tu imaginación con imágenes que dejen ver Sus promesas. Ora esto en voz alta en este mismo momento:

> Padre, yo reafirmo mi fe en Ti, en Tu Palabra y en Tu promesa de cumplir todo lo que has dicho. Yo Te miro solo a Ti y busco la plenitud de Tu poder en mi vida.
>
> En este momento, yo me abro completamente a Ti, Padre Celestial. Te confío todas mis incapacidades y mi vida. Yo confieso mis secretos, Señor. Te someto todas las imaginaciones de mi mente solo a Ti, y me arrepiento de la atracción que sentía hacia las falsas imaginaciones de Satanás. Oh Dios, el haberme involucrado en esta práctica secreta ha abierto la puerta a temores y

a secretos que me han tenido atado y que han hecho que me pierda de Tu voluntad. Yo no quiero que el enemigo me engañe y que me limite nunca más. Yo ya no quiero escapar de mi vida, sino que quiero vivir para Ti, Padre Celestial, desde este día y para siempre. Yo vuelvo a dedicar mi vida a Ti, Señor. Ayúdame a ser tierra fértil en la cual la semilla de tu Palabra pueda dar mucho fruto.

En este momento, yo volteo de haber tenido a Satanás como mi fuente de información a Ti, Quien serás mi única Fuente de información. Padre, perdóname. Jesús, límpiame con tu Sangre. Libérame de mis secretos y de las ataduras del temor y del miedo. Libérame de todas las cadenas que hay en mi vida. Ayúdame a vencer todas las barreras con relación a drogas, al dinero y a la economía, a las relaciones, a los trabajos, al matrimonio, a la perversión sexual, al enojo y a cualquier otra cosa con la que el enemigo me ha tratado de atar.

Yo clamo a Ti, Espíritu Santo, mi Ayudador, para que sustituyas las imaginaciones del diablo que me han estado atrapando y que me han tenido imaginándome en el fracaso. Yo te pido, Espíritu de Dios, que traigas a mi vida imágenes renovadas de la liberación y de la esperanza del Señor. Yo creo que Tú vas a realizar un milagro en mi vida y que vas a redirigirme en el camino de la justicia. Ayúdame a caminar en Tus caminos desde este día y para siempre, de tal manera que yo pueda cumplir Tu propósito para mi vida.

Gracias Jesús, por limpiarme con Tu Sangre, para que yo pueda acercarme al trono de Nuestro Padre este día. Tú eres digno de toda gloria. Tú eres digno de toda honra. ¡Yo te doy toda la alabanza, toda la gloria y todo el honor por este testimonio de la liberación de las imaginaciones de Satanás en mi vida! ¡Aleluya! En el Nombre de Jesús, Amén.

ECHA FUERA LAS IMAGINACIONES DE MALDAD

Recuerda que la Biblia declara lo siguiente:

Pues aunque andamos en la carne, no luchamos según la carne; porque las armas de nuestra contienda no son carnales, sino poderosas en Dios para la destrucción de fortalezas; destruyendo especulaciones (imaginaciones) *y todo razonamiento altivo que se levanta contra el conocimiento de Dios, y poniendo todo pensamiento en cautiverio a la obediencia de Cristo.*
(2a. Corintios 10:3-5)

Si tú quieres remover todas las imaginaciones demoníacas, todas las fortalezas demoníacas y todas las cosas que están en contra de Dios en tu vida, tú debes usar armas espirituales para destruirlas. Entonces, debes pensar con pensamientos de obediencia a Cristo Jesús. Yo quiero animarte a que en este mismo momento tú les hables valientemente a todas esas imágenes e imaginaciones demoníacas que te han hecho desconfiar de la infinita habilidad de Dios y que han hecho que caigas en temor y en miedo. En este momento, ora esto en voz alta y ata todas estas imaginaciones en el Nombre de Jesús:

Yo declaro que la Palabra de Dios va a destruir las cámaras de imaginaciones malignas en mi vida. Yo reprendo a todas las imaginaciones demoníacas de temor y de miedo, en el Nombre de Jesús. Yo reprendo todas las imágenes en mi mente que han tratado de hacerme inadecuado e incapacitado para la gracia de Dios y para las promesas de Dios. Yo las ato en el Nombre de Jesús. Yo hablo a las imágenes atormentadoras que el diablo me ha dado: ustedes ya no me van a atar jamás. ¡USTEDES están atadas! ¡Suelten mi cuerpo y mi mente en este momento en el Nombre de Jesús!

Temores y miedos, suéltenme en este momento. Yo rehuso para siempre acobardarme en el temor y en el miedo. Nunca más me van a paralizar en mi carne, nunca más me van a condenar por mi pasado, y nunca más van a hacer que mis errores se repitan en mi futuro. Yo le hablo a esas imágenes e imaginaciones demoníacas: se van de mí en el Nombre de Jesús. Yo le hablo al temor de los hombres: te vas en el Nombre de Jesús.

Yo le hablo a todo sentimiento de culpa y de vergüenza: te vas en el Nombre de Jesús. Tú ya no tienes ningún poder sobre mi vida, porque Jesús cargó con mi culpa y con mi vergüenza. Nunca más voy a vivir con ustedes. ¡Soy libre de todas las fortalezas y de todos los poderes demoníacos en el Nombre de Jesús!

¡Grítale al Señor! ¡Tú eres libre de estas imágenes satánicas, en el Nombre de Jesús!

SUSTITUYE LAS OBRAS DEMONÍACAS CON LA REVELACIÓN DE DIOS

Ahora, es crítico que tú desarrolles una relación íntima con Dios para que tú puedas distinguir fácilmente entre las imágenes e imaginaciones del diablo y las imágenes del Espíritu Santo. Tú ya no quieres caer en esta trampa otra vez. Si en el futuro, tú eres tentado para entretener imaginaciones y fantasías demoníacas otra vez, ¡toma tu Biblia y llena tu cámara de imaginaciones con la Palabra de Dios! Medita en ella diariamente para mantener tu mente libre de la basura satánica y llena con las promesas, propósitos y obediencia de Dios. ¡Esta es la manera cómo tú puedes caminar continuamente en tu nueva libertad que Jesús compró para ti! ¡Aleluya! Esto es muy importante. Jesús nos advirtió de las consecuencias de no hacer esto:

> *Cuando el espíritu inmundo sale del hombre, pasa por lugares áridos buscando descanso; y al no hallarlo, dice: "Volveré a mi casa de donde salí." Y cuando llega, la encuentra barrida y arreglada. Entonces va y toma consigo otros siete espíritus peores que él, y entrando, moran allí; y el estado final de aquel hombre resulta peor que el primero.*
> (Lucas 11:24-26)

Cuando una influencia demoníaca ha sido depositada en tu vida, no sólo debes removerla, sino también debes darte cuenta que debes reemplazarla con algo más. Como cristiano, tú necesitas estar seguro de reemplazarla con una revelación personal acerca de Quien es Dios en esa área de tu vida. Tener información acerca de Dios y de Su Palabra no es suficiente. Yo no puedo urgirte suficientemente para que obtengas una copia de mi libro titulado *Conquistando a Tus Enemigos Invisibles*. Va a contestar detalladamente todas las preguntas que tú puedas tener acerca del mundo espiritual de Satanás y de los demonios, ¡y te explica cómo es que GANAMOS!

Arriba, discutimos cómo reemplazar las imaginaciones e imágenes demoníacas. Lo mismo se aplica a cada área de tu vida. Por ejemplo, cuando tú remueves el miedo y el temor, reemplázalo con la revelación de seguridad en el amor de Dios, o de otra manera, tú corres el riesgo de regresar al temor y al miedo. Si el peso de las preocupaciones y de las obligaciones te tiene consternado, remuévelos de tu vida por medio de entregarlas en las manos del Señor: *"Echando toda vuestra ansiedad sobre El, porque El tiene cuidado de vosotros"* (1a. Pedro 5:7). Entonces debes de asegurarte de reemplazar las preocupaciones con la revelación de Dios acerca de Su íntimo cuidado de tu bienestar. Como puedes ver, si tú te deshaces de las preocupaciones, pero no puedes ver que Dios se ocupa de ti, tú te conviertes en un recipiente abierto para que el diablo pueda echar más preocupaciones en ti. De la misma manera, si tú remueves la confusión y no confías en el Señor como el Autor de la paz y de la sabiduría, entonces, tú regresarás a la confusión otra vez:

> *Y que la paz de Cristo reine en vuestros corazones, a la cual en verdad fuisteis llamados en un solo cuerpo; y sed agradecidos. Que la palabra de Cristo habite en abundancia en vosotros, con toda sabiduría enseñándoos y amonestándoos unos a otros con salmos, himnos {y} canciones espirituales, cantando a Dios con acción de gracias en vuestros corazones.* (Colosenses 3:15-16)

> *Mas por obra suya estáis vosotros en Cristo Jesús, el cual se hizo para nosotros sabiduría de Dios, y justificación, y santificación, y redención.* (1a. Corintios 1:30)

Si tú no sustituyes con aquello que Jesús murió para darte en lugar de la fortaleza demoníaca, tú sólo vas a regresar a esa misma fortaleza demoníaca otra vez. Llénate con la revelación de Dios y de Su Palabra. El hacer esto diligentemente a través de toda tu vida va a impedir que tú estés cayendo en estas trampas y que estés necesitando remover estas influencias demoníacas de tu vida. De todas maneras, si tú encuentras que has caído presa del diablo, ¡Dios te va a perdonar y te va a dar un nuevo comienzo, para que tú puedas vivir en libertad por el resto de tu vida! ¡Aleluya!

Capítulo Siete

¿Por Qué Pelear Contra el Temor?

Después de haber leído los capítulos anteriores, tú tal vez te estés preguntando, *¿Por qué hay tanto en derredor de esta cosa que se llama temor y miedo?* La respuesta es que el diablo lo usa como un arma principal para atacarnos. El objetivo del enemigo es el propósito de Dios para nuestras vidas. En este capítulo vamos a discutir cómo el temor tiene que ver con tu propósito.

La clave para esta discusión es conocer el propósito de Dios para tu vida. Como ves, mientras más entiendas tu propósito espiritual, más vas a conocer las razones y los motivos de tus temores y de tus retos. Si tú examinas tus temores y tus retos a la luz de tu propósito, tú vas a ser capaz de identificar sus causas y sus orígenes. Esto va a revelar por qué el diablo te tiene en la mira. ¡Su verdadera razón para atacarte es tratar de hacerte abortar tu propósito!

El hecho de conocer esto te motiva para derrotar al diablo. De otra manera, tú no puedes ver la causa de tus conflictos y tú te desanimas fácilmente, eres derrotado y te desmayas. Tú no debes sucumbir ante esta presión porque su peso opresor no sólo te va a *aplastar a ti*, sino también a todos aquellos que están en derredor tuyo, y va a poner en peligro tu propósito. La Biblia nos anima con esta promesa: *"Y no nos cansemos de hacer el bien, pues a su tiempo, si no nos cansamos, segaremos"* (Gálatas 6:9).

Por el otro lado, el hecho de reconocer tu propósito y la causa de tus conflictos te da el poder para levantarte muy por encima de todos esos retos, lleno de confianza para cumplir el plan de Dios.

El Poder del Propósito

CONOCER A QUIÉN Y PARA QUÉ TE ESTÁ LLAMANDO DIOS

Como cristianos, debemos reconocer que existe un propósito para nuestra vida. Debemos conocer para quién y para qué nos llama Dios. David entendió esto. Anteriormente leímos la historia de la confrontación de David con Goliat, que era el guerrero filisteo gigante en 1a. Samuel 17. Esta historia demuestra el poder del propósito. Ahora, vamos a reconsiderarla a la luz de este tema, y vamos a examinar la causa de esta batalla. ¡Yo creo que estos nuevos puntos de vista nos van a ayudar a que comencemos a encarar nuestros retos con una nueva valentía y confianza!

Recuerda que las amenazas de un hombre, que se llamaba Goliat, fueron suficientes para hacer que el rey y toda la nación de Israel tuvieran temor y miedo: *"Cuando Saúl y todo Israel oyeron estas palabras del filisteo (Goliat), se acobardaron y tuvieron gran temor"* (1a. Samuel 17:11).

Aunque el joven David todavía era un pastor en ese tiempo, el profeta Samuel lo había ungido recientemente para que se convirtiera en el próxima rey de Israel. Los hermanos mayores de David ya estaban en la batalla, cuando David llegó a llevarles comida, debido a que su padre le pidió que hacía esto. Contrario a los israelitas miedosos,

EL PODER DEL ENEMIGO ES MUY PEQUEÑO COMPARADO CON EL PODER DE DIOS.

que actuaban de acuerdo a lo que oían de Goliat, y que corrían ante el simple hecho de verlo, David tomó una posición completamente diferente. El miró al tamaño de Goliat y reconoció el poder mucho más grande del Dios Viviente. Cuando David vio la zona de guerra y escuchó las blasfemias de Goliat, él reconoció que aquí estaba Dios, llamándolo para demostrar Su poder. David sintió que esto era la razón por qué Dios lo había ungido, así que él gritó en voz alta, listo para pelear por el Señor.

Sin embargo, los miedosos israelitas habían acordado unos con otros que Goliat era muy grande como para que ellos lo pudieran derrotar. Era imposible. *David no tenía ni la más mínima oportunidad,* pensaron ellos. Aun Eliab, que era el hermano mayor de David y soldado en el ejército de Israel, pudo escuchar la reacción valiente de David ante Goliat y lo reprendió por esto. Eliab no creía que su hermano menor debía de estar en el campo de batalla, ¡y mucho menos expresar confiadamente su habilidad para poder derrotar a este monstruo filisteo! Es importante que no te rodees con gente que continuamente están poniendo en duda la habilidad que Dios te ha dado para vencer aquello que parece humanamente imposible. Vamos a discutir más acerca de este punto en el próximo capítulo.

DEBES RECONOCER LA CAUSA DEL CONFLICTO CON RELACIÓN A TU PROPÓSITO

Ahora, vamos a leer la forma cómo David respondió al regaño de su hermano: *"Pero David respondió: ¿Qué he hecho yo ahora? ¿No fue sólo una pregunta?"* (1a. Samuel 17:29). ¿Cuál era la causa? Mientras que Eliab y toda la nación de Israel vio los motivos para tener miedo y temor, David vio una causa. El vio la causa y la razón para su batalla. Era para atacar

TÚ NO NECESITAS UN SEGUNDO PLAN DE APOYO CUANDO TIENES EL PLAN DE DIOS.

su propósito. En tu vida, tú debes entender la forma en que tú te paras para defender principios morales, para actuar diferente de como actúa toda la multitud, o para confrontar asuntos importantes. Es crítico que tú reconoces el propósito de Dios, o de otra manera, tú no vas a saber qué hacer, y mucho menos, no vas a tener la tenacidad para hacerlo. Al contrario, tú te vas a esconder y vas a quedar paralizado de temor y de miedo. El diablo usa el temor y el miedo para atacar el propósito de Dios para tu vida.

Si tú no sabes cuál es tu propósito, es muy probable que tú vas a venir con otras soluciones o planes alternativos "en caso de que Dios no haga nada". Eso es rebeldía que es equivalente *"al pecado de brujería o adivinación"* (1a. Samuel 15:23). Esto es la actividad pagana de decidir lo que se va a hacer a continuación, basado en cualquier otra cosa que no es Dios. Debido a que Saúl se rebeló en contra del plan de Dios de esta manera, él terminó eventualmente por perder su trono. Hoy en día, nosotros también tenemos planes de apoyo alternos. Por ejemplo, muchas gentes toman la opción de irse a la banca rota para resolver sus problemas financieros o económicos, y también toman la decisión de ir a la corte para divorciarse y terminar de esta manera con sus problemas matrimoniales.

LA RAÍZ DETERMINA EL FRUTO.

Sin embargo, aquellos que son valientes en Dios y que no tienen temor, no poseen ninguna posición alterna de apoyo, debido a que conocen que están yendo a la batalla por el propósito de Dios. Y dado que El los ha llamado a pelear, El es Quién les va a dar la victoria. Por lo tanto, ellos no tienen razón alguna para acobardarse, ni para tener miedo o temor ni para rendirse. David rehusó convertirse en parte de la intimidación de Goliat, debido a que él estaba dispuesto a pelear por el reino de Dios. David reconoció que este era su propósito.

Si tú conoces tu propósito y puedes identificar la causa de cada reto, tú podrás derrotarlo, porque tú vas a poder ver la razón por la cual existe. Yo he aprendido un secreto acerca de la vida: la raíz determina el fruto. En otras palabras, para todo lo que existe en apariencia, hay algo mucho más profundo que le permite existir. Para todo aquello que experimentamos, hay algo que lo está causando. Por lo tanto, debemos enfocarnos en la raíz de las cosas y no en su fruto. El fruto es solamente el producto final, pero también debes recordar que el fruto tiene semillas para el futuro. Este principio también se aplica a los ataques demoníacos. Si tú puedes ver mas allá de las apariencias de tus retos, para poder identificar lo que los causa, tú podrás derrotarlos y podrás avanzar confiadamente para cumplir con tu propósito.

Tú debes darte cuenta que el diablo no selecciona gentes al azar o basado en la suerte para ver con quien se va a pelear. No, cuando él ataca, lo hace porque él reconoce lo que Dios está haciendo. Como tú puedes ver, ningún ladrón inteligente se mete en una bodega vacía. El se mete solo donde él sabe que hay cosas valiosas. El diablo no es diferente, porque él es el más grande ladrón de todos. Por ejemplo, Jesús dijo en su parábola del sembrador,

> *El sembrador siembra la palabra. Y estos son los que están junto al camino donde se siembra la palabra, {aquellos} que en cuanto {la} oyen, al instante viene Satanás y se lleva la palabra que se ha sembrado en ellos.* (Marcos 4:14-15)

No debemos ignorar las argucias del diablo. Debemos saber su naturaleza y por qué él actúa en contra de nosotros. Se debe a que Satanás quiere abortar y echar a perder los propósitos de Dios en Su reino y en nuestra vida.

Hemos visto esta actividad insidiosa a través de toda la historia bíblica. Por ejemplo, en el primer capítulo de Exodo, ¿cuál era la razón de que el rey de Egipto quería matar a todos los bebés varones de Israel cuando nació Moisés? Había un motivo. El propósito de Dios para Moisés era que él iba a liberar a Israel de su esclavitud de Egipto. De la misma manera, ¿por qué fue que el Rey Herodes mató a todos los bebés varones que eran de la edad del bebé Jesús en la ciudad de Belén? Había un motivo. Dios tenía el propósito de que Jesús iba a liberar al mundo de su atadura espiritual. Como ves, Satanás está en el negocio de tratar de destruir a los libertadores de Dios, y de tratar de abortar o echar a perder los planes de Dios. Esto te incluye a ti e incluyó a David.

Vamos a continuar con la historia de David. Recuerda que en el momento de este incidente con Goliat, David ya había sido ungido para que se convirtiera en el próximo rey. Consciente del plan de Dios para su vida, David tenía un gran deseo de defender a la gente que él iba a guiar, y por la cual él iba a ser responsable. Si él no podía detener a Goliat en este punto, ¿cómo es que él iba a poder detener al enemigo en el futuro al cual Dios lo había llamado? Ahora, ¿cuál es el motivo que él vio? ¿Qué era lo que David conocía que todo el pueblo de Israel no conocía? El conocía la razón por la cual Goliat estaba en ese campo. El diablo estaba tratando de derrotar a Dios, de derrotar al pueblo de Dios, y estaba tratando de abortar y de echar a perder el llamamiento de David para llegar a ser rey.

Esta es la razón por la que David consideró a Goliat "un reproche" o "una desgracia" sobre Israel y preguntó: ¿*"Quién es este filisteo incircunciso para desafiar a los escuadrones del Dios viviente"*? (1a. Samuel 17:26).

Debes notar que David se refirió a los ejércitos de Israel no como los ejércitos del Rey Saúl. No, ¡él los consideraba *"los ejércitos del Dios Viviente"* en persona! Cuando él llamó a Goliat *"este filisteo incircunciso"*, David quería decir que el gigante no tenía ningún derecho a poseer la tierra donde él y sus filisteos estaban viviendo. Esta era la tierra de Dios que había dado a Su pueblo del pacto. David se reconoció a sí mismo como el guerrero o como el campeón de Dios en ese momento. David podía defender a la gente y al territorio para el cual Dios lo había ungido. Sabiendo esto, David declaró valientemente: *"No se desaliente el corazón de nadie a causa de él; tu siervo irá y peleará con este filisteo"* (v. 23).

En otras palabras, David dijo, "No teman. Yo estoy aquí. Dios me ha llamado y me ha ungido para pelear esta batalla. Esto es parte de mi propósito".

Fue el propósito lo que movió a David en ese frente de batalla. Siempre debes recordar que la más grande motivación es el propósito. El conocimiento de tu propósito ordenado por Dios puede hacer que te eleves por encima de cualquier obstáculo. Cuando tú reconoces aquello a lo que Dios te ha llamado, tú sabes que Él te ha preparado y te ha equipado y que está contigo. Entonces, ¡nada podrá detenerte!

¿CUÁL ES EL TERRITORIO QUE DIOS TE HA DADO?

Dios nos ha llamado a cada uno de nosotros a servir en áreas de responsabilidad y nos ha delegado Su autoridad a nosotros para que cumplamos Su plan. Tú tienes un territorio, o un área de dominio, que Dios te ha dado. Un día en el cielo, tú vas a tener que dar cuentas a Dios por él. Tu responsabilidad depende de tus áreas de fidelidad y del llamamiento específico o de la unción que Dios ha colocado en tu vida. Tu propósito es caminar en la autoridad de Dios para hacer Su voluntad en tu vida, ya sea que se trate de tu hogar, de tu comunidad, de tu iglesia local, tu trabajo, escuela, gobierno, el ejército, o cualquier otra área.

Recuerda que las actividades del enemigo en contra de ti tienen una causa y tienen un motivo. El es muy inteligente. Mientras más responsabilidad te da

Dios, mayor es el daño que Satanás tratará de infligir para limitarte. Yo te animo en este momento que, a medida que tú te muevas en los territorios designados de responsabilidad, y a medida que Satanás te ataque, tú te preguntes, *¿Existe un motivo, o existe una causa para esta batalla o para esta pelea?* Si tú te estás moviendo en el plan de Dios para tu vida, y Dios te manda a la batalla, vé con confianza. Conoce que Dios tiene un propósito que debes cumplir y que va a ser El Quién te dé la victoria.

Sólo Debes Pelear Cuando Dios Te Llama a Hacerlo

A medida que nuestro ministerio, literalmente, está tomando nuevos territorios, nos encontramos peleando con el diablo en nuevos frentes. Por ejemplo, los hombres y mujeres que están plantando Escuelas Bíblicas enfrentaron grandes obstáculos cuando nuestras escuelas se abrieron en Camboya, en Vietnam, y en Burma. Todavía era ilegal en ese tiempo predicar en varias partes de estas naciones. En cualquier frente, el diablo nos enfrenta con nuevos conflictos. Cada vez, yo vuelvo a examinar mi corazón y me pregunto, *¿Qué es lo que dijo Dios que era mi propósito? ¿Existe una causa o un motivo legítimo para que yo peleé esta batalla?* Las repuestas a estas preguntas determinan si yo voy a pelear. Como tú puedes ver, yo he aprendido que no debo pelear a menos que exista una causa legítima para hacerlo. En otras palabras, si Dios no me ha llamado y no me ha ungido para ciertas batallas, ¡entonces yo mejor no me meto en ellas! Ellas no son *mis batallas* para que yo las peleé. Las consecuencias de meterse a pelear en una batalla que no es tuya, pueden ser muy serias.

Debemos saber en qué batallas nos debemos involucrar. A continuación hay un ejemplo perfecto de conocer tu propósito ordenado por Dios y de conocer también cuáles son las batallas en que debes pelear y cuáles son las que no debes pelear.

Hace varios años, mi hijo Eric y yo, junto con varios ministros condujimos una Escuela de Ministerio en Pnom Pen, Camboya. Una cruzada de cuatro días al aire libre para ganar almas iba a proseguir después del entrenamiento. Tuvimos la Escuela de Ministerio para pastores y para obreros cristianos en una arena más pequeño en el Estadio Olímpico de Pnom Pen. Fue un suceso asombroso. Literalmente cientos de gentes aceptaron a Jesús. Entonces, los entrenamos para evangelizar y para discipular a los nuevos convertidos que iban a dar su vida a Cristo Jesús en la cruzada que se avecinaba. Mi compromiso también era plantar nuestra Escuela de Estudios Bíblicos a través de Escuelas de Video Bíblicas en Camboya. En ese tiempo no había Escuelas Bíblicas como la nuestra funcionando en toda esa nación.

Finalmente, llegó el tiempo de predicar a las masas de gente en esa cruzada. ¡Ese día cientos de miles de gentes perdidas llegaron al estadio de todas direcciones para experimentar a Jesús! La sesión de apertura fue asombrosa.

Yo estaba emocionado de haber sido programado para predicar el mensaje de la cruzada la noche siguiente. Sin embargo, cerca de la media noche, durante mi tiempo de oración en esa primera noche, yo escuché que el Señor me hablaba y me decía que yo tenía que dejar Camboya junto con todo mi equipo muy temprano a la mañana siguiente. Para mi asombro, yo escuché que El me dijo que el predicador y todos aquellos que estuvieran con él en la plataforma serían muertos si no obedecíamos, y que no iba a haber otra reunión para esta cruzada. Yo continué orando, reprendiendo al enemigo y preguntándole a Dios por qué.

En forma repetida, yo escuché que El me dijo que mi propósito ahí ya se había cumplido. Habíamos plantado

PELEA SÓLO LAS BATALLAS QUE DIOS QUIERE QUE TÚ PELEES.

las Escuelas Bíblicas y entrenado a la gente. Sin embargo, yo tenía mucha dificultad para creer que Dios nos estaba ordenando que nos fuéramos de inmediato. Yo estoy acostumbrado a persistir en luchar espiritualmente en contra de todo tipo de oposición y a prevalecer en el Nombre de Jesús.

De inmediato, sin embargo, yo reuní a todos los que formaban nuestro equipo y compartí lo que yo había escuchado del Señor, pidiendo a cada uno que orara intensamente. Desafortunadamente, nuestro equipo estaba dividido. Parte del grupo estaba de acuerdo conmigo que lo que yo había oído era de parte de Dios y no basado en el miedo, y que esta batalla espiritual no nos correspondía pelearla a nosotros. De hecho, Dios ya había estado hablando algo similar a algunos de ellos. ¡Los otros declararon que no importaba lo que sucediera, ellos se quedarían, iban a orar, e iban a prevalecer! Ahora teníamos un gran problema: ¡un equipo dividido, con las dos partes creyendo que estaban haciendo la voluntad de Dios!

En forma indispuesta, pero en obediencia, aquellos que escucharon lo que yo había escuchado, se fueron temprano la siguiente mañana. El decirle adiós al resto del equipo fue muy difícil. La pregunta *¿Quién realmente había escuchado a Dios?* estaba en el aire a medida que nos íbamos, sin tener una razón natural para irnos. Todo parecía perfecto para que nosotros continuáramos con la cruzada. Sin embargo, sin saberlo nosotros, el Khmer Rouge, que era uno de los más temibles grupos terroristas a gran escala en la historia reciente, habían jurado matar al predicador—¡y ése era yo! Para la segunda reunión, ellos habían llenado el estadio con explosivos plásticos de tipo militar que habían robado llamados C-4. El Khmer Rouge había planeado matar tantos como fuera posible esa noche—¡no solo a mí con aquellos que estuvieran en la plataforma, sino todo el estadio con toda la gente que hubiera venido a la cruzada! No teníamos ni la menor idea hablando terrenalmente, de que decenas de miles de vidas estaban en peligro.

Afortunadamente, otro grupo que conocía los planes del Khmer Rouge intervino sigilosamente antes de que comenzara la cruzada el día siguiente. Ellos se tuvieron que llevar en un transporte personal a todos los que estaban en la plataforma, llevándolos directamente al aeropuerto. Esta gente tuvo que estar bajo vigilancia armada del ejército para su propia protección hasta la mañana siguiente, cuando pudieron volar seguramente hacia Tailandia. ¡Las autoridades evacuaron inmediatamente el estadio que estaba lleno de gente y arrestaron a algunos que pertenecían al grupo terrorista! ¡Gracias a Dios que ninguna vida se perdió!

Mientras que todo esto sucedía, ¡Eric y yo estábamos libres! ¡Aleluya! Era Día de Gracias, así que mi hijo y yo estábamos sentados en un restaurante en Bangkok, Tailandia, teniendo una tranquila cena con pavo. No podíamos llamar a casa desde ahí porque los teléfonos no servían. Por eso es que no sabíamos lo que estaba sucediendo, y nos enteramos hasta que llegamos a aterrizar en los Estados Unidos, y fue cuando pude llamar a Faye.

Ella de inmediato me preguntó, "Gary, ¿sabes que estuviste en la televisión"?

"No, ¿qué es lo que hice? Yo estuve bromeando con ella, sin saber nada de lo que había sucedido todavía.

"Tú estabas predicando en esa cruzada", ella me explicó, "y los guerrilleros iban a matar a todo el mundo".

"Oh, sí, eso", le contesté rápidamente, "Bueno, Eric y yo estamos en Dallas, Texas, y toda la gente que salió con nosotros están a salvo. Todos estamos bien". Ahora sí era bien claro que de hecho, yo había escuchado la voz de Dios, diciéndome que saliéramos de Camboya, y que no iba a haber más reuniones en esa cruzada. En verdad que esta batalla no era para que yo la peleara.

Eventualmente, varios años más tarde, Pol Pot, quien era el brutal líder del grupo Khmer Rouge, murió, y el grupo se desbandó y se rindió. Durante su reinado en Camboya, el Khmer Rouge fue responsable por las muertes de aproximadamente dos millones de personas.[21]

¿Puedes darte cuenta por qué es vital el saber cuáles son las batallas que sí son tuyas? Tu propósito y aun tu vida misma pueden estar en peligro. Esto es cierto no sólo para hoy, sino desde que el hombre fue creado. Por ejemplo, considera a Abraham. El peleó algunas batallas que no fueron suyas. Tú tal vez puedes recordar que Dios le había prometido hacerlo una gran nación (la cual se iba a convertir en Israel) y Dios lo había llamado a que se fuera de su país donde vivía:

Y el SEÑOR dijo a Abram: Vete de tu tierra, de {entre} tus parientes y de la casa de tu padre, a la tierra que yo te mostraré. Haré de ti una nación grande, y te bendeciré, y engrandeceré tu nombre, y serás bendición. (Génesis 12:1-2)

Este era el propósito de Abraham: convertirse en el padre de Israel. Ahora bien, ¿qué es lo él hizo? *"Entonces Abram se fue tal como el Señor le había dicho; y Lot fue con él. Y Abram tenía setenta y cinco años cuando partió de Harán"* (v. 4).

Abraham obedeció a Dios, pero solo en forma parcial. Debes notar que él tomó a su sobrino Lot con él, aunque Dios le había dicho específicamente a Abraham que dejara a toda su casa y a toda su parentela. Eso significaba que él tenía que dejar a su sobrino en casa también.

EL OBEDECER SOLO UN POQUITO, TE PUEDE LLEVAR A MUCHÍSIMOS PROBLEMAS.

Por consiguiente, ¡Lot le causó a Abraham "muchísimos" problemas y "muchísimos" retos! Como puedes ver, después de que dejó su país donde vivía, la mayoría de las batallas que Abraham peleó se relacionaban con Lot y no con el plan de Dios para Abraham. Todas estas no era sus batallas, sino las batallas que Lot tenía que pelear. Por ejemplo, en una ocasión, el Rey Quedorlaomer, rey de Elam y varios otros reyes capturaron a Lot mientras que estaban conquistando Sodoma y Gomorra.[22] Cuando Abraham escuchó estas noticias, él se lanzó hacia el conflicto y recobró a su sobrino, recobró todos los bienes robados y a toda la gente. ¡Abraham podía no haberse involucrado en esa batalla si Lot se hubiera quedado en casa! Lot también creó muchas otras batallas innecesarias para Abraham, las cuales distrajeron a su tío del propósito que Dios le había dado.

Déjame hacerte una pregunta: ¿Acaso te encuentras peleando batallas innecesarias? Piensa acerca de esto. Si Dios no te ha dado cierta responsabilidad específica, entonces, tú no tienes la autoridad para pelear por esa área. No es tu batalla. Si tú te involucras en ella, la causa de ese conflicto no va a estar bien definida. Por consecuencia, te va a distraer, y va a poner en riesgo el cumplimiento de tu propósito, o incluso, tu vida misma. ¡Yo te quiero urgir a que examines tus conflictos, buscando que exista una causa legítima para que estés seguro de que no has estado llevando en desobediencia a "un Lot" en tus espaldas contigo!

Vé con Dios

Ahora bien, éstas no eran las circunstancias de David. Dios lo había escogido para que viviera tiempos y circunstancias como éstas. David tenía un propósito. El tenía que guiar al ejercito del Dios Viviente hacia la victoria. No había razón para temer ni para tener miedo, porque David también reconocía la causa de Goliat. El malvado gigante no retó a David, a Saúl, o al ejercito israelita. Al contrario, él, de hecho, retó al Dios Viviente, y retó el pacto que el Dios Viviente tenía con Su pueblo escogido. El gigante tenía que contender, no sólo con David, sino con el Dios a Quien David había servido. Aquellos que entran en algún conflicto en contra de los hijos de Dios, están desafiando a Dios Mismo y deben pelear contra El.

David sabía que Dios era más que capaz y más que suficiente para defenderse a Sí Mismo. El iba a estar con David a medida que David caminaba en su propósito divino para derrotar a los enemigos de Dios. Por lo tanto, David no necesitaba ninguna ayuda carnal en esta batalla. Recuerda que Saúl le ofreció su propia armadura para que David peleara contra Goliat y que David rehusó usarla, tomando solamente consigo una honda y cinco piedras pequeñas y muy lisas, sabiendo que Dios estaba con él.

TÚ PUEDES DERROTAR A TU GIGANTE CUANDO TÚ DEPENDES EN DIOS.

David fue a derrotar a Goliat por medio de cortarle la cabeza, usando la espada que pertenecía al mismo gigante. Cuando el ejército de los israelitas vieron muerto al gigante, ellos se lanzaron para derrotar al ejército de los filisteos, que ya iba huyendo.

David sabía algo que Saúl y todos los israelitas no sabían: el propósito que Dios le había dado. Cuando tú conoces tu propósito divino, ¡tú también puedes derrotar a cualquier gigante que se levante para retarte a ti y tu Dios!

La Confianza en el Propósito

A través de toda la historia, los ungidos de Dios, aquellos que conocen sus propósitos divinos, han derrotado a sus enemigos en contra de todas las probabilidades. Otro ejemplo de esto es el profeta Eliseo. El tenía la capacidad y la perseverancia para obedecer a Dios aun enfrente de la adversidad misma, porque él, igual que David, conocía el propósito de Dios.

LA VISIÓN SOBRENATURAL DE ELISEO

En segunda de Reyes capítulo 6 nos relata una de las muchas ocasiones en que Eliseo caminó en su propósito como el profeta de Dios. Esta historia no sólo muestra claramente el poder del propósito, sino que también demuestra cómo viene el temor y el miedo como consecuencia de depender en el brazo o en el poder de la carne, creyendo en la información natural y confiando en las reacciones sensoriales de la vista humana.

Durante este período, Israel estaba en guerra con Siria. En repetidas ocasiones, Dios reveló a Eliseo en forma sobrenatural los planes de batalla de los sirios, los cuales el profeta de Dios le reportaba al rey israelita. Al darse cuenta de que sus estrategias eran divulgadas de alguna manera a los israelitas, el rey de Siria demandó que sus hombres encontraran al traidor que estaba espiándolos. Los soldados informaron al rey que el hombre responsable por la fuga de la información y de los secretos no era un espía de su campamento, sino el profeta israelita Eliseo. El rey hizo planes furiosamente para capturar y dar muerte a Eliseo. ¡El envió un gran ejército para buscar y matar a este hombre! Llegando de noche, los soldados rodearon silenciosamente la ciudad de Dotán, donde estaban Eliseo y su sirviente.

Temprano a la siguiente mañana, cuando el sirviente de Eliseo descubrió que el ejército sirio estaba rodeándolos, su reacción inicial fue de completa ansiedad y de temor:

> Y cuando el que servía al hombre de Dios se levantó temprano y salió, he aquí que un ejército con caballos y carros rodeaba la ciudad. Y su criado le dijo: ¡Ah, Señor mío! ¿Qué haremos?
> (2a. Reyes 6:15)

En otras palabras, el sirviente preguntó frenéticamente, ¿"Qué vamos a hacer? Mira, todo el ejército sirio está en contra de nosotros. Sólo somos dos de nosotros, ¡y mira cómo están armados"! De repente, ellos estaban en guerra; y eran sólo Eliseo y su sirviente en contra de todo el ejército sirio. Desde el punto de vista humano y débil del sirviente, las posibilidades parecían inalcanzables, debido a que él estaba dependiendo del brazo o del poder de la carne.

Piensa acerca de esto: Eliseo tenía a todo un ejército que se había lanzado en contra de él. ¡El debió de haber hecho algo para llamar toda la atención del diablo! ¿Por qué? El diablo podía ver el propósito de Eliseo. El profeta de Dios era una seria amenaza para el diablo, y por lo tanto, era digno de ser asaltado, usando todo el ejército sirio ante los ojos del diablo. La causa y el origen de este conflicto era el hecho de impedir que Eliseo cumpliera el propósito que Dios le había dado. Aquí vemos otra vez al diablo, tratando de derrotar a Dios, a Su pueblo y tratando de abortar o echar a perder el llamamiento del siervo de Dios.

Ahora, Eliseo sí sabía su propósito y la causa u origen del conflicto, así que él no estaba preocupado acerca de todos los caballos y carruajes de guerra que lo habían atrapado en esa montaña. Si él hubiera creído en la información natural tal y como se veía, Eliseo se hubiera puesto a gritar, ¡"Oh no, vamos a morir"! Sin embargo, él no hizo esto. Eliseo sabía que su situación aparente no era real, sino que era una situación de **TEMOR**, o sea que, **T**emor es **E**videncia falsa, **M**anteniendo la apariencia **O** simulando ser **R**eal. Eliseo respondió calmadamente, *"No temas, porque los que están con nosotros son más que los que están con ellos"* (2a. Reyes 6:16).

Eliseo no estaba dependiendo en su reacción sensorial de la vista. El no veía únicamente los caballos, los carruajes de guerra y todo el ejército armado. El vio algo más y quería que su sirviente lo viera también. Así que Eliseo oró, diciendo,

Oh SEÑOR, te ruego que abras sus ojos para que vea. Y el SEÑOR abrió los ojos del criado, y miró, y he aquí que el monte estaba lleno de caballos y carros de fuego alrededor de Eliseo. (v. 17)

Escondido para los ojos humanos, el ejército angélico de Dios, con caballos y con carruajes de fuego, estaba rodeando a Eliseo en la montaña. Mientras que el sirviente vio sólo lo que era aparente, Eliseo vio lo que *realmente* estaba ahí. El profeta vio el ejército sirio, pero no como una fuerza armada poderosa, sino como un grupo de hombres debiluchos que portaban espadas, lanzas y escudos, y que tenían caballos y carruajes de guerra. ¡Ellos no eran adversarios suficientes que pudieran igualar a la fuerza del ejército celestial de Dios!

Tu Confianza en Dios

Cuando tú caminas en tu propósito, tú puedes tener confianza en Dios. Esto te capacita para ver más allá del medio ambiente natural y poder reconocer que hay más contigo que en contra de ti. Sí, el enemigo va a tratar de desmoralizarte a través de las apariencias negativas, pero cuando tú caminas en el poder de tu propósito, el Espíritu de Dios te va a llenar de poder y te va a equipar con la confianza para conquistar tus pruebas.

CAMINA EN EL PODER DE TU PROPÓSITO.

No pienses que los conflictos que hay en contra de ti son personales. No, las batallas que tú estás encarando realmente no son tuyas, sino del Señor. El enemigo ataca los objetivos de Dios ¡y parece que tú estás en medio de todo eso! Esta es la razón por la cual tú puedes enfrentar cualquier reto con confianza. No temas, porque el Dios que tú conoces es totalmente capaz de derrotar a Sus enemigos. El y Sus fuerzas angélicas están contigo en la batalla. Eso es todo lo que tú necesitas. Cuando tú adoptas y digieres esta revelación, la fe, la confianza van a hacer erupción en tu espíritu. Tú vas a ser capaz de declarar, "Yo conozco el propósito de Dios para mi vida, y yo reconozco la causa y origen de este conflicto". Entonces, tú puedes hacer que el temor y el miedo se arrodillen, y tú puedes derrotar con confianza los ataques del enemigo sin importar las probabilidades naturales que haya en tu contra.

Camina Confiadamente en Tu Propósito

Siempre debes recordar que Dios te tenía a ti en Su mente aun desde antes de la fundación de la tierra. El te ordenó y te destinó con un propósito. La Biblia declara:

Quien nos ha salvado y nos ha llamado con un llamamiento santo, no según nuestras obras, sino según su propósito y {según la} gracia que nos fue dada en Cristo Jesús desde la eternidad.
(2a. Timoteo 1:9)

Dios ha dispuesto legiones de ángeles para apoyarte en todo aquello que tú tienes que cumplir para El. El ha dado Su Palabra y Su poder para guiarte y para defenderte. ¿Te das cuenta que el enemigo está aterrorizado por ti, debido a todo este asombroso apoyo y respaldo que tú tienes? El diablo sabe que si tú cumples tu propósito por medio de caminar en obediencia a Dios, él y sus demonios ya no van a poder operar dentro de tu medio ambiente. ¡Tú tienes todo ese poder y toda esa autoridad a tu disposición! Por lo tanto, ya es tiempo de caminar confiadamente en el propósito de Dios para tu vida, a pesar de los ataques del enemigo. Ya es tiempo de ser un cristiano activo, y de obedecer a Dios. Tú no puedes darte el lujo de estar ocioso, ni de acobardarte en temor.

Dios Desea Hacer Grandes Obras

El día de hoy, yo te animo a que examines tu vida. Sé honesto contigo mismo. ¿Acaso está llena de temor, de negatividad y de preocupación, en lugar de estar llena de grandes obras de Dios? ¿Acaso siempre parece que encuentras razones por qué tú no puedes ir al frente de batalla y ganar, o por qué las cosas nunca funcionan para ti? Si es así, tú necesitas sintonizarte con el propósito de Dios para tu vida y caminar en ello con toda confianza.

Nuestro Padre necesita que Sus hijos hagan grandes obras en esta generación. Estas obras van a requerir un calibre único y muy especial de cada individuo, debido a que las maneras convencionales de trabajar para Dios ya no son efectivas en estos últimos tiempos. Los métodos de comunicación van a ser diferentes. Vamos a tener que tomar nuevos riesgos en las áreas de conflicto. Dios nos va a probar para determinar nuestras motivaciones, actitudes y perspectivas. El nos va a examinar para ver si declaramos la vida, o si declaramos el temor y el miedo.

En estos tiempos, Dios y el Cuerpo de Cristo necesitan que tú conozcas la causa por la cual tú estás peleando. Necesitamos que tú tengas la convicción en tu corazón que dice, "Estoy dispuesto a hacer todo lo que sea necesario para obedecer el propósito de Dios para mi vida".

En la Escuela de Estudios Bíblicos, tenemos un curso llamado *Principios Poderosos de Oración*. En el, instruimos a los alumnos para que oren basados en Efesios 1:16-23 diez veces cada día para que el Espíritu Santo revele en sus corazones la persona de Jesús y Su propósito. El apóstol Pablo oró esto por la iglesia del Nuevo Testamento. De la misma manera, necesitamos orar esto por nosotros mismos hoy en día. Una vez que tú recibes esta revelación, ¡va a cambiar el curso de tu vida

DEBES CONOCER LA CAUSA POR LA QUE ESTÁS PELEANDO.

y te va a ayudar a conocer tu propósito! Ora esto conmigo en este momento, repitiéndolo en voz alta:

> *Yo...no ceso de dar gracias por vosotros, haciendo mención {de vosotros} en mis oraciones; {pidiendo} que el Dios de nuestro Señor Jesucristo, el Padre de gloria, os dé espíritu de sabiduría y de revelación en un mejor conocimiento de El. {Mi oración es que} los ojos de vuestro corazón sean iluminados, para que sepáis cuál es la esperanza de su llamamiento, cuáles son las riquezas de la gloria de su herencia en los santos, y cuál es la extraordinaria grandeza de su poder para con nosotros los que creemos, conforme a la eficacia de la fuerza de su poder, el cual obró en Cristo cuando le resucitó de entre los muertos y le sentó a su diestra en los {lugares} celestiales, muy por encima de todo principado, autoridad, poder, dominio y de todo nombre que se nombra, no sólo en este siglo, sino también en el venidero. Y todo sometió bajo sus pies, y a El lo dio por cabeza sobre todas las cosas a la iglesia, la cual es su cuerpo, la plenitud de aquel que lo llena todo en todo.* (Efesios 1:15-23)

Capítulo Ocho

DEBES CONOCER EL FACTOR QUE ORIGINA EL TEMOR EN TU FAMILIA Y EN TUS AMIGOS

¿Estás rodeándote con gente valiente o con gente temerosa? Esta pregunta es crítica, debido a que la gente temerosa te pueden desviar nuevamente hacia el temor, aun después de que tú ya has sido libre de él. Para mantenerte libre del temor, tú debes reconocer el factor del temor que existe en tu familia, en tus amigos y en tus conocidos.

¿Te estás asociando con gente que es valiente en el Espíritu y que tienen una consciencia conquistadora, o te estás rodeando de aquellos que están restringidos y que son limitados? ¿Acaso la gente que te rodea es cautelosa todo el tiempo, estando continuamente preocupados y consternados? ¿Acaso los paralizan sus retos, llenándolos de preocupación? ¿O acaso te estás asociando con gente que conoce la voz del Señor cuando la oyen, que "echan al aire las preocupaciones", y que conectan su fe para hacer las grandes obras de Dios? ¿Acaso ellos se apropian persistentemente la Palabra de Dios en forma correcta, y experimentan el tipo de victorias, tal y como las leemos en la Palabra de Dios? ¿Acaso ellos se mueven sin límite en la habilidad de Dios hasta el punto que incluso el mundo puede reconocer el poder de Dios en sus vidas?

En este capítulo, vamos a examinar las relaciones de la gente con aquellos que son temerosos y con aquellos que son valientes. Vamos a ver que algunas gentes se mueven en temor, mientras que otras se lanzan en las aventuras del espíritu de fe. La diferencia entre estos dos tipos va a ser muy clara. Esto te va a ayudar a ver los efectos y las consecuencias que tienen tus asociaciones y tus relaciones en ti. Yo creo que el Espíritu Santo va a exponer el error de algunas de tus relaciones. Tú vas a ver bajo una nueva luz tus interactuaciones personales en el hogar, en el trabajo y en la iglesia, y también vas a ganar revelación acerca de la forma en que tú te comunicas con otros.

Dios está buscando gente valiente, temeraria, que tengan la tenacidad de correr con Su visión a pesar de las probabilidades que tengan en contra. El está buscando gente que vayan más allá de lo común y corriente, para hacer grandes obras en el Nombre de Jesús. Estos actos de fe no van a ocurrir necesariamente en plataformas públicas

EL ACTUAR EN FE TE PONE DEL LADO DE DIOS.

o en lugares de cruzadas. Pueden suceder en tu hogar, en tu trabajo, en tu escuela y en tu vecindario. ¡Dios te está buscando *a ti*!

El tal vez te llame a romper algunas malas relaciones que tengas con amigos o con trabajadores, quienes están esperando que te comprometas con ellos de alguna manera. Pero siempre debes recordar: *"Si Dios es por nosotros, ¿quién podrá estar contra nosotros"?* (Romanos 8:31).

Tal vez tú necesitas tomar una posición moral, diciendo, ¡"No! Yo sé en mi corazón que eso es pecado y yo no me voy a involucrar en ello". Palabras como éstas hacen que la gente con quien tú estás afiliado comience a criticarte y a burlarse de ti. Sin embargo, tomar una posición firme te va a mover y te va a llevar más allá del umbral del temor y del miedo, colocándote del lado de Dios. Te va a colocar en la zona valiente de la fe.

La Falsa Seguridad en Contra de la Fe Valiente

Cuando enfrentamos circunstancias difíciles, algunas personas escogen esconderse en lo que ellos creen que es un lugar de seguridad, cuando, en realidad, es una zona de temor y de miedo. Aunque parece ser su zona de comodidad, es el peor lugar donde pueden estar, debido a que se encuentra fuera de la protección de Dios. El vivir en la zona valiente de la fe es la clave para la verdadera seguridad y para poder vencer los retos de la vida. Para ayudarte a determinar si tú vives en la falsa zona de seguridad del temor y del miedo, o si tú vives en la zona valiente de la fe, vamos a examinar varios ejemplos bíblicos.

SAÚL Y LOS ISRAELITAS SE ESCONDIERON EN LOS ARBUSTOS

El libro de 1a. de Samuel, nos cuenta la historia de un conflicto entre los israelitas y los filisteos, en el cual los israelitas estaban encarando todas las probabilidades en su contra. En ese momento, los ejércitos filisteos habían esclavizado a los israelitas por toda la nación. Vamos a leer cómo este ejército de incrédulos se preparó para la batalla:

Y los filisteos se reunieron para pelear contra Israel: treinta mil carros, seis mil hombres de a caballo y gente tan numerosa como la arena a la orilla del mar; y subieron y acamparon en Micmas, al oriente de Bet-avén. (1a. Samuel 13:5)

Imagínate la magnitud del conflicto que hay aquí. Los israelitas, bajo las órdenes del Rey Saúl, estaban en contra de las probabilidades. Su ejército sólo contaba con tres mil hombres. Delante de ellos estaba su enemigo que eran los filisteos, con treinta mil carruajes de guerra, seis mil hombres de a caballo y una multitud de gente. Superados en todas las formas imaginables, los israelitas necesitaban una victoria gigantesca.

¿Cómo reaccionaron? ¿Acaso los israelitas se retiraron a la falsa zona de seguridad del temor y del miedo, o acaso ellos se avanzaron hacia la zona valiente de la fe? El siguiente versículo da respuesta rápidamente a esta pregunta.

> *Cuando los hombres de Israel vieron que estaban en un apuro (pues el pueblo estaba en gran aprieto), el pueblo se escondió en cuevas, en matorrales, en peñascos, en sótanos y en fosos. También {algunos de} los hebreos pasaron el Jordán a la tierra de Gad y de Galaad. Pero Saúl {estaba} todavía en Gilgal, y todo el pueblo le seguía tembloroso.*
>
> (v. 6-7)

¿Qué fue lo que vieron los israelitas? Ellos vieron los carruajes de guerra de sus enemigos, los hombres de a caballo y el número de soldados que no podía ser superado. Ellos se enfocaron en la magnitud de su conflicto y se deprimieron, se pusieron ansiosos, preocupados, desanimados y miedosos. De la misma manera, muchos de nosotros miramos a nuestra oposición y comenzamos a contar nuestros enemigos. Por ejemplo, tres entrevistas de trabajo que han fallado, dos divorcios, seis enemigos, dos accidentes de automóvil y seguimos con la cuenta, desbalanceándonos más y más. Vemos muchos carruajes de guerra, muchos hombres de a caballo y muchísimos soldados, y nos sentimos paralizados por todos lados.

Ahora bien, ¿cómo es que la gente siguió al Rey Saúl? Ellos temblaban de miedo. La reacción inmediata del ejército israelita, que era mucho más pequeño, fue irse a esconder, buscando refugio en su zona imaginaria de la falsa comodidad del temor. Para ellos, su zona de seguridad se convirtió en cuevas, arbustos, rocas, lugares altos y abismos. Al tomar placer en el miedo y en el temor, ellos encontraron satisfacción en el conocimiento de que muchos otros también habían estado en esta misma situación.

Noten aquí que los filisteos todavía no habían atacado a los israelitas. De hecho, Jonatán, quien era el hijo del Rey Saúl, acababa de dirigir valientemente a una parte del ejército israelita en un ataque exitoso en contra del campamento filisteo.[23] Los israelitas no sólo se escondieron antes de que sus enemigos se atacaran, ¡pero también después de que ellos acaban de ganar una batalla en contra de los filisteos!

EL HECHO DE ESCONDERTE NO TE VA A DAR NINGUNA SATISFACCIÓN.

Como puedes ver, a pesar de las circunstancias, los temerosos siempre encuentran comodidad en el hecho de esconderse. Cuando la gente vive en la falsa zona de seguridad del temor, frecuentemente ellos se retiran de sus enemigos, aun antes de que éstos ataquen. Empiezan a considerar alternativas, basándose solamente en su temor de que lo peor va a suceder, preguntando, ¿"Qué tal si Dios no hace nada"? Ellos se esconden detrás de cualquier cosa. Normalmente, ellos encuentran espacio para esconderse debajo de las excusas y estilos de vida de otras gentes. Ellos se acobardan bajo su propia incapacidad, justificándose debido a sus propias incapacidades. Hoy en día, ellos se esconden detrás de excusas que van desde criar a los niños hasta llegar a los asuntos monetarios. Ellos hacen todo lo que sea necesario para mantenerse fuera de los problemas.

Igual que los israelitas, cuando la gente hoy en día encara gigantescas probabilidades en su contra y corren a esconderse en la falsa seguridad del temor, frecuentemente ellos están construyendo alrededor de ellos mismos asociaciones de gentes que también usan el temor como mecanismo de defensa. Ellos llevan a cabo conversaciones y establecen relaciones que los hagan sentir seguros en aquello que temen. El temor y el miedo hacen que se agrupen con otras gentes en su trabajo, en sus familias, en la iglesia local y en cualquier otro lado para crear atmósferas de seguridad. Estos lugares se sienten seguros para ellos porque no le dan acceso a nadie que puede exponer el secreto temor que tienen en sus corazones o que pueden animarlos a tratar de romper estas barreras. Hay una falsa comodidad en el hecho de asociarse con los temerosos y con los miedosos.

¿Acaso tú conoces gente, que cuando enfrenta la confrontación, se retira en temor y en miedo? ¿Conoces tú a aquellos que tienen promesas de Dios pero que se están escondiendo para no moverse en esas promesas? Si es así, ellos firmemente dan razones de por qué ellos deberían esconderse en sus cuevas, en sus arbustos, en las rocas, en los lugares altos y en los abismos. Todo el mundo enfrentamos umbrales de temor, y si fallamos en cruzar a través de ellos, vamos a tratar de encontrar oportunidades para escondernos. Sin embargo, la zona de seguridad trae consigo misma un falso sentido de seguridad debido a que somos completamente vulnerables cuando nos encontramos ahí.

¿ACASO VIVES TÚ EN EL GLORIOSO FRENTE DE BATALLA?

A pesar de las promesas de Dios, ¿te estás escondiendo de lo que El quiere que tú hagas? ¿Has estado encontrando un escondite falso en el temor, excusándolo con lo que tú crees que son razones válidas para justificar tu desviación total de las instrucciones de Dios? ¿Estás tú usando excusas para escaparte de la voluntad de Dios, y para crear planes de apoyo a pesar de que El te ha asegurado que El irá contigo a través de todo esto? Tú debes darte cuenta que no puedes vivir en la zona falsa de comodidad del miedo con otras gentes, y al mismo tiempo, poder ver que Dios cumpla Su voluntad en tu vida. Tú no puedes tomar el camino de mínima resistencia, caminando en el temor y en el miedo, y al mismo tiempo, esperar hacer grandes obras para Dios. ¡Los riesgos y la incomodidad vienen juntos con el hecho de trabajar en Su reino! De otra manera, tú no tendrías que caminar en fe.

Frecuentemente, yo llevo equipos misioneros a países en desarrollo tales como Guatemala, por períodos de una mes. Tomamos riesgos y vivimos en medio ambientes muy incómodos. Por ejemplo, ¿alguna vez has dormido en un piso de tierra durante tres o cuatro días? ¿Has tenido ratas, del tamaño de tu pie, corriendo por encima de ti tanto que tú comienzas a pensar que ellas ya conocen tu apellido? ¿Las has tenido examinándote en medio de la noche, olfateando tu oído, mientras tú te preguntas si acaso tienen hambre? Yo he experimentado esto.

Tal vez tu respuesta sea, "Oh no, yo *nunca* me voy a meter en un medio ambiente *como ése*".

¿Por qué no? Se debe a que tú estás viviendo en tus propias cuevas, en tus arbustos, en tus rocas, en tus lugares altos y en tus abismos? ¿Acaso tú estás viviendo en tus zonas de seguridad falsas, las cuales escogiste muy cuidadosamente? ¿Sólo tú eres el único que decides dónde vas a vivir y adónde vas a vivir? Tú deberías vivir sólo dónde Dios quiera que tú vivas. Déjame hacerte una pregunta muy importante: ¿Acaso tú estás viviendo en el frente de batalla lleno de gloria, o te estás escondiendo detrás de un arbusto? ¿Estás peleando la batalla de la fe y dándole gloria a Dios en el frente de batalla, o te estás acobardando y escondiendo detrás de un arbusto, escondiéndote de la pelea a la cual Dios te ha llamado?

¿Estás viviendo por fe, o te estás escondiendo en el temor?

LA DESVENTAJA DE ISRAEL

Ahora, vamos a regresar al relato de la batalla entre los israelitas y los filisteos. Recuerda que los israelitas, bajo el mando del Rey Saúl, se escondieron en el temor. Además de la enorme ventaja numérica con que gozaba el ejército filisteo, ellos también impedían el hecho de que los israelitas tuvieron acceso para poder fabricar armas efectivas: *"En toda la tierra de Israel no podía hallarse ningún herrero, pues los filisteos decían: No sea que los hebreos hagan espadas o lanzas"* (1a. Samuel 13:19). Recuerda que en este tiempo los filisteos habían esclavizado a los israelitas y, por lo tanto, podían controlar el acceso que éstos tuvieron hacia los herreros, los cuales eran una fuente estratégica de armas. Sin embargo, los israelitas hicieron lo que ellos pudieron. *"Y todo Israel tenía que descender a los filisteos, cada cual para afilar la reja de su arado, su azuela, su hacha o su aguijada"* (v. 20). Debido a que los israelitas no tenían armas, ¡ellos afilaron sus herramientas de campo! Eso era todo lo que tenían para poder pelear.

> *Y sucedió que en el día de la batalla, no había espada ni lanza en mano de ninguna de la gente que {estaba} con Saúl y Jonatán, pero {sí las} había {en mano} de Saúl y de su hijo Jonatán. Y la guarnición de los filisteos salió hacia el paso de Micmas.* (v. 22-23)

Solo el Rey Saúl y su hijo Jonatán poseían armas de guerra. Piensa acerca de esto. Solo dos soldados, cada uno con una espada o con una lanza en la nación de Israel enfrentaban a los filisteos, ¡que tenían treinta mil carruajes de guerra, seis mil hombres de a caballo y tantos hombres armados que ni siquiera los podían contar!

Para la mente natural, lo más lógico es esconderse. Por esto es que la espada en las manos de Saúl era totalmente inútil. Dependiendo en su instinto natural para esconderse en el temor, él rehusó pelear o siquiera dirigir a los israelitas hacia la batalla. Jonatán ya se había probado a sí mismo como un hombre valiente en batalla. Ahora él tenía la única espada disponible en todo Israel. En este medio ambiente, ¡entró en el corazón de Jonatán el deseo de pelear en contra de los filisteos!

EL GLORIOSO FRENTE DE BATALLA DE JONATÁN

El siguiente capítulo en 1a. Samuel nos muestra un momento clave donde el valor y la fe produjeron gloria para Dios y victoria para Su pueblo. Dios probó la fe de Jonatán a medida que él se enfrentó con el gigantesco y sobrecogedor ejército filisteo. El capítulo abre con Jonatán, quien está explicando su plan de batalla al hombre joven que llevaba su armadura para él.

> *Y aconteció que un día Jonatán, hijo de Saúl, dijo al joven que llevaba su armadura: Ven y pasemos a la guarnición de los filisteos que está al otro lado. Pero no se lo hizo saber a su padre.*
>
> (1a. Samuel 14:1)

Debes notar que cuando Jonatán estaba listo para hacer su jugada, él no le dijo nada a su padre titubeante, porque él sabía que Saúl siempre estaba dominado por sus sentidos igual que su ejército. Bajo el liderazgo temeroso de Saúl, el ejército de Israel se había empequeñecido para llegar a tener solo seiscientos hombres en este punto. Jonatán sabía que el hecho de asociarse con gente temerosa podría hacerlo retroceder. Así que él sólo escogió a la única persona que pudiera ir a la batalla con él. ¡Y esa persona *no era su padre!*

NO LE DIGAS NADA A LOS QUE SE ESCONDEN EN LOS ARBUSTOS

Para poder ganar tus batallas, tú debes saber con quién te alías y de quién te desconectas. Cuando tú estás planeando llevar a cabo grandes obras de fe temeraria, no le pidas ayuda a la gente que se estén escondiendo en los arbustos. ¿Qué pueden hacer ellos por ti? Tú no debes tomar a los "Saúles" de este mundo contigo a la batalla. Si lo haces, su sola presencia puede hacer que tú pierdas tu batalla. No solo Saúl era temeroso, sino que también debes recordar que Dios ya había removido Su mano del rey, debido a su rebeldía.[24] No importa quiénes son ellos ¡tú no puedes darte el lujo de tomar gente rebelde y temerosa contigo cuando entras en la obra del Señor!

De hecho, tú ni siquiera deberías consultar con ellos. Cuando tú estás avanzando, no les informes de esto a la gente que está retrocediendo. ¿Qué pueden ofrecerte ellos? No discutas los planes del Espíritu Santo con los temerosos porque ellos van a tratar de jalarte hacia el miedo y hacia el temor. Si son negativos, aun tu familia, tus amigos y miembros que son compañeros tuyos en la iglesia van a tratar de convencerte para que desobedezcas a Dios, especialmente si lo que El quiere que tú hagas aparenta ser riesgoso. La negatividad y el temor de ellos te puede afectar a ti.

¿Alguna vez has observado a la gente negativa? Dondequiera que ellos van, ellos llevan sus nubes de temor y de miedo con ellos. Tú te puedes convertir en alguien negativo y miedoso igual que ellos, con el solo hecho de conversar con ellos. Piensa acerca de esto. ¿Qué sucede cuando tú hablas con alguien que está deprimido? Si tú no lo levantas a él, ¡él te jala hasta abajo!

La gente miedosa tal vez quiera advertirte, "Yo ni siquiera intentaría hacer eso".

Debes contestarles, "Bueno, ¿por qué no? Yo no soy él que lo va a hacer; es el Señor Quien lo va a hacer".

Entonces puedes referirles este versículo a ellos: *"Todo lo puedo en Cristo que me fortalece"* (Filipenses 4:13).

Ellos tal vez digan, "Oh hermano, debes tener mucho cuidado".

"Yo no", diles a ellos. "La Biblia dice que debemos ser libes de toda preocupación. ¡Sí! *'Por nada estéis afanosos; antes bien, en todo, mediante oración y súplica con acción de gracias, sean dadas a conocer vuestras peticiones delante de Dios'"* (v. 6).

"Bueno, hazlo con mucho cuidado".

Debes contestarles, "No, lo voy a *tomar por la fuerza"* (Mateo 11:12).

"Pero debes ir muy despacio", tal vez te digan estos miedosos.

"Oh, ¿por qué debería de hacer eso? Jesús dice que trabajemos mientras que es de día porque *'la noche viene cuando nadie va a poder trabajar'"* (Juan 9:4).

"Bueno, tú no puedes esperar que Dios lo vaya a hacer todo".

"Por qué no? El ya lo ha hecho bastante bien hasta ahora. El sólo necesita gente que pueda confiar en El con todo su corazón. La Biblia dice, *'Confía en el Señor con todo tu corazón, y no te apoyes en tu propio entendimiento. Reconócele en todos tus caminos, y El enderezará tus sendas'* (Proverbios 3:5-6). ¡Esto es exactamente lo que yo estoy haciendo"!

¡Repuestas como éstas normalmente apagan cualquier conversación pesimista y llena de miedo! Tú debes reconocer al temor y a la negatividad cuando los encuentres. Entonces, trata con ellos como si fuera un enemigo. Cierra todo el acceso que ellos tengan hacia ti.

TAL VEZ EL SEÑOR VA A OBRAR POR MEDIO DE UNOS CUANTOS

En seguida, vamos a continuar leyendo acerca de la batalla de Jonatán en contra de los filisteos:

Y Jonatán dijo al joven que llevaba su armadura: Ven y pasemos a la guarnición de estos incircuncisos; quizá el Señor obrará por nosotros, pues el Señor no está limitado a salvar con muchos o con pocos. (1a. Samuel 14:6)

En ese tiempo, todo dependía de dos hombres, de Jonatán y su escudero, quienes contaban sólo con un arma en contra de todo el campamento enemigo. Pero Jonatán estaba seguro que solo los dos de ellos podrían prevalecer, teniendo a Dios de su lado. Siempre es importante saber quién está contigo.

$$\text{Tú} + \text{Dios} = \text{Victoria.}$$

Sin embargo, debes notar que Jonatán dijo, *"Quizá el Señor obrará por nosotros"*. Básicamente él dijo a su escudero, "Vamos a ir al otro lado. Si el Señor está con nosotros, vamos a prevalecer. Si no, este campamento de filisteos nos va a matar. ¿Estás listo para ir"?? Jonatán estaba determinado a moverse con toda convicción, sin saber el resultado. En el corazón de Jonatán, él creía que Dios estaba en el negocio de la victoria y que los dos de ellos podían ganar, teniendo a Dios de su lado.

Ahora, mira otra vez la última frase en el versículo seis. Aquí la declaración de Jonatán fue crítica. El dijo, *"Pues el Señor no está limitado a salvar **con muchos o con pocos**"*. El se dio cuenta de que si Dios estaba presente, no se necesitaba que multitudes de gentes se pusieran de acuerdo para que Dios pudiera liberarlos y cumplir con Su Palabra. Jonatán simplemente se movió hacia la batalla con una fe incondicional, sabiendo que la victoria o la derrota dependía de hasta qué punto Dios estaba con él y con su escudero. El punto para Jonatán no era el número de soldados que estaban con él, sino quiénes eran ellos y Quién era Dios.

DEBES CONOCER LA NATURALEZA DE DIOS
Y A LA GENTE QUE ESTÁ CONTIGO

¿Cuál fue la respuesta del escudero ante este gran reto? El estuvo de acuerdo con Jonatán, en todo lo que estaba dentro del corazón de Jonatán. El dijo, *"Haz todo lo que tengas en tu corazón; ve, {pues} aquí estoy contigo a tu disposición"* (1a. Samuel 14:7).

A medida que Jonatán edificó una relación con su escudero, sus corazones se conectaron. En lugar de decirle este riesgoso plan de batalla a su padre, quien era el rey de Israel, ¡Jonatán se lo dijo a su escudero! Esto habla muchísimo. ¡La persona con quien él se había asociado también era un indicador del nivel de su fe en Dios! Jonatán conocía la naturaleza de Dios y la naturaleza de su escudero.

¡Tú debes conocer la naturaleza de la gente que está contigo! Asóciate con la gente basado en su fe o basado en el temor de su corazón. Cuando tú estás trabajando para Dios, tú no necesitas que haya muchas gentes muy importantes y muy poderosas que te puedan ayudar. Dios puede hacer la obra a través de ti con tantos o con tan pocos como El quiera. Busca al tipo de gente, sin importar quiénes son, y sin importar qué tan poquitos sean, pero que estén contigo en los planes de Dios de acuerdo a lo que está en tu corazón. Busca a aquellos que se plantan sólidamente en la fe y no en el temor.

ASÓCIATE CON GENTE QUE TENGA UNA GRAN FE.

Como puedes ver, la mayoría de la gente se espera hasta determinar qué tan bien funciona, antes de que ellos decidan si van a hacer la obra del Señor contigo. Ellos piensan, *El Señor va contigo, y si El muestra algo, tal vez yo lo siga. Si no muestra nada, que Dios te bendiga mientras tú mueras en tu proyecto.* Si tú estuvieras enfrentando un ataque demoníaco el día de hoy, ¿acaso conoces algunas gentes que tú podrías llamar, y quienes podrían ponerse de acuerdo contigo en una actitud de fe, en contra de todo incredulidad, duda y temor? ¿Acaso te apoyarían ellos a medida que tú enfrentas ese reto? Desafortunadamente, es muy probable que tú conoces muchas gentes que intentarían convencerte para que dejaras de pelear la batalla de la fe.

Ahora, quiero que pienses por un momento. Si yo te pidiera que me dieras los nombres de aquellas personas que estarían dispuestas a arriesgarlo todo para estar contigo, a fin de seguir a Dios de acuerdo a tu corazón, ¿cuántos nombres tendrías en esa lista? Tú probablemente puedes contarlos con una sola mano, y tal vez, ¡con un solo dedo! Si tú alguna vez has enfrentado un conflicto crítico en tu caminar cristiano, esta es la razón de que solo tú, o tal vez uno o dos más, hayan estado de acuerdo en que Dios podría moverse a tu favor. Este tipo de gente está contigo de acuerdo a tu corazón.

Estos son los dos tipos de personas con quienes de una manera o de otra, podemos llegar a involucrarnos. No son muchos los que están dispuestos a levantarse por encima del temor y del miedo para caminar en fe, aun en contra de todas las probabilidades. Dios está buscando gente que sea valiente, tenaz y que no tenga temor alguno de hacer Sus grandes obras. Si tú quieres responder al llamamiento de Dios, entonces tú tienes que rodearte de otros que estén dispuestos de hacer lo mismo, ¡aun si es una sola persona! No dejes que los miedosos tengan acceso a tu corazón.

Mi esposa Faye y yo experimentamos esto cuando fuimos a través de nuestro divorcio. Yo sabía que Dios iba a reconciliar nuestro matrimonio, y tenía confianza que podríamos volvernos a casar. Yo le advertí que no se juntara con ciertas mujeres que también estaban pasando por divorcio. Faye sostuvo que estas mujeres eran llenas del Espíritu, cristianas sólidas y una de ellas era quien la había guiado para recibir a Cristo Jesús como su Salvador personal. Sin embargo, ellas estaban comunicando constantemente sus temores y su miseria, recordando una y otra vez qué tan mal las habían tratado sus maridos. Como muchos grupos de gentes, estas mujeres estaban huyendo con los huidizos. Su respuesta depresiva ante el matrimonio sugería un tipo de retirada que simplemente no era mi tipo de retirada. A través de todo este tiempo, yo aprendí cómo orar en forma efectiva. Como resultado de esto, Faye ya no quiso seguir reuniéndose con este grupo de mujeres. ¡Aleluya! Ella pudo ver que, para poder tener nuestro matrimonio restaurado, ella tenía que romper su relación con esas mujeres. Muy poco tiempo después, Faye y yo nos volvimos a casar.

Tú debes decidir con quién tú vas a asociar. Debes escoger gente que rinden sus vidas a la autoridad de Dios y que están buscando relacionarse con gente de fe y no con gente temerosa.

EL SEÑOR DIO LA VICTORIA

Leímos anteriormente que Jonatán decidió pelear en contra de los filisteos y que su escudero estuvo de acuerdo con él, tal y como estaba esto en el corazón de Jonatán. Ahora, cuando los dos salieron para hacerlo, Dios obró una victoria sobrenatural. El hizo que los filisteos cayeran en un gran temor; había *"miedo en el campamento"* (1a. Samuel 14:15). ¡El campamento entero huyó del campo de batalla! Lo que sucedió a continuación no es ninguna sorpresa:

Cuando todos los hombres de Israel que se habían escondido en la región montañosa de Efraín oyeron que los filisteos habían huido, ellos también los persiguieron muy de cerca en la batalla. Así libró el Señor a Israel en aquel día. La batalla se extendió más allá de Bet-avén. (1a. Samuel 14:22-23)

Recuerda que anteriormente discutimos que la mayoría de la gente espera a ver qué tanto éxito tienes tú antes de unirse contigo en la obra del Señor. Lo mismo sucedió aquí. Debido a que le fue bien a Jonatán y a su escudero, ¡los miedosos israelitas de repente se volvieron muy valientes como para ayudar! Sin embargo, si los dos no habían tenido éxito, ellos hubieran muerto sin nadie de su propia nación que los ayudara. Esta es la razón por qué tú no debes de tomar gente temerosa contigo en la batalla. ¡Todo lo que tú necesitas es Dios! Sin embargo, si tú traes a otros contigo, toma sólo a aquellos que tienen la convicción para ir con Su visión a pesar de los riesgos.

> No vayas a la batalla con compañeros miedosos.

Dios llevó a Jonatán en victoria sobre los filisteos ese día. El y su escudero hicieron una obra muy grande. Ellos derrotaron a todo un campamento de filisteos. A pesar de que las probabilidades eran imposibles, hubo algo dentro del corazón de Jonatán que lo hizo prevalecer por encima del temor. Ese algo era su fe en el poder de Dios. Este fue el glorioso frente de batalla de Jonatán.

El escudero de Jonatán compartió la fe de su amo y siguió en pos del valiente corazón de Jonatán. Considera muy cuidadosamente a aquellos con quienes *tú* te asocias. ¿Son miedosos o son valientes? ¿Acaso ellos comparten tu misma fe? ¿Acaso ellos van a reforzar tu valor o tal vez ellos induzcan el temor en tu vida?

El escudero de Jonatán entendió un principio muy importante acerca de ir a la batalla. El sabía que él tenía que estar de acuerdo con el corazón de Jonatán si él planeaba ir a la batalla con Jonatán. Esta era una decisión de vida o muerte, y él tenía que comprometerse a participar en el valor de Jonatán. No hay mucha gente que esté dispuesta a hacer este tipo de compromiso.

Esta es la razón por qué tú no ves grandes multitudes de gente que estén buscando apasionadamente arriesgar su vida en el campo misionero. La mayoría de la gente disfruta demasiado de sus vidas tan cómodas. Ellos se preguntan por qué es que ellos deberían de arriesgar sus vidas por gente que no los van a beneficiar. ¿Qué clase de gloria hay en ese tipo de viajes? ¿Qué clase de recompensa hay en ello? ¿Por qué arriesgarse a esos peligros? Este tipo de preguntas son típicas y reflejan el estilo de vida que la mayoría de la gente quiere vivir.

Las Almas Entrelazadas Mutuamente

¿Alguna vez has podido notar que la gente que es valiente en Dios es distinta al resto de la gente? ¡Tú no puedes tener largas conversaciones con ellos, hablando de cómo esconderse en la cueva, o en el arbusto, o en el abismo! Yo no puedo imaginarme a Jonatán poniéndose de acuerdo con otros acerca de que era imposible ganar. Leímos anteriormente acerca de David, quien mató al gigante Goliat. A mí me gusta esta actitud y este espíritu de valentía. Jonatán y David fueron muy similares. Si tú estuvieras en el ejército de Saúl, ¿ellos te hubieran provocado para que hicieras buenas obras, o ellos te hubieran intimidado?

Los espíritus valientes de Jonatán y de David hicieron que ellos fueran únicos en Israel, pero muy similares el uno al otro. Existe una atracción muy dinámica entre la gente que comparte la fe y el valor. Debido a esto, las almas de David y de Jonatán se entrelazaron mutuamente. Después de que David le cortó la cabeza a Goliat, y los israelitas ganaron la batalla a los filisteos, Jonatán y David se reunieron con Saúl. La Biblia dice, *"Y aconteció que cuando él acabó de hablar con Saúl, el alma de Jonatán quedó ligada al alma de David, y Jonatán lo amó como a sí mismo"* (1a. Samuel 18:1).

A mí me gusta esto. El Espíritu de Dios conectó a Jonatán con David en un amor profundo. Piensa acerca de esto. ¿Qué es lo que Jonatán y David tenían en común?

Una cosa, que ellos no tenían ningún compañerismo con el miedoso de Saúl ni con sus hombres. Dos, ellos se metieron valientemente a la batalla, confiando en Dios, a pesar de las inconmensurables probabilidades que tenían en contra. Por lo tanto, cuando Jonatán vio que había en David el mismo espíritu de victoria de Dios que él tenía, sus almas se entrelazaron mutuamente. Ellos se convirtieron en grandes amigos, y sus corazones fueron como uno solo, unidos por el Espíritu Conquistador de Dios.

LA FE Y EL VALOR COMPARTIDOS UNEN A LAS PERSONAS ENTRE SÍ.

Arraigados en sus espíritus temerarios, el amor que había entre Jonatán y de David llegó incluso a tocar a Saúl.

Y Saúl lo tomó aquel día y no lo dejó volver a casa de su padre. Entonces Jonatán hizo un pacto con David, porque lo amaba como a sí mismo. Jonatán se quitó el manto que llevaba puesto y se lo dio a David con sus ropas militares, incluyendo su espada, su arco y su cinturón.

(1a. Samuel 18:2-4)

Aquí Jonatán no sólo estaba prestándole a David su ropa y sus armas. No, cuando Jonatán se despojó de su ropa, él estaba literalmente dándole a David sus derechos de nacimiento. Esto es muy importante, debido a que los derechos de nacimiento de Jonatán, siendo el hijo mayor de Saúl, eran el trono de Israel. Jonatán era el siguiente en línea para ser el rey de Israel, pero él se despojó de toda su realeza y vistió a David con ella. ¡Con este gesto, Jonatán estaba cediendo su futuro reinado a David! Eventualmente, David llegó a ser rey después de que Jonatán y Saúl murieron. Y entonces, todos aquellos que estaban bajo el régimen de Saúl quedaron bajo David.

Como tú puedes ver, si tú vives de acuerdo con Dios, tú vas a reconocer a otros que están de acuerdo en forma similar. Tu espíritu conoce la fuerza divina, así como la confianza y la convicción cuando ves estas características en otras personas. Y por esto es que tú deseas estar con este tipo de personas.

UNA VIDA PROBADA ES UNA VIDA CONFIADA

Cuando algún incidente lanza por encima de toda resistencia, propulsándote más allá del umbral del temor, a ti ya no te va a importar perder tu falsa zona de seguridad. Tus arbustos y tu vida dentro del abismo ya no son importantes nunca más. Tu plan de apoyo y tu segunda opción (en caso de que Dios no haga nada), ya no tienen significado alguno, debido a que tú has volteado hacia Dios como tu única Fuente de recursos. Tú has confiado en El y has pasado Su prueba. Ahora, la confianza de Dios que hay en ti es evidente y por esto, ¡otros van a confiar en ti!

Esto es lo que sucedió cuando Jonatán y David rechazaron la urgencia humana para que les sugería irse a esconder en los arbustos. Al rehusarse a conformar a las limitaciones humanas, ellos trajeron el poder infinito de Dios. Ellos rompieron a través de los umbrales de temor y de miedo, rechazando la necesidad de que otros los reconocieran y rechazando la tentación de medir sus probabilidades de acuerdo a los estándares humanos. Con el solo hecho de tener fe en Dios, ellos corrieron hacia la batalla, haciendo de Dios su único Recurso. A través de sus pruebas personales, Jonatán y David probaron que ellos confiaban en Dios incondicionalmente.

Por el otro lado, el cínico de Saúl falló su prueba. Jonatán y David reconocieron que ellos no podían confiar en Saúl para hacerle saber sus planes. Por lo tanto, Jonatán no le pidió ayuda, y David rechazó el hecho de ponerse su armadura, y corrió a la batalla con la armadura de Dios. Es imposible saber lo que los miedosos y los temerosos van a hacer cuando están en situaciones difíciles. Ellos tal vez se paren, tal vez corran, tal vez se volteen, o incluso, tal vez te disparen a ti. Es mejor no incluirlos para nada en tus planes para la obra de Dios.

Sin embargo, tú puedes confiar en aquellos que han pasado aprobados en las pruebas de Dios. Tú puedes unirte con ellos para hacer las grandes obras para el reino de Dios. De hecho, tú necesitas *buscar* a este tipo de gentes que en forma repetida cruzan esos umbrales de sus grandes temores. Busca a aquellos que muestran valor y sabiduría en medio de la batalla. Mira a la gente que no se distrae, y que no se desilusiona a pesar de que sea mucha la presión. Busca a aquellos que ven las causas de Dios como algo digno de pelear o aun como algo digno de morir por ello. Este tipo de gentes normalmente va a estar en lo duro de la batalla aunque parezca que están en la esfera de la incertidumbre. Sin embargo, Dios siempre Se muestra para ellos, mientras que muchos espectadores incrédulos se preguntan, *¿Cómo es que Dios hizo eso?* Edifica relaciones con aquellos que hacen a un lado todas esas tareas humanes por la causa del reino de Dios, rehusando a comprometer la Palabra de Dios. Júntate con aquellos que han demostrando una fe valiente y que confían en que Dios siempre va a hacer aquello que El promete hacer. Este tipo de gentes han pasado aprobados las pruebas de Dios. Siempre recuerda que una vida probada es una vida confiada.

COMPROMÉTANSE A FORTALECERSE UNOS A OTROS

Cuando tu espíritu identifica y se conecta con los valientes en la fe, tú te vuelves más y más audaz y con más autoridad para Dios. Tu corazón se conecta con compañeros cristianos que hacen grandes obras para el reino de Dios. Personalmente, mi corazón se conecta con mi esposa, con mis hijos y con aquellos de la iglesia y con mucha gente alrededor del mundo que yo dirijo y ministro para los propósitos de Dios. Nos juntamos para realizar las obras de Dios, conectados fuertemente unos con los otros en Cristo Jesús. Nada, excepto la muerte, puede deshacer nuestro compromiso de unos hacia los otros. Frecuentemente yo declaro a mi

EL HECHO DE ASOCIARTE CON GENTE VALIENTE TE INFUNDE VALOR.

familia y a aquellos con quien yo me conecto para realizar la obra de Dios, "Yo nunca te voy a abandonar. La única forma como nuestra relación se puede acabar es si tú me dejas". Esta declaración debería ser la filosofía de todas las vidas cristianas. Debes encontrar a aquellos que te van a ayudar a mantenerte firme en la fe y en el valor. Un ejemplo excelente de esto se encuentra en uno de nuestros viajes misioneros a Kenia.

Mi Glorioso Frente de Batalla en Kenia

Cuando fuimos a Kenia hace varios años para una cruzada, el Culto del Anticristo nos estaba amenazando. Ese grupo había jurado matarme para probar que Cristo no resucitó de la muerte. Si El resucitó, como ellos sostenían, ¡entonces también yo iba a resucitar después de que me mataran! Esta era una cruzada al aire libre que se iba a llevar a cabo en un enorme campo que no tenía bardas ni protecciones. Cualquiera podía entrar, incluyendo a los miembros del Culto.

Mientras que estábamos en el campo, preparándonos para la cruzada, un soldado de la guardia militar de Kenia tocó a la puerta de mi habitación en el hotel. Cuando contesté, ¡vi su ametralladora, vi su casco metálico, su chaleco metálico, vi sus armaduras en sus zapatos y un escudo! El se veía que estaba listo para la guerra.

¿"Es usted el Reverendo Whetstone"? él preguntó.

"Sí".

"El Culto lo va a matar", me informó directamente.

¿"Cuándo"?

"A las 6:00 p.m." Entonces él explicó lo que el Culto acababa de hacer. "Ellos estrellaron el automóvil que tu hombre manejó para ir a checar el campo donde se va a celebrar la cruzada. Ellos rompieron la parabrisas y golpearon las puertas, así como el frente y la parte de atrás del automóvil con todas sus salpicaderas. Ellos patearon el auto, lo apedrearon y lo golpearon con palos".

¿"Y mi hombre se encuentra bien"?

"Sí, él pudo salir huyendo", me contestó el guardia.

¡"Bien, entonces vamos a tener una buena cruzada"! le respondí rápidamente.

¡"No! ¡No! Tú no entiendes. ¡Esta gente te va a matar a las 6:00"! él insistió. ¡"Te estamos pidiendo por la causa de la paz aquí en Nairobi, Kenia, que no vayas! ¡No podemos protegerte! Sólo hay cuatro de nosotros vestidos de esta manera".

"Bueno", le contesté. "Déjenme orar para ver qué es lo que dice Dios".

Cuando yo le pregunté al Señor qué era lo que El quería que yo hiciera, El me dijo claramente, "Yo no te dije que vinieras aquí para cancelar algo. Yo te dije que vinieras aquí a predicar". ¡Eso es todo lo que yo necesitaba conocer. En lugar de rendirme ante el Culto, o ante las advertencias del guardia, yo decidí llevar a cabo la cruzada.

Yo reuní a todo mi equipo y les advertí de la posibilidad que había de que el Culto podía dispararnos en la cruzada. "Hay mil miembros de este Culto que van a estar armados" yo expliqué, "y nosotros somos su objetivo. Quiero que cada uno de ustedes escuche a Dios en forma individual acerca de que si debe o no ir conmigo. Si tú quieres ir a la cruzada, tú vas a tener que estar en la plataforma conmigo. Si no quieres ir a la cruzada, entonces debes quedarte orando en tu habitación del hotel".

Esas fueron las dos opciones que yo di, debido a que yo sabía que muchos de los que formaban el equipo estaban asustados y titubeantes. Yo no quería que ellos caminaran hacia la plataforma con el temor a la muerte.

EL RODEARSE DE GENTE MIEDOSA VA A AUMENTAR TU TEMOR.

Si ellos visualizaban a la muerte en esa situación, ellos iban a comenzar a creer que iban a morir y podrían comenzar a actuar de acuerdo a ello. Yo, en lo personal, no podía permitir que ellos hicieran esto, porque yo sabía que el hecho de asociarse con gente temerosa podría intensificar el grado de temor en mi vida y hacer que yo me preocupara por ellos. Por el otro lado, yo podía mejorar mi habilidad para vencer todo temor y todo miedo por medio de tener conmigo solo aquellos que fueran valientes para estar conmigo.

Anticipándome a diferentes retos potenciales, yo había instruido a mi equipo misionero anteriormente acerca de que era muy importante que ellos oraran para escuchar a Dios acerca de cómo y cuándo ellos iban a morir. De otra manera, ellos iban a percibir su muerte en forma innecesaria en un sinnúmero de muchas otras falsas situaciones. La Biblia dice: *"Y así como está decretado que los hombres mueran una {sola} vez, y después de esto, el juicio"* (Hebreos 9:27). Cada uno de nosotros debe saber cuándo va a tener esta cita, debido a que el temor a la muerte es una gran trampa para todos los hombres.[25]

Ese día en Kenia, yo le aseguré a mi equipo, "Yo sé que yo no me voy a morir esta noche". El Señor ya me había mostrado mi muerte, y yo sabía que no era en este entonces. "Ahora", yo continué, "eso no elimina la posibilidad que nos disparen, pero sí significa que yo no voy a morir de ningunas heridas que me hagan aquí".

En forma privada, yo consideré las opciones. Dios me había dado instrucciones de predicar, así que el salir huyendo no era una opción. Yo sabía que yo no iba a morir entonces. Sin embargo, tal vez me iban a disparar.

¿Cómo se sentiría eso? Considerando al Culto, yo pensé, *Bueno, tal vez ellos no son muy buenos tiradores. Así que si ellos tiran, tal vez me den en un hombro y no en la cabeza, ni en el pecho.* También, yo estaba tratando de deducir que era muy probable que el Culto no tuvieran dinero suficiente para comprar buenas balas con perforaciones, así que ellos probablemente contaban con balas sólidas. Los casquillos probablemente serían de un calibre .30. Yo estaba contemplando las consecuencias de recibir un balazo con balas de este tipo. Ellas iban a entrar, sintiéndose muy calientes, pero muy rápidamente sin desviar su curso en mi cuerpo en forma muy destructiva y tampoco iban a hacer grandes agujeros cuando salieran de mi cuerpo. ¡Estas eran algunas ideas que yo estaba pensando!

Imagínate que si yo te hubiera invitado a ti para que estuvieras en esa plataforma conmigo en Kenia, ¿acaso hubieras dudado de ir conmigo? Tu respuesta a esta pregunta y a preguntas similares a éstas siempre debe ser otra pregunta: *¿Qué es lo que Dios me está diciendo?* El rumbo de tu decisión necesita comenzar primeramente con Dios. ¿Qué es lo que El quiere que tú hagas? Cuando tú conoces esto, entonces tú puedes obedecerle confiadamente sin ningún temor. Como ves, muchas gentes se esconden por muy buenas razones. Si ellos no han escuchado nada de Dios acerca de qué hacer cuando están en situaciones de peligro, entonces su única opción es el temor y el miedo. ¡Ellos *deberían de tener miedo*, si es que ellos no están sirviendo a Dios y si es que se están preguntando si acaso El está con ellos!

Después de ver al guardia keniano con su enorme escudo, con su armadura, con su ametralladora, nuestro equipo misionero escuchó a medida que yo les daba estas dos opciones: Quedarse en el hotel o ir a la cruzada, donde era muy probable que fueran balaceados. *¡Gulp!*

Entonces, el miembro de nuestro equipo regresó de los campos donde se iba a celebrar la cruzada, que era el lugar donde habían sido atacados y que el Culto había destruido nuestro automóvil. El tenía vidrio en su cabello mientras que él explicaba la forma cómo el Culto había golpeado el automóvil y cómo ellos habían realizado sacrificios de animales en nuestra plataforma. ¡"Hay sangre y vísceras de puerco por todos lados"! él dijo. "Ellos quemaron toda una sección de la plataforma con sus sacrificios, ¡y están planeando dispararnos a las 6:00 en punto! ¡Yo los escuché! ¡Ellos me lo dijeron! Así que yo creo que tú vas a cancelar la cruzada", él me dijo.

"Bueno, yo ya oré", le contesté. "Vamos a continuar con esta cruzada". El me contestó rápidamente que él preferiría quedarse en su cuarto de hotel y ponerse a orar. ¡Más tarde yo pensé que sus oraciones fueron probablemente unas de las razones de que sobrevivimos! Como tú ves, el Cuerpo de Cristo necesita que cada uno de nosotros haga lo que Dios le instruye.

Algunos miembros de nuestro equipo misionero decidieron finalmente acompañarme a la cruzada, creyendo que la voluntad de Dios iba a ser hecha. Cada uno de ellos dijeron, "Yo estoy contigo de acuerdo a lo que Dios me dijo, así que todo va a estar bien". Yo necesitaba gente que estuviera conectada con mi corazón en ese viaje. Mi equipo se mantuvo conmigo, dispuestos a arriesgar sus vidas para poder hacer crecer el reino de Dios.

Después de determinar quién iba a ir y quién se iba a quedar para orar, el siguiente obstáculo que yo enfrenté era el hecho de que la mayoría de los participantes originales no iban a ir conmigo. De todos los músicos que teníamos preparados para la cruzada, sólo vino un baterista. Intérprete tras intérprete cancelaron uno tras otro. Finalmente, uno de los más jóvenes y celosos kenianos locales estuvo de acuerdo en interpretar para mí.

A medida que yo caminaba en la plataforma, yo vi cantidades de sangre en el piso, derivados de los animales que el Culto había sacrificado. Yo caminé a través de este desastre todo pegajoso, preguntándome si acaso quería continuar con esta cruzada. Yo estaba orando en el Espíritu Santo, y entonces, de repente, yo miré a todo el auditorio que estaba reunido y pude ver mucha gente con armas. A pesar de las circunstancias, yo lancé esta reunión de la cruzada bajo la dirección de Dios. Aquellos que fueron conmigo estaban debajo y detrás de la plataforma, orando. ¡En la plataforma sólo estábamos mi intérprete y yo!

Viendo hacia los hombres armados, yo declaré valientemente esa noche, ¡"Ningún hombre que ha sido llamado por Dios va a morir por una bala asesina! ¡Jala del gatillo si acaso puedes"! Esta fue la manera como Dios me indicó que yo debía abrir esta cruzada.

Sin embargo, mi intérprete, se encontraba en completo silencio, ¡porque estaba muy miedoso como para hablar estas palabras! Yo le susurré rápidamente, ¿"Qué te pasa"? Conversamos privadamente en la plataforma por varios minutos mientras que yo lo convencía para que interpretara mi reto. Mientras tanto, mil miembros armados del Culto estaban parados en los terrenos de la cruzada con varios miles de observadores detrás de ellos. Quiero que notes que éstos estaban *detrás* de los miembros del Culto. Todos los cristianos y muchos otros sólo estaban observando para ver si nosotros íbamos a morir. ¡Esto es parte de la multitud que sólo ve y critica, tal y como lo discutimos anteriormente!

Después de un rato, y después de moverse lejos de mí para que no le tocaran las balas, ¡el intérprete finalmente comenzó a hablar mis palabras penetrantes en el idioma Swajili! La tensión en la atmósfera se estaba formando hasta llegar a un punto clímax, mientras que todos estaban esperando el sonido del primer disparo. Si alguna vez tú has escuchado una ametralladora automática, tú nunca podrás olvidar su sonido. Todos estábamos esperando que ese sonido irrumpiera en la atmósfera, pero no hubo sonido alguno.

Aunque este era apenas el comienzo de la reunión, y yo todavía no había predicado, ¡era una gran oportunidad para hacer un llamamiento hacia el altar! Yo simplemente anuncié a la multitud, "El poder de Dios que está dentro de mí es mucho más grande que el miedo y el poder del diablo que están en ti. El día de hoy, ¡tú debes arrepentirte y darle tu vida a Jesús"! De repente, los miembros del Culto comenzaron a correr hacia la plataforma para darle su corazón a Jesús y para denunciar que ellos habían estado involucrados con el Culto. Entonces la policía arrestó y desarmó al resto de su grupo esa misma noche.

El día siguiente, el presidente keniano Daniel Arap Moi escuchó todo lo que había pasado y él dirigió en persona una redada para arrestar a los líderes del Culto del Anticristo. El firmó una declaración que abolió el Culto en toda la nación. En la primera noche de nuestra cruzada, la multitud fue muy pequeña. Sin embargo, la noche siguiente, el auditorio creció a un número aproximado de cincuenta mil gentes, debido a que los miembros armados del Culto ya no existían, y debido a que la gente había escuchado las noticias de lo que había sucedido la noche anterior. Dios se movió poderosamente durante esa cruzada.

La revista *Charisma* y los periódicos en todo Nairobi, Kenia, dieron a conocer las notables y escalofriantes noticias. Ellos escribieron artículos con encabezados como "Las Amenazas de Muerte No Pueden Detener a Whetstone".[26] y "Culto de Anticristo Apagado Totalmente por un Predicador que Estaba Desafiando las Balas".

Confronta y Conquista el Temor con Confianza

Ese día en la cruzada, rompimos el espíritu del anticristo a medida que el Culto se desbandó en toda la nación de Kenia. Sin embargo, esto no se pudo apagar si no hubiera habido confrontación. La Biblia dice, *"El sabio escala la ciudad de los poderosos, y derriba la fortaleza en que confiaban"* (Proverbios 21:22). Este versículo revela un principio espiritual que va a hacer que tú te conviertas en un conquistador tan efectivo que el enemigo no va a poder tocarte. Muestra que un hombre sabio es activo; él escala por encima de la fortaleza en que el enemigo confiaba y lo asalta exitosamente. De manera similar, el cristiano sabio y valiente destruye la confianza del diablo y la derriba, destruyendo la fuerza en que confiaba su enemigo.

Esto es lo que tuvimos que hacer en Kenia. Tuvimos que confrontar los espíritus de temor y del anticristo que había en esa atmósfera para poder derribar sus fortalezas. Yo no podía entrar en la plataforma, disculpándome por el Evangelio. Al contrario, yo tenía que tratar directamente con la amenaza de muerte que el Culto había hecho. Como cristianos, debemos hacer la obra de Dios bajo todas las condiciones en forma osada y sin temor, sin importar los obstáculos de resistencia que haya en contra de nosotros. Cuando el diablo amenaza y ataca, debemos confrontarlo con confianza. ¡Dios nos ha llamado a derrotar a las tinieblas! ¡Tenemos que conquistar al enemigo!

DEBES CONFRONTAR A LAS FORTALEZAS DEL ENEMIGO.

La confrontación puede ocurrir en cualquier área de la vida y no solo en una plataforma de cruzada en Kenia. Puede ser en tu hogar. Puede ser que se trate de una adicción de drogas o de alcohol, algún abuso sexual, tener relaciones equivocadas, tener hijos rebeldes, o cualquier otra área. Tú debes darte cuenta que, como cristiano, las áreas más importantes de tu vida van a involucrar la confrontación. No hay duda alguna que tú vas a tener que enfrentar al temor y al miedo.

El hecho de que tú te acobardes o que tú confrontes el temor y el miedo con confianza para seguir el plan de Dios, va a determinar tu nivel de plenitud y de crecimiento espiritual. Es tu grado de confianza en Dios lo que determina tu respuesta ante los temores y los miedos. Jonatán supo, igual que yo, que cuando Dios está a cargo, Su pueblo puede salir valientemente a la batalla para conquistar al enemigo. En el poder de Dios, podemos confrontar seguramente al temor y a nuestros enemigos. Dios desea que creamos en El y que tengamos la confianza de que la victoria viene cuando lo servimos a El.

Salte del Temor y del Miedo Hoy Mismo

Yo te quiero animar a que te conectes con aquellos que son valientes en la fe, tal y como lo hizo el escudero de Jonatán. Declárales, "Yo estoy contigo de acuerdo a tu corazón". Permite que el Espíritu Santo entrelace tu alma con otros cristianos que ya han sido probados divinamente, tal y como lo hizo con Jonatán y David.

Mientras te estás conectando con gente valiente, debes asegurarte de reconocer las situaciones y las relaciones que el Espíritu Santo te está indicando para que te desconectes de ellas. Si Dios quiere que tú te liberes de ciertas relaciones o de ciertas personas, tú no debes tener miedo de lastimar a otros, ni de ser objeto de burla, ni de ser juzgado como si estuvieras incorrecto políticamente. Tú puedes permitir que este tipo de hostilidades te atemoricen, o tú puedes confrontarlas, manteniéndote firme y leal a la obra de Dios. Si escoges lo último, esto te va a capacitar para poder destruir las obras del enemigo.

Como puedes ver, el diablo trata de usar el temor y el miedo para mantenerte atado en estas situaciones. Desconéctate valientemente de todas esas personas que no están ancladas ni conectadas en el diseño de Dios. Alíneate con Dios y con Sus trabajadores fieles. De otra manera, tú no vas a poder caminar en victoria. Tú no vas a tener la audacia para obedecer a Dios como yo lo tuve que hacer en la cruzada de Kenia, cuando El me indicó que yo debía confrontar a mis enemigos, diciéndoles, ¡"Jala del gatillo si acaso puedes"!

Hoy mismo debes salirte del temor y del miedo por medio de abrirle tu corazón a Jesús. El diablo lo tentó a El, pero El vivió sin pecado alguno. *"Porque no tenemos un sumo sacerdote que no pueda compadecerse de nuestras flaquezas, sino uno que ha sido tentado en todo como nosotros, pero sin pecado"* (Hebreos 4:15). Jesús confrontó firmemente al temor de la muerte y no se rindió ante él. El conquistó todos los temores y todos los miedos y no se comprometió con ningún tipo de operación de las tinieblas.

Pídele al Espíritu Santo que Te entrelace con Jesús, para que el Hijo de Dios, que te ama, viva en ti y a través de tu vida. Cuando tú haces esto, tú ya no vas a vivir en tu propia habilidad o en tu propia fe. Al contrario, tú vas a poder identificar la manera cómo Jesús caminaría en tus propios zapatos. Tú vas a permitir que Su poder y Su sabiduría fluyan a través de ti. El apóstol Pablo declaró:

Con Cristo he sido crucificado, y ya no soy yo el que vive, sino que Cristo vive en mí; y la {vida} que ahora vivo en la carne, la vivo por fe en el Hijo de Dios, el cual me amó y se entregó a sí mismo por mí. (Gálatas 2:20)

Cuando tú le permites a Jesús que viva en ti, tú vas a conocer la manera cómo tú debes manejar tu trabajo, a tu familia, a los miembros de Su Cuerpo y cualquier otra área de la vida. ¡Tú vas a poder hacer grandes obras para el reino de Dios!

Yo creo que tu espíritu sabe cómo conectarse con otros creyentes de la obra de Dios. Como puedes ver, si tú eres cristiano, tú espíritu no tiene limitación alguna; tu fe no sabe cómo fallar; y a tu visión no le van a faltar recursos jamás. El temor y el miedo es lo único que te puede detener. Si tú empiezas a asociarte con los Saúles de este mundo, sus temores y sus miedos van a sembrar limitaciones, errores, todo tipo de carencia en tu corazón. Decide alejarte de la complacencia y del temor de otros. Hazlo hoy mismo. Trata con ese asunto de inmediato.

La Biblia promete que van a haber señales que van a seguir a la Palabra de Dios:

> *Y ellos* (los discípulos) *salieron y predicaron por todas partes, colaborando el Señor con ellos, y confirmando la palabra por medio de las señales que la seguían. Amén.* (Marcos 16:20)

Esto significa que tú puedes esperar ver evidencia del poder de la Palabra de Dios, acerca de lo cual ya has leído en estas páginas. Confía en Dios que Su Espíritu Santo te va a llenar con una fe muy audaz, para que tú puedas romper con todo tipo de negatividad, de duda, de incredulidad y de temor. La Palabra de Dios puede liberar tu corazón. Tú puedes ser completamente libre. Yo te animo a que ores conmigo esta oración en voz alta ahora mismo:

> Amado Dios del Cielo, yo reconozco que mi vida no es sólo algo que sea fruto de la casualidad, sino que ha sido diseñada divinamente. Yo te entrego mi destino a Ti, Padre. Gracias por darme esta oportunidad para poder tratar con ciertas áreas de mi vida. Ayúdame a usarlo para que yo pueda calificar, igual que Jonatán y su escudero, y que yo pueda decir a mis hermanos y hermanas dedicados en Cristo Jesús, ¡"Yo estoy contigo de acuerdo a tu corazón y también Señor, yo estoy contigo de acuerdo a Tu corazón"!
>
> Padre, mi pasión por Jesús es poder vivir Su vida a través de mí, para que yo no viva en mi propia habilidad, ni en mi propia fe. Jesús, permíteme ser Tus manos y Tus pies en este

mundo. Ayúdame a ser una boca que hable por Ti a los perdidos y a los lastimados.

Señor, ayúdame a ser como Jonatán y David, tal y como ellos corrían valientemente a sus conflictos y podían prevalecer. Yo no quiero retroceder de mis batallas, escondiéndome con los miedosos, con los titubeantes, ni con los deprimidos, ni con las personas negativas. Ayúdame a abortar todas las conversaciones, todas las relaciones, todos los pensamientos y todas las acciones que induzcan al temor y al miedo. Señor, fortaléceme para que yo no me comprometa, sino que pueda vivir como más que un vencedor. Cuando yo me desconecte, ayúdame a no temer el rechazo de los otros o de sus programas. Hoy mismo, en el Nombre de Jesús, yo me salgo de la falsa zona de seguridad del temor, ¡y volteo hacia la zona valiente de la fe! En el Nombre de Jesús, Amén.

Ahora, debes declarar lo siguiente a tus enemigos espirituales:

Al temor, yo le digo, "Tú no tienes ningún derecho en mi vida ¡porque yo soy un hijo de Dios! En este momento, yo declaro y ordeno que todo miedo y todo temor se debe arrodillar. En el Nombre de Jesús, yo soy completamente libre de sus ataduras".

Termina repitiendo esta oración en voz alta:

Padre, gracias por ayudarme a romper y a pasar a través de esas barreras de temor y de miedo, y por mostrarme cómo poder remover mis motivaciones secretas de estar albergando al temor. Gracias por moverme de los retrocesos del pasado ¡a un futuro de grandes obras para ti! El día de hoy, yo estoy saliendo de mi cueva donde me he estado escondiendo y compartiendo las vestiduras del temor. Desde este día en adelante, yo vivo como más que un conquistador para Ti en la zona valiente de la fe. En el Nombre de Jesús, Amén.

Capítulo Nueve

Para Dios,
Debes Ser Osado y Sin Temor Alguno

Examinando las vidas de gente ordinaria en la Biblia y hoy en día, hemos visto en este libro cómo muchos de los escogidos de Dios han podido pasar sobre gigantescos umbrales de temor para poder realizar grandes obras. El hecho de conquistar sus temores los impulsó en el ámbito del sobrenatural. Yo oro que de alguna manera, a través de estas páginas, ¡tú hayas hecho que el temor se arrodille en tu vida!

Es crítico que tú seas libre del temor y del miedo no solo para tu propio beneficio, ¡sino principalmente para poder cumplir la voluntad de Dios en la tierra! En este momento, El te está llamando a que seas valiente y audaz a medida que tú enfrentas la incertidumbre, así como varios conflictos físicos y espirituales. Como ves, Dios ha propuesto que tú seas libre de todo temor y de todo miedo, ¡y que tu libertad pueda liberar a muchos otros!

Una Causa Digna de Pelearse

A través de toda la historia, los líderes de Dios han podido ver una causa que es digna para que ellos pelean.

Tú también tienes una. Recuerda que como estudiamos anteriormente, Dios te escogió antes de la fundación del mundo. El te puso en un curso y en una dirección que hizo que tú estés en la tierra en este tiempo específico. Tú estás aquí para tiempos como éstos. El Omnipotente, Quien es tu Padre Celestial, te ha dado poder para hacer lo que nadie más puede hacer. Tú puedes tener una contribución única para esta generación. El libro de Efesios dice, *"Pero a cada uno de nosotros nos es dada la gracia de acuerdo a la medida del don de Cristo"* (Efesios 4:7).

Dios te ha provisto con la habilidad de operar en Su poder a través del Espíritu Santo. Es el Espíritu de Dios el que hace que tú puedes ganar en contra del enemigo. Como estudiamos anteriormente, tú no tienes que depender de tu propia educación, conocimiento, habilidades naturales, o de algún historial de tu pasado donde hayas sido muy bravo o muy fuerte. Dios ve mucho más en ti de lo que tú sospechas, debido a que El sabe lo que El ha depositado dentro de ti, *"la medida del don de Cristo"*. ¡Tú eres una obra de arte de Dios! La Biblia dice y enseña: *"Porque somos hechura suya, creados en Cristo Jesús para {hacer} buenas obras, las cuales Dios preparó de antemano para que anduviéramos en ellas"* (Efesios 2:19).

Las obras que vas a hacer no son ordinarias. Ellas son grandes obras ordenadas por Dios, las cuales van a obrar a través de ti. Esto tal vez va a ser un territorio desconocido para ti, porque tú no vas a ser capaz de realizar ninguna de estas tareas en tu propia fuerza. Cuando tú entras a estas obras divinas, tú te vas a convertir en alguien extremadamente vulnerable. Tú vas a tener que depender en Dios, debido a que El va a estar obrando a través de ti.

El Espíritu de Dios tiene una manera muy especial de sacar lo que El ha depositado en ti. Una de las formas en que El hace esto es por medio de colocarte en medio ambientes y en situaciones que requieren que tú tomes pasos extraordinarios para mantenerte en la fe y en el valor. Esta es la forma como Dios operó con Abraham, con Moisés, con Jonatán y David, con Josué y con muchos otros, cuyas historias se encuentran grabadas en la Palabra de Dios. Tal y como El actuó en el pasado, Dios continúa operando con cada uno de Sus hijos hoy en día. El va a hacer lo mismo contigo.

Prueba el Dominio de Dios

Como tú ves, Dios desea probarte a ti Quién es El. Más aun, El desea probar Quién es El para el mundo, ¡al cual El desea liberar a través de ti! No importa qué tan difíciles sean las circunstancias. ¡Sólo importa qué tan enfocado y qué tan libre eres tú! Dios ha propuesto que tú le muestres a este mundo un nuevo estilo de vida. El te ha hecho para que las señales y maravillas prueben Quién es El, y no para que estés lleno de miedo y escondiendo Sus dones espirituales que hay en ti. No importa qué tan imposible sea la situación, Dios te va a pasar a través de ella.

Cuando tú obedeces a Dios, tu carne tal vez no va a disfrutar la experiencia de las pruebas. Sin embargo, la Biblia declara lo siguiente:

Amados, no os sorprendáis del fuego de prueba que en medio de vosotros ha venido para probaros, como si alguna cosa extraña os estuviera aconteciendo; antes bien, en la medida en que compartís los padecimientos de Cristo, regocijaos, para que también en la revelación de su gloria os regocijéis con gran alegría. (1a. Pedro 4:12-13)

Como puedes ver, Dios quiere la gloria, y El la recibe cuando tú caminas exitosamente a través de estas pruebas feroces. La prueba de Cristo en ti sale a la luz cuando estás en medio de circunstancias hostiles. Entonces, Dios se muestra a Sí Mismo como Dios, debido a que tú no puedes manejar las circunstancias por ti mismo. Solo El puede hacerlo.

Muchos de nosotros pasamos toda nuestra vida tratando de estar en control de nuestras circunstancias. No queremos estar en situaciones difíciles o en pruebas que son más grandes que nosotros. Al contrario, hacemos arreglos muy cuidadosamente en nuestro medio ambiente para que nosotros podamos controlarlo todo. Sin embargo, el mejor lugar donde puedes estar es cuando *no estás* en control. Necesitamos estar donde Dios esté en control y donde estamos sin poder alguno en nuestras habilidades naturales para poder hacer algún cambio. ¡Entonces Dios puede probar Quién es El!

ES EN TUS PRUEBAS QUE CRISTO SE MUESTRA A TRAVÉS DE TI.

Tú tal vez te estés preguntando a ti mismo, *Bueno, ¿cómo es que esto me va a beneficiar?*

Te va a dar nuevos pasos que debes tomar para poder traer la influencia de Dios al escenario. ¡El caminar sin temor alguno con Dios te va a impactar y te va a estremecer sin medida! Cuando tú le permites a Dios que esté a cargo de todo, ¡tu vida va a ser tan excitante, que tú difícilmente lo vas a aguantar! Yo me levanto cada día, estático de estar vivo y de estar sirviendo a Dios en este momento de la historia. ¿Te das cuenta que este es uno de los tiempos más excitantes en la tierra? Es sorprendente conocer que todo lo que necesitamos de la naturaleza de Dios en nosotros está a la mano.

Un Gran Despertamiento

Este es un tiempo único debido a que después de los ataques terroristas contra los Estados Unidos en 2001, se está llevando a cabo un despertamiento de la fe.

La gente comenzó a buscar algo más grande que ellos mismos, debido a que llegaron al final de su fuerza y de su poder. Ellos se encontraron completamente inútiles. Estos eventos no sólo llevaron a la muerte trágica y a las heridas de miles de personas, sino estos ataques también encendieron la chispa de darnos cuenta que los terroristas pueden atacar en cualquier lado y en cualquier momento y de cualquier forma. La economía de los Estados Unidos se vino abajo, la bolsa de valores se desplomó y las compañías comenzaron a anunciar despidos masivos. La gente comenzó a temer y calló en la confusión.

A medida que el mundo mira los sucesos estremecedores del día de hoy, ellos se acobardan y se llenan de miedo. Sin embargo, nosotros no tenemos que temer porque nosotros estamos creyendo en unas noticias que son muy diferentes: las Buenas Nuevas. ¿Puedes ver tú esto como una gran oportunidad de esparcir el Evangelio, y de probar a Dios, no sólo en tu vida, sino en la vida de muchos otros? Yo veo esto como el momento más grande de la cosecha espiritual de nuestra generación. La gente está más abierta para tener una experiencia con Dios de lo que jamás yo había sabido. Vamos a enfocarnos en traer el reino de Dios a esta tierra durante este tiempo.

Es crítico que los cristianos estén involucrados en la obra de su Padre Celestial, porque los diferentes cultos esotéricos también van a tener una de las más grandes influencias durante este tiempo. La inestabilidad es el mejor momento para traer convertidos a cualquier fe, incluyendo las religiones falsas como el Islam, el Hare Krishna y las filosofías orientales. En estos tiempos, la gente están buscando cualquier tipo de creencia para acallar sus temores. Una de las tragedias de esto es que ellos se pueden conectar con las que están equivocadas. Por lo tanto, tú y yo tenemos una gran responsabilidad. Sabiendo que los corazones de la gente están abiertos, debemos de ser nosotros los que plantemos las semillas correctas en esas vidas.

Alguien va a contestar las preguntas y a calmar los temores de la gente que está alrededor de ti. Ese alguien necesita ser *tú*, debido a que *tú* tienes las respuestas *verdaderas.* Dios ha depositado la Verdad en tu vida.

PERMITE QUE DIOS USE LO QUE EL HA COLOCADO DENTRO DE TI.

Como discutimos anteriormente, el dar este tipo de respuestas te va a mover hacia nuevas acciones en medio de nuevos medio ambientes, las cuales, tal vez, no sean muy cómodas. Sin embargo, esta es la manera de usar el don de la naturaleza de Dios que está dentro de tu vida para suplir las necesidades. El permitirle a Dios que saque lo que El ha colocado en ti es la cosa más recompensadora que tú jamás podrás hacer.

¿Qué Es lo que Dios Ha Depositado en Ti para Estos Tiempos?

El punto ahora viene directamente hacia ti. ¿Qué es lo que Dios ha depositado en ti? ¿Qué es lo que tú tienes, que los demás necesitan en este momento? ¿Qué es lo que Dios quiere que salga de ti en estos tiempos? ¿Dónde está? ¿Cómo funciona? Cualquiera que esto sea, Dios va a recibir la gloria en ello cuando El se muestra a Sí Mismo fuertemente a través de ti.

Al principio, tú tal vez no vas a reconocer lo que Dios ha colocado dentro de ti, pero El te lo va a revelar si tú buscas a Dios. Cuando El te diga que tú actúes, debes obedecer. El hecho de creer en El no es suficiente. Tú debes poner tu fe en acción. La Biblia explica lo siguiente: *"Porque así como el cuerpo sin {el} espíritu está muerto, así también la fe sin {las} obras está muerta"* (Santiago 2:26). El caminar cristiano no consiste en una existencia pasiva. Recuerda que Dios predestinó las

256

obras que tú estás a punto de hacer y, a través de tus acciones, El se va a probar a Sí Mismo como Dios en una forma innegable.

Debes Rendir Cuentas a Dios

La Biblia explica que cada uno de nosotros vamos a rendir cuentas a Dios por nuestras respuestas con relación a lo que El ha depositado en nosotros. Independientemente de que vivamos o muramos, debemos obedecerlo a El, y debemos de ser sabios administradores de sus dones que están dentro de nosotros. Tal y como el apóstol Pablo escribió,

Porque ninguno de nosotros vive para sí mismo, y ninguno muere para sí mismo; pues si vivimos, para el Señor vivimos, y si morimos, para el Señor morimos; por tanto, ya sea que vivamos o que muramos, del Señor somos. (Romanos 14:7-8)

En estos versículos, Pablo está resumiendo lo que debería ser una actitud cristiana, y en muchos lugares del Nuevo Testamento podemos ver que Pablo vivió de acuerdo a su creencia. El no estaba preocupado consigo mismo acerca de que podía morir. Al contrario, él escogió obedecer a Dios a toda costa debido a que él pertenecía al Señor. De forma muy clara, gentes como Jonatán y David y Josué escogieron exactamente lo mismo.

Pablo continúa diciendo:

Pero tú, ¿por qué juzgas a tu hermano? O también, tú, ¿por qué menosprecias a tu hermano? Porque todos compareceremos ante el tribunal de Dios. Porque está escrito: Vivo yo- dice el Señor- que ante mí se doblará toda rodilla, y toda lengua alabará a Dios. De modo que cada uno de nosotros dará a Dios cuenta de sí mismo. (v. 10-12)

Debido a que tú vas a rendir cuentas a Dios, tú no tienes la opción de ser temeroso, miedoso, negativo, confuso, o titubeante. Así es como vive el mundo, pero tú no debes vivir así. Dios te ha llamado a vivir en un plano que sobrepasa por mucho todas las reacciones mundanas y hace que tú uses aquello que Dios te ha depositado dentro de ti. Como cristiano, tú no tienes otra opción.

¿Cómo Es que Tú Puedes Hacer Esto?

Para este momento, tú probablemente ya tienes la imagen de tu responsabilidad como hijo de Dios. Tú primero tienes que someter tu propia forma de pensar humana por medio de caminar con Dios, y entonces, tú tienes que traer a otros hacia la misma experiencia con el Señor. Ahora, exactamente, ¿cómo es que tú puedes cumplir lo que Dios te ha llamado a hacer? A continuación hay varias maneras de hacer esto al tiempo presente de nuestra historia.

VOLTÉATE (ARREPIÉNTETE) Y ENFÓCATE EN LA PALABRA DE DIOS

Tal y como discutimos anteriormente, tú no debes poner atención al temor, a la confusión, a la duda, a la incredulidad, al tormento, a la condenación o a la acusación. No medites en este tipo de comunicaciones negativas. Al contrario, aléjate de ellas. Esto no requiere tener una gran mente. Si yo lo puedo hacer, ¡tú también puedes! Aléjate de ellas y enfócate en la Palabra de Dios. ¡El hacer esto se llama arrepentimiento! Arrepentirse significa simplemente dar la vuelta y dirigirse hacia una dirección diferente. Cuando tú te volteas, de la influencia hacia la respuesta, tú te liberas totalmente del control de esa influencia.

NUESTRO CAMINAR DE FE VA A MOTIVAR A OTRAS GENTES.

Ciertamente, la gente va a seguir haciendo actos destructivos, y muchos otros sucesos temerosos pueden suceder durante tu vida. Sin embargo, es nuestra responsabilidad no volvernos paranoicos. Debemos caminar en fe y no temer. Entonces podemos ayudar a revivir a otros. Sin embargo, no vamos a ser capaces de hacer esto a menos que primeramente removamos la influencia que el enemigo tiene en nuestras vidas, y que permitamos que la naturaleza de Dios viva en nosotros, haciendo completamente la voluntad de Dios en nosotros.

OBSERVA Y ORA, Y DESPUÉS MINISTRA

Este es un tiempo muy sobrio de la historia. Los tiempos antiguos de la Biblia todavía se aplican a nosotros hoy en día cuando dice, *"Mas el fin de todas las cosas se acerca; sed pues prudentes y de {espíritu} sobrio para la oración"* (1a. Pedro 4:7).

Debemos de estar alertas en oración. Aquí Pedro no quiere decir que estemos checando nuestro medio ambiente con nuestros ojos naturales para ver lo que está sucediendo. No, él nos estaba advirtiendo que debemos tener nuestros sentidos afinados y nuestras vidas de oración muy bien enfocadas. Esta es la manera como verdaderamente vamos a ver lo que está sucediendo en el mundo espiritual durante estos últimos tiempos. Nuestra habilidad para poder ver espiritualmente va a ser tan buena como sea nuestra habilidad para ver lo que Dios nos está diciendo a través de la oración.

Pedro escribió más adelante lo siguiente:

Sobre todo, sed fervientes en vuestro amor los unos por los otros, pues el amor cubre multitud de pecados. Sed hospitalarios los unos para con los otros, sin murmuraciones. Según cada uno ha recibido un don {especial}, úselo sirviéndoos los unos a los otros como buenos administradores de la multiforme gracia de Dios. El que habla, {que hable} conforme a las palabras de Dios; el que sirve, {que lo haga} por la fortaleza que Dios da, para que en todo Dios sea glorificado mediante Jesucristo, a quien pertenecen la gloria y el dominio por los siglos de los siglos. Amén.

(v. 8-11)

Debes notar en el último versículo arriba, Pedro estaba instruyendo al pueblo del Señor para que hablaran y ministraran de acuerdo a la habilidad que Dios les había dado. ¿Cuál dice que iba a ser el resultado de que ellos hicieran esto? Dios tendría la gloria y el dominio. Ahora, ¿qué es el dominio? Es un territorio donde se gobierna. Este versículo nos está diciendo claramente que Dios va a mostrar Su autoridad en este territorio donde El va a gobernar a través de Su pueblo. ¡Y ese pueblo eres tú!

Debes permitir que las palabras de Pedro te hablen a ti el día de hoy. Ellas identifican el tiempo en que tú estás viviendo como los últimos tiempos. Ellas te aconsejan que seas sobrio, vigilante y que seas muy claro en tu mente, manteniendo el enfoque en la oración. Esta es la única manera en que tú vas a saber qué hacer. Ellas te recuerdan que tú no vas a vencer el conflicto por medio de tus habilidades naturales, sino de acuerdo a cómo Dios te capacite para hacerlo.

Pedro también explicó que este es un combate espiritual, y que no se trata de un combate natural. El dijo que tú eres un administrador de lo que Dios ha depositado en tu vida para estos tiempos, y que tú necesitas ministrar esto a otros en un plano sobrenatural. Así que debes tomar ese don y compartirlo con otros, usando tu fe para pasar del área natural al área invisible y espiritual. Entonces, Dios va a tener toda la gloria y todo el dominio por los siglos de los siglos. ¡Aleluya!

DECLARA LA PALABRA

Pedro dijo que *"él que habla, {que hable} conforme a las palabras de Dios"* (1a. Pedro 4:11). Esta versión de la Biblia está traduciendo esto como *"{que hable} conforme a las palabras de Dios".* ¿Qué significa esto? Significa que debemos hablar la Palabra escrita de Dios—la Biblia. Como dice la Palabra de Dios, *"Pero teniendo el mismo espíritu de fe, según lo que está escrito: 'Creí, por tanto hablé', nosotros también creemos, por lo cual también hablamos"* (2a. Corintios 4:13).

Debes encontrar versículos que traten con la situación que tú y otros están enfrentando, y entonces debes declarar esas palabras en voz alta. Por ejemplo, la Biblia nos dice lo que tenemos que hacer en tiempos de guerras y rumores de guerras: *"Y habréis de oír de guerras y rumores de guerras. ¡Cuidado! No os alarméis, porque es necesario que {todo esto} suceda; pero todavía no es el fin"* (Mateo 24:6). No debemos de alarmarnos.

Por lo tanto, si la gente está preocupada, tú vas a tener una Palabra en su tiempo para revivir a los preocupados. La Palabra de Dios promete lo siguiente:

El Señor Dios me ha dado lengua de discípulo, para que yo sepa sostener con una palabra al fatigado. Mañana tras mañana {me} despierta, despierta mi oído para escuchar como los discípulos.
(Isaías 50:4)

¡Tus palabras ahora llevan más peso que nunca antes! Mucha gente hoy en día está hablando solamente acerca de los eventos temibles que ellos han visto, pero Dios te ha llamado a ti para hablar acerca de lo que ellos no pueden ver. El te ha entregado una avenida que está en sus corazones, pero depende de ti usarla.

Recuerda que tus palabras tienen un gran poder. Ellas pueden hacer una de dos cosas:

- Pueden invocar los propósitos y las promesas de Dios para hacer que se manifiesten, o
- Pueden abortar y echar a perder el propósito y las promesas de Dios.

El libro de Santiago dice lo siguiente con relación al poder de nuestra lengua,

Porque todos tropezamos de muchas maneras. Si alguno no tropieza en lo que dice, es un hombre perfecto, capaz también de refrenar todo el cuerpo. Ahora bien, si ponemos el freno en la boca de los caballos para que nos obedezcan, dirigimos también todo su cuerpo. Mirad también las naves; aunque son tan grandes e impulsadas por fuertes vientos, son, sin embargo, dirigidas mediante un timón muy pequeño por donde la voluntad del piloto quiere. Así también la lengua es un miembro pequeño, y {sin embargo,} se jacta de grandes cosas. Mirad, ¡qué gran bosque se incendia con tan pequeño fuego! Y la lengua es un fuego, un mundo de iniquidad. La lengua está puesta entre nuestros miembros, la cual contamina todo el cuerpo, es encendida por el infierno e inflama el curso de {nuestra} vida.
(Santiago 3:2-6)

DECLARA LA PALABRA DE DIOS Y DISFRUTA HACIÉNDOLO.

Con las palabras de tu boca tú puedes dirigir las vidas para que vayan en la dirección correcta. Por lo tanto, yo quiero urgirte a que tú declares la Palabra de Dios en la vida de las gentes que te rodean, a fin de combatir los ataques del diablo. Cuando tú lo haces, tus palabras—que serán la Palabra de Dios—ser convertirán en la avenida por la cual Dios va a cumplir Sus promesas hacia ellos.

Esto también es verdadero y se aplica a tu propia vida. Yo no puedo enfatizar suficientemente lo crítico que es que tú alinies tus palabras con la Palabra de Dios. La Biblia enseña esto:

Con el fruto de su boca el hombre sacia su vientre, {con} el producto de sus labios se saciará. Muerte y vida están en poder de la lengua, y los que la aman comerán su fruto. (Proverbios 18:20-21)

¿Qué es lo que tú vas a tener esta noche para tu cena espiritual? ¿No te gustaría tener un magnífico plato de palabras que tú realmente quieres comer? Entonces tú vas a poder disfrutar el beneficio de esas palabras manifestándose en tu vida. Realiza tus fiestas de comidas espirituales en la Palabra de Dios. La Biblia no es para que sólo la leas; no, tú también debes declararla en voz alta.

Debes dejar que la Palabra de Dios establezca Sus defensas en tu vida y en las vidas de aquellos que están alrededor de ti, de tal manera que Dios pueda cumplir Sus promesas para Su pueblo. Recuerda que Jesús dijo, *"Y El les dijo: Cuando oréis, decid: 'Padre, santificado sea tu nombre. Venga tu reino'"* (Lucas 11:2).

Cuando tú oras, Dios quiere que tú establezcas Su reino de los cielos, el cual es Su voluntad, en la tierra. El orar, declarando Su Palabra, es una manera en que puedes hacer esto.

Dios te está llamando a que ores y a que declares las cosas que no se ven todavía, para que vengan a existir. Si tú dependes de ti mismo para hacer esto, un gran miedo va a entrar en tu vida. Sin embargo, tú debes recordar que si Dios lo dijo, El es el único Responsable para hacer que esto suceda. Si no se manifiesta, regresa a ver si Dios lo dijo realmente. Si El lo dijo, entonces, sí va a ocurrir. Toda la creación va a trabajar junto contigo para cumplir Su voluntad.[27] Debes asegurarte de no declarar oraciones que están siendo alimentadas por el temor o por el miedo, porque el temor no es un instrumento de Dios. El temor y el miedo no tienen ningún lugar en el reino de los cielos.

DEBES ORAR EL SALMO 91

Una manera muy fácil y que es excelente para orar la Palabra de Dios es por medio de usar el Salmo 91. Alrededor de todo el mundo, la gente continuamente confiesa y declara este Salmo en voz alta sobre sus vidas. Tú también, necesitas hacer de esto un hábito, si no lo has hecho hasta ahora. De hecho, tú deberías dedicar tiempo regularmente para enfocarte en lo que Dios ha prometido en Su Palabra y para comprometerte a ti mismo a que esto sea manifestado.

A continuación, te presento un ejemplo de cómo aplicar la Palabra de Dios en forma personal, usando el Salmo 91 para hacerlo:

Yo habito al abrigo del Altísimo y moro a la sombra del Omnipotente. Diré yo al Señor: Refugio mío y fortaleza mía, mi Dios, en quien confío. Porque El me libra del lazo del cazador, y de la peste mortal. Con sus plumas me cubre, y bajo sus alas hallo refugio; escudo y baluarte es su fidelidad. No temo el terror de la noche, ni la flecha que vuela de día, ni la peste que anda en tinieblas, ni la destrucción que hace estragos en medio del día. Aunque caigan mil a mi lado, y diez mil a mi diestra, a mi no se acercará. Con mis ojos miraré, y veré la paga de los impíos. Porque he puesto al Señor, {que es} mi refugio, al Altísimo, {por} mi habitación. No me sucederá {ningún} mal, ni plaga se acercará a mi morada. Pues El dará órdenes a sus ángeles acerca de mí, para que me guarden en todos Tus caminos. En sus manos me llevarán, para que mi pie no tropiece en piedra.

Sobre el león y la cobra pisaré; hollaré al cachorro de león y a la serpiente. Dios, Tú dijiste que porque en Ti he puesto mi amor, Tú entonces me librarás; me exaltarás, porque he conocido Tu Nombre. Te invocaré, y me responderás; Tú estarás conmigo en la angustia; me rescatarás y me honrarás; me saciarás de larga vida, y me harás ver Tu salvación.

Ahora, quiero que pases un momento agradeciéndole a Dios por Quién es El para ti. Dale gracias por Quién es El para ti en medio de este mundo lleno de confusión y de temor. Dale gracias por Quién es El para ti cuando te encuentras en medio de la opresión y en medio de las preocupaciones de tu vida. Deténte a darle gracias porque El es tu proveedor y tu protección cada día de tu vida. Ahora, tú debes animar a otros para que hagan lo mismo que tú has hecho.

DALE GRACIAS A DIOS POR QUIÉN ES ÉL.

NUNCA TE PREOCUPES, NI TE DESMAYES

Tú no debes desmayarte, ni preocuparte debido a las circunstancias que te rodeen. ¿Acaso te puedes dar cuenta que tan pronto como tú desmayas en tu mente o en tu espíritu, tú estás perdiendo la autoridad de hacer tus propias decisiones conscientemente? Tú te estás rindiendo al liderazgo de otro, debido a que la gente que se desmaya puede ser llevada a cualquier parte, aun en contra de su voluntad. Recuerda que como discutimos anteriormente, el estratega militar Carl Von Clausewitz definió la palabra guerra como "un acto de violencia que lleva la intención de forzar a tu oponente para que haga tu voluntad".[28] Cuando tú desmayas, pierdes la guerra, porque tú pierdes la habilidad para funcionar, y además, le estás dando al enemigo todo el control sobre ti. Sin embargo, una persona que está en control de sus facultades sí puede decidir lo que va a hacer a continuación. Dios quiere que tú tengas ese tipo de sobriedad para que tú sepas qué hacer, y que puedas decidir todo el tiempo, ejercitando Su poder que está dentro de ti.

ORA CON OTROS

En tiempos de crisis, de temor o de miedo, la gente usualmente está más abierta para la oración. Esta es una herramienta muy poderosa que Dios nos ha dado para disipar todas las preocupaciones y todos los temores. La resistencia para orar que normalmente había en tu trabajo, o en tu escuela, o con los parientes que no son salvos, y en otras áreas, está muy baja cuando han pasado por tiempos de pruebas. Si tú te aproximas sabiamente, la gente hasta te va a invitar para que ores por ellos.

Tú puedes referir 1a. de Timoteo 2:8 diciendo, *"Por consiguiente, quiero que en todo lugar los hombres oren levantando manos santas, sin ira ni discusiones"* (1a. Timoteo 2:8). Aquí está diciendo que debemos orar *en todas partes*. Tú puedes tomar este versículo, por ejemplo, y llevárselo a tu supervisor en tu trabajo, o al director de tu escuela, diciendo, "Dios quiere que los *"hombres en todas partes"* se pongan a orar. Aquí estoy. Este lugar está incluido cuando dice *"en todas partes."* Por lo tanto, para obedecer a Dios, ¡necesitamos orar aquí"! Esa es tu autoridad para orar donde trabajas, en la escuela y en todas partes. ¡No hay lugar alguno donde tú no puedas orar! Sólo recuerda que debes hacerlo en tu tiempo y no en el tiempo de aquel para quien trabajas.

Tú tal vez vas a tener que romper a través de la temerosa barrera de comunicarte con otros acerca de la necesidad de orar. Tal vez tú vas a tener que conquistar el obstáculo de las políticas de una compañía o de una empresa. Esto puede ser muy incómodo, pero tú vas a tener que hacerlo. Por ejemplo, tú puedes decirle a tu supervisor, "En la hora del almuerzo, me gustaría tener la mitad del tiempo del almuerzo dedicada a que la gente pueda venir a orar, y me gustaría dirigir una reunión de oración. Estoy dispuesto a hacer folletos a mi propio costo y en mi propio tiempo para poder distribuirlos a toda la gente que está aquí en este negocio. ¿Qué le parece? ¿Está bien esto con usted"?

Tú también puedes decir que el presidente nos pide continuamente que oremos por la seguridad de nuestra nación y que tú simplemente quieres honrar la petición del presidente de los Estados Unidos. ¿Cómo pueden rehusar esto? ¡Les gusta cuando hay mucha gente, especialmente mujeres, que toman seriamente la petición del presidente para que vayamos en busca de ayuda para la economía, después de los ataques de septiembre 11 del 2001!

Otra idea puede ser el hecho de referir Primera de Timoteo 2:1-2, que dice lo siguiente:

Exhorto, pues, ante todo que se hagan rogativas, oraciones, peticiones {y} acciones de gracias por todos los hombres; por los reyes y por todos los que están en autoridad, para que podamos vivir una vida tranquila y sosegada con toda piedad y dignidad.

Probablemente no va a haber una sola persona que esté en desacuerdo con esto. Es obvio que el presidente y todos los que están en algún nivel de autoridad necesitan oración. También, nadie quiere vivir en el temor y en la tiranía, sino en la paz y en la quietud. Simplemente tienes que decir que quieres orar por el liderazgo de nuestro país y por la paz en nuestra nación.

Entonces, cuando tú oras en tu grupo, debes comenzar tu oración tal y como lo prometiste, ya sea que se trate de la seguridad o de la paz de nuestra nación, o de todos aquellos que están en algún nivel de autoridad.

Después, una vez que tú has determinado quiénes son las personas que están preocupadas, o que tienen algún problema, ora, declarando la palabra de Dios para esas áreas de preocupación personal. Por ejemplo, si alguna de las personas en ese grupo tiene miembros de su familia que estén en las fuerzas armadas, hazles saber que tienen el derecho de poner a los miembros de su familia en las manos de Dios para que El los guarde. Entonces, ora a tu Salvador, Quién nunca pierde las guerras. Si la gente está preocupada acerca de perder sus empleos o si tienen miembros de su familia que estén enfermos, ora, declarando la Palabra de Dios junto con ellos en cada una de esas áreas. Si hay gente joven que están preocupados con relación a algunos compañeros de estudios que están medio locos y que pueden atacarlos en sus escuelas, ora por su seguridad, y ora para que sean expuestos cualquiera de estos siniestros planes en contra de las escuelas.

LOS TEMORES PUEDEN ABRIR EL CORAZÓN DE LA GENTE PARA QUE SE DEN CUENTA QUE NECESITAN A DIOS.

A medida que la gente lucha con sus retos, debes hablarles acerca de cómo sus temores han abierto su corazón para creer en Dios. Ahora es el tiempo para que esta gente se dé cuenta de su mortalidad y de la falta de control que tienen sobre sus circunstancias y su medio ambiente. Este es el momento de reconocer que hay un enemigo invisible, que no va a pensar dos veces antes de matar inesperadamente a los inocentes. Es el momento de entender que la estabilidad en cualquier área de la vida se puede hacer pedazos en cualquier momento. Y mientras que la gente esté dependiendo en todo lo negativo que ellos están escuchando, tú puedes usar esa información para abrir una puerta de fe en sus corazones y poder calmar sus temores y a callar completamente la influencia que estos temores tengan en ellos. Entonces, guíalos a que acepten a Cristo Jesús como su Salvador Personal.

RECOGE LA COSECHA

¿Acaso sientes tú que la gente en tu trabajo, en tu escuela, o en tu familia están listos para recibir la salvación? Entonces, ¡llévalos a Cristo! Tal vez no haya nadie excepto tú que lo pueda hacer. Yo tal vez no pueda estar ahí mañana, pero tú sí vas a estar. Yo no puedo hablarle a la gente a la cual tú sí puedes hablarle. Yo no puedo alcanzarlos durante el almuerzo en el lugar donde tú trabajas, o en tu escuela, o en tu hogar. Yo no puedo hablarle a tu comunidad de la manera como tú sí puedes. Yo no conozco a tu familia como tú la conoces. Ellos quieren saber si algo más va a pasar. Diles que no importa lo que suceda, ellos pueden estar seguros en Cristo Jesús. Esta es tu oportunidad.

Ahora, si tú no sabes cómo llevar a la gente hacia el Señor, puedes referirte al Apéndice A de este libro. También tú puedes comprar mi libro llamado *El Caminar Victorioso*. Tú sólo tienes que leérselo a ellos, porque te lleva a través de la oración de salvación. También enlista versículos de la escritura y otras oraciones para consolar a la gente en sus áreas de tormento. Es muy fácil usarlo. Hay muchas otras herramientas disponibles para ayudarte a orar por la gente. Tú puedes encontrarlas en una librería cristiana o tal vez en tu iglesia.

Debes encontrar maneras de comunicar el Evangelio que minimicen las defensas de la gente y que hagan senderos dentro de sus corazones y de sus vidas. Esto es lo que necesitamos buscar, y no caminos que obscurezcan o que aíslen a los incrédulos.

Esto me recuerda de un viaje de ministerio que hice a Nigeria hacia algunos años con el Arzobispo Benson Idahosa.[29] Era durante un período de violentos enfrentamientos en el norte de Nigeria entre cristianos y musulmanes. Había cientos de asesinatos entre estos grupos religiosos en las ciudades de Jos y Kaduna. La tensión civil era muy grande. Debido a los disturbios y a los asesinatos, el gobierno había prohibido incluso el predicar en público y las cruzadas al aire libre por un tiempo. Sin embargo, después de que quitaron esta prohibición, fuimos los primeros en hacer una cruzada en ese sector musulmán.

Había gran temor que penetraba toda esa área, y la gente rehusaba asistir a nuestros servicios. Había una gran probabilidad de que alguien pudiera tratar de probar su fe musulmana tratando de matar gentes. La policía no podía proteger a todos, así que el Arzobispo Idahosa y yo quedamos de acuerdo en orar, declarando que Dios era mucho más grande que nuestras circunstancias, y que no íbamos a morir en este evento. Como tú ves, nosotros creímos que toda esa gente era digna de ser salvada, y la autoridad de Dios demanda que Su Palabra sea declarada públicamente, independientemente de los obstáculos que haya. A medida que caminamos en los terrenos de la cruzada para predicar ese día, la tensión era muy alta. ¡Ibamos a predicar el mensaje de Jesús a una multitud que estaba llena de musulmanes en una atmósfera completamente inestable! Aun el aire mismo se sentía muy pesado.

Lo que sucedió a continuación fue muy excitante. El Arzobispo de inmediato abrió un libro y refirió una sección. Increíblemente, ¡era el Corán, que es la Biblia islámica! "Directamente de tu profeta Mahoma", anunció el Arzobispo Idahosa, "este libro declara que Jesús es un verdadero profeta, y por lo tanto, ustedes deben escucharlo". El cerró el Corán y tomó la Biblia cristiana, declarando valientemente, ¡"Yo estoy trayendo las palabras de Mahoma"! El prosiguió a predicar el Evangelio. ¿Te das cuenta lo que él hizo? El anuló todos los argumentos, calló todo el prejuicio y terminó con todas las polaridades. ¡Fue increíble!

Ese día el Arzobispo Idahosa refirió varios pasajes, incluyendo este de Sura 19:31-32, 34, que el Corán atribuye a Jesús:

He aquí, que yo soy el siervo de Dios; Dios me ha dado el Libro, y me ha hecho un Profeta. El me ha bendecido dondequiera que yo vaya; y El me ha permitido orar y ayudar a los pobres, miestras yo viva.... Paz sea sobre mí, desde el día que yo nací, y hasta el día que yo muera, ¡y el día que yo resucite de entre los muertos![30]

A continuación siguieron estas palabras que se encuentran en este versículo de Sura 19:35: "Ese es Jesús, hijo de María, en palabra de verdad, para todos aquellos que dudan".[31]

Esta es una manera de ministrar a los musulmanes. Pídele a Dios que te revele otras maneras de poder minimizar las defensas de la gente, para que tú puedas orar con ellos. Cualquier cosa que Dios te diga que debes hacer, hazlo. Yo creo en este momento que El te quiere usar en forma mucho más grande como nunca antes lo había hecho. No te salgas de Su plan. Métete en Su plan.

PÍDELE A DIOS QUE TE MUESTRE CÓMO MINIMIZAR LAS DEFENSAS DE LA GENTE.

Este es el tiempo de Dios para ti. Las repuestas a tus oraciones están enfrente de ti. La salvación de algunos de tus familiares, amigos y compañeros de trabajo está a una oración de distancia. Pídele a Dios sabiduría y El te la dará. Las victorias financieras están por llegar. Algunos sólo están a una decisión de distancia. La gente necesita respuesta a las oraciones y ¡tú conoces al Dios que tiene todas las respuestas!

Necesitamos despertarnos para poder darnos cuenta que este es un gran tiempo y un gran momento de cosechar. Jesús dijo,

¿No decís vosotros: "Todavía faltan cuatro meses, y {después} viene la siega"? He aquí, yo os digo: Alzad vuestros ojos y ved los campos que ya están blancos para la siega. (Juan 4:35)

Entonces dijo a sus discípulos: La mies es mucha, pero los obreros pocos. Por tanto, rogad al Señor de la mies que envíe obreros a su mies.
(Mateo 9:37-38)

Este es el tiempo para cosechar gente para Dios, sin importar los retos aparentes. ¿Te das cuenta que el enemigo está mucho más fuerte en contra de ti en el tiempo de la cosecha? Se levantan el temor y la confusión. Las condiciones amenazadoras de tu medio ambiente te tientan para que pienses que vas a perder tu cosecha. Sin embargo, como aquel que va a recoger la cosecha, tú no debes poner tus ojos en las circunstancias que hay alrededor de ti. Al contrario, debes poner tus ojos en la responsabilidad que Dios ha puesto delante de ti. Trae gente a Cristo Jesús. Dales el consuelo y la fortaleza de la oración y de la Palabra de Dios, porque cuando tú le declaras a la gente la Palabra de Dios, la unción (o poder de Dios) que va en ellos, los trae directamente a Dios mismo. Entonces, El puede pelear a favor de ellos.

Camina valientemente a través de las puertas abiertas de evangelismo en tu esfera y en tu medio ambiente, y no permitas jamás que se cierren. Existen caminos y oportunidades de oración alrededor de ti. Si tú no actúas cuando es tu momento para hacerlo, tú vas a perder tu cosecha. Debes saber que eres un instrumento de justicia en las manos del Dios Todopoderoso. Tú eres Su voz de autoridad en contra de las maldiciones y ataduras que el diablo ha puesto en tu comunidad. ¡Debes vivir como el instrumento de victoria que Dios ya te ha hecho!

PERMITE QUE LA FE SE LEVANTE EN TU CORAZÓN.

¡HAZLO!

El día de hoy, aquellos que están pidiendo que la naturaleza de Dios esté en ellos, y que están respondiendo al llamado del Señor, están trayendo una gran transformación a este mundo. Yo creo que lo que Dios ha depositado dentro de ti es para este momento en la historia. Tú debes activarlo, sin importar el precio que tengas que pagar. Recuerda que si tú eres cristiano, ya sea que vivas o que mueras, tú le perteneces a Dios. Hazlo, porque tal vez tú no vas a tener otra oportunidad como ésta en tu vida. ¡El curso de sucesos futuros puede estar dependiendo de ti!

Tú estás viviendo en un tiempo que Dios ha traído específicamente desde los anales de la eternidad. Hoy en día, como ningún otro día, la fe debe levantarse en tu corazón para cumplir Su plan para tu vida. No permitas que la intimidación y las restricciones del temor permanezcan en tu vida. ¡Es tiempo de hacer que el temor y el miedo se arrodillen y se rindan.

No pienses de tu mismo como un individuo insignificante y que no tiene poder alguno. Amigo mío, eso no es verdad. Es tiempo de que ya no te veas a ti mismo como una víctima, sino como un héroe valiente de Dios. ¡El te ha comisionado como combatiente valiente y audaz en contra de todas las fuerzas de las tinieblas! El Espíritu del Dios Viviente te ha llenado de poder para cumplir Sus propósitos. Rompe todas las garras del temor y del tormento con que el enemigo se ha lanzado en contra de tu vida, en contra de tu familia, de tu ministerio, de tu ciudad, de tu nación y en contra de las visiones de Dios en tu corazón. Solo entonces tú te podrás mover en el propósito que El tiene para tu vida.

El mundo necesita lo que Dios ha puesto en ti. ¡Este es el momento de sacarlo! ¡Nada puede detenerte, excepto el miedo, así que tienes que hacer que el miedo y el temor se arrodillen y se rindan!

Oraciones para Obtener la Libertad y la Plenitud

A medida que cerramos este libro, yo te quiero animar a que hagas las siguientes oraciones desde el fondo de tu corazón, declarándolas en voz alta:

ORACIÓN PARA ACTIVAR TODO LO QUE DIOS DEPOSITÓ DENTRO DE TI

Padre, yo me paro aquí el día de hoy, creyendo que tú me has llamado, y que me has colocado en esta tierra para este tiempo. Yo reconozco que desde antes de la fundación del mundo, tú me designaste para que yo estuviera aquí, en este tiempo. Para Tus propósitos eternos, Tú depositaste dentro de mí una medida de Tu unción. Ayúdame a usar ese don que está dentro de mí para aumentar mi influencia para Tu reino. Yo busco que Tú, Dios, hagas la confirmación, la demostración, y la manifestación de todo lo que Tú has colocado dentro de mí.

Espíritu del Dios Viviente, Tú me has llenado de poder y me has lanzado de la esfera natural a la esfera de lo sobrenatural. Gracias porque todas Tus promesas son "Sí y Amén"[32] para mí. En el Nombre de Jesús, Amén.

ORACIÓN PARA LOS QUE RECOGEN LA COSECHA

Padre, Tú eres el Señor de la cosecha. Yo te pido que abras los ojos de todo Tu pueblo, incluyéndome a mí, para que podamos ver Tu cosecha, y que podamos recoger toda Tu cosecha. Yo levanto delante de Ti a todas las personas de mi familia, de mi escuela, de mi trabajo, de mi comunidad, de mi nación y del mundo entero. Ayúdame a ver la cosecha que está a las puertas de mi casa.

Padre, yo te pido que Tú hagas que cada uno de Tus segadores sean valientes y efectivos en sus comunicaciones. Pon corazones firmes y convencidos en nosotros para que hablemos Tu Palabra en Su tiempo y que podamos reavivar a los que están preocupados, que podamos quitar las cargas y romper los yugos. Dios, yo oro y Te pido que la unción de Tu Espíritu que está dentro de Tus hijos, impregne, penetre y libere a todos aquellos que están en nuestro derredor. Haz que Tu pueblo haga la diferencia en las tinieblas que nos rodean. Dios, yo Te pido que nosotros, como aquellos que van a recoger Tu cosecha, no nos limitemos al hecho de solo existir en esta tierra, sino que cumplamos Tus propósitos. Ayúdanos a saber cómo avivar dentro de nosotros mismos el poder de Aquel que levantó a Jesús de entre los muertos. Padre, permite que todos Tus segadores se paren firmes como estrellas resplandecientes para que podamos ver Quién eres Tú. Ayúdanos a entender la revelación de que Tú vives en nosotros y de que nosotros vivimos en Ti. Por lo tanto, dondequiera que vayamos, Tú vas con nosotros. Dondequiera que nosotros vamos, va el Libertador con nosotros. Donde quiera que nosotros vamos, va el Sanador con nosotros. Dondequiera que nosotros vamos, la Salvación va con nosotros. Dondequiera que nosotros vamos, la Libertad va con nosotros. Dondequiera que nosotros vamos, las victorias económicas y financieras van con nosotros. Dondequiera que nosotros vamos, los milagros van con nosotros. Padre, ayúdanos a ministrar realmente Quién eres Tú para los perdidos y para los lastimados de este mundo, ¡de tal manera que podamos cosecharlos para Ti! En el Nombre de Jesús, Amén.

ORACIÓN PARA QUE LA IGLESIA SE PARE FIRMEMENTE EN CONTRA DEL ENEMIGO

Padre, nos paramos firmemente como una sola nación que está debajo de Dios. De la misma manera, Tu pueblo se para firmemente como Tu reino en esta tierra y nada puede derrotarlo. Yo decreto que todo lo que el enemigo ha intentado para causar daño, Dios lo está transformando para bien. Yo cancelo y yo ato el poder del enemigo en nuestra nación y en el pueblo de Dios, en el Nombre de Jesús. Señor, Tú dijiste que las puertas del infierno no iban a prevalecer en contra de tu iglesia.[33] Yo oro para que haya una convicción audaz que abra las puertas que tienen atados a todos los cautivos. Padre, dale poder a Tus hijos para que quiten las cargas que han paralizado y que han apesadumbrado a la gente. Gracias por honrar y por cumplir Tu Palabra a través de Tu iglesia.

Espíritu Santo de Dios, muéstrate fuertemente a favor de Tu pueblo. Haz que nuestros triunfos de las pruebas feroces puedan probar que Tú mantienes Tus promesas. Gracias Padre que Tú estás completando la obra que comenzaste dentro de nosotros.

Yo reprendo toda negatividad, todo temor, toda confusión, todo tormento, toda duda y toda incredulidad en el Nombre de Jesús. No tienen ninguna influencia en mi vida, ni en la gente que el Dios Viviente ha llamado a actuar para El. Dios, no nos vamos a esconder en escondrijos de temor y de confusión. Rehusamos sucumbir ante las limitaciones de los deberes humanos. Rehusamos rendirnos ante las apariencias de las cosas. Rehusamos acobardarnos ante la presencia de las circunstancias. Padre, te doy gracias por darnos Tu autoridad para poder subyugar cualquier clase de potestad que se lance en contra de nosotros. Declaramos a todas las cosas que vengan en contra de nosotros que Dios es nuestro refugio y nuestro amparo. Nada tiene el poder de atarnos en temor o en miedo porque nada tiene el poder de atar a Dios en temor o en miedo. Por lo tanto, en el Nombre de Jesús, ¡le ordenamos al temor y al miedo que se arrodillen y que se rindan!

ORACIÓN DE OBEDIENCIA

Espíritu del Dios Viviente, Te doy gracias porque Tu perfecto amor echa fuera todo temor.[34] Gracias Jesús por la gran seguridad de conocerte a Ti como el Señor y Salvador de mi vida. Ayúdame a no titubear en mis convicciones acerca de servirte a Ti. Cuando Tú me pongas a prueba, que yo pueda pararme muy fuertemente en la fe y en el valor por Ti.

Yo estoy comenzando a ver la importancia y la influencia que Tú has puesto en mi vida. Tú me has diseñado para que lleve Tu reino y Tu voluntad a todo este mundo. Gracias por el privilegio de estar en esta tierra como Tu embajador y de poder hablar como un representante de Dios. Ayúdame a recordar que mis palabras no son humanas, sino que son palabras transformadoras del Dios Viviente.

El día de hoy, yo estoy delante de Ti, Espíritu de Dios, declarándote que me entrego completamente a Ti. Me rindo totalmente para escuchar Tu voz, para conocer Tus caminos, para caminar en Tu persona y para experimentar Tu poder. Ayúdame a cumplir todo lo que Tú has propuesto y todo lo que Tú has puesto delante de mí para que yo lo haga. Ayúdame a obedecerte. Yo voy a salir de mi zona de comodidad para hacer la diferencia por Tu reino, sin juzgar a los demás. Permite que todos los que estén alrededor de mí puedan probar Tu reino a través de mi vida, que ellos puedan ver Tu dominio y Tu gloria reinando en mí.

¡Dios Altísimo, yo te bendigo y magnifico Tu nombre! Yo alzo mi voz con un grito de victoria. Yo te alabo. En el Nombre de Jesús, Amén.

Apéndice A

Conquista los Dos Temores Más Grandes de la Raza Humana

¿Quieres moverte en una esfera de libertad en donde nada tenga el poder de detenerte? Esto va a suceder que tú conquistes los dos temores más grandes que enfrenta la raza humana: la muerte y el infierno. Tú puedes componer este asunto dentro de los siguientes minutos. Y entonces, ¡nada va a ser capaz de detenerte cuando tú tomes las siguientes verdades en tu corazón!

Primeramente, el temor a la muerte limita grandemente a mucha gente. Afecta tanto sus vidas que ellos no hacen nada que involucre algún tipo de riesgo. Pero la vida está llena de riesgos. Tú no puedes vivir simplemente en este mundo incierto sin tener riesgos. Si tú tratas de evitarlo, vas a permitir que el temor a la muerte te controle y te paralice. Sin embargo, tú no tienes que vivir de esta manera. La Biblia dice lo siguiente,

> *Así que, por cuanto los hijos participan de carne y sangre, Él igualmente participó también de lo mismo, para anular mediante la muerte el poder de aquel que tenía el poder de la muerte, es decir,*

el diablo; y librar a los que por el temor a la muerte, estaban sujetos a esclavitud durante toda la vida.
(Hebreos 2:14-15)

Pero cuando esto corruptible se haya vestido de incorrupción, y esto mortal se haya vestido de inmortalidad, entonces se cumplirá la palabra que está escrita: Devorada ha sido la muerte en victoria. ¿Dónde está, oh muerte, tu victoria? ¿Dónde, oh sepulcro, tu aguijón? El aguijón de la muerte es el pecado, y el poder del pecado es la ley; pero a Dios gracias, que nos da la victoria por medio de nuestro Señor Jesucristo. Por tanto, mis amados hermanos, estad firmes, constantes, abundando siempre en la obra del Señor, sabiendo que vuestro trabajo en el Señor no es {en} vano.
(1a. Corintios 15:54-58)

Jesús ha conquistado a la muerte para ti, ¡así que tú puedes ser completamente libre!

Porque si por la transgresión de uno, por éste **reinó la muerte, mucho más reinarán en vida por medio de uno, Jesucristo,** *los que reciben la abundancia de la gracia y del don de la justicia. Y la ley se introdujo para que abundara la transgresión, pero donde el pecado abundó, sobreabundó la gracia, para que así como el pecado reinó en la muerte, así también la gracia reine por medio de la justicia para vida eterna, mediante Jesucristo nuestro Señor.*
(Romanos 5:17, 20-21, se añadió énfasis)

¿Puedes ver cómo fue que Jesús revirtió la maldición de la muerte? Ahora, en lugar de que la muerte esté reinando sobre ti, ¡tú puedes reinar en la *vida*! Por lo tanto, tú ya no necesitas tener miedo a la muerte. Libérate de sus barreras el día de hoy. En un momento, te voy a mostrar cómo hacerlo. Cuando tú lo haces, tú puedes vivir valientemente, venciéndolo todo, con una certeza inamovible. Tú puedes depender completamente del poder y de la gracia de Dios por la fe.

En segundo lugar, el temor al infierno es otro reto mayor para la gente. Supón que yo voy a cualquier calle donde hay gente y les pregunto, ¿"Tienes miedo de ir al infierno"?

Los que no son salvos es muy probable que respondan, "No, yo no creo que exista, pero yo creo que voy a ir ahí con todos mis amigos". Las repuestas como ésta exponen el hecho de que la gente tiene un verdadero temor al infierno, porque ellos están inciertos acerca de sus destinos eternos en la vida. Si *tú* no estás seguro acerca de lo que te va a suceder después de que mueras, tú puedes cambiar esto ahora mismo. Tú debes estar seguro adónde vas a ir. Tú tienes que tener esta seguridad *ahora mismo*. Esta es la manera. ¿Estás listo?

Obtén Tu Regalo Gratuitamente

Cuando Jesucristo murió en la cruz y se levantó físicamente de la tumba, El pagó por completo tu pecado y sus consecuencias. La Biblia dice: *"Porque de tal manera amó Dios al mundo, que ha dado a Su Hijo Unigénito, para que todo aquel que en El crea, no se pierda, sino tenga vida eterna"* (Juan 3:16).

Y como Jesús pagó el precio por tus pecados, tú ya no tienes que hacerlo. Tu salvación es Su regalo gratuito. Tú sólo necesitas recibirlo. *"Pero a todos los que le recibieron, les dio el derecho de llegar a ser hijos de Dios, {es decir,} a los que creen en su nombre"* (Juan 1:12). *"Porque por gracia habéis sido salvados por medio de la fe, y esto no de vosotros, {sino que es} don de Dios; no por obras, para que nadie se gloríe"* (Efesios 2:8-9).

La manera de recibir el regalo de Dios es creer en Su Palabra y recibirlo simplemente por medio de orar y de declararlo en voz alta con tu boca.

Que si confiesas con tu boca a Jesús {por} Señor, y crees en tu corazón que Dios le resucitó de entre los muertos, serás salvo; porque con el corazón se cree para justicia, y con la boca se confiesa para salvación. (Romanos 10:9-10)

Para que puedas hacer esto en este mismo momento, ora la siguiente oración, creyéndola con todo tu corazón, y repitiéndola en voz alta:

Padre, gracias por amarme. Gracias por dar a Tu Hijo Jesús para que muriera y que resucitara por mí. El hecho de aceptar tu regalo gratuito de Jesús me va a liberar de los temores de la muerte y del infierno.

Jesucristo, Hijo de Dios, entra a mi corazón, y perdóname de todos mis pecados, y conviértete en el Señor y Dueño de mi vida. Jesús, yo declaro que Tú eres el Señor, y que Tú eres el Señor de mi vida.

Gracias Padre, por los derechos que ahora tengo para poder poseer todos los beneficios de la muerte de Jesús. La Sangre de Jesús ha perdonado todos mis pecados. La Sangre de Jesús es la zona del peligro para el diablo porque declara que yo estoy en una posición correcta delante de Dios. Yo soy una nueva criatura. Jesús me ha librado de las garras de la condenación.

Padre, este mismo pacto me da el derecho de caminar libre de todo temor y de todo miedo. La Sangre de Jesús ha derrotado a toda acusación, y ha silenciado toda palabra de condenación, y ha cancelado toda culpa y todo tipo de vergüenza.

Jesús me ha dado victoria sobre todo el poder del enemigo. Ahora, ninguna arma en contra de mí va a prosperar. Este pacto de la Sangre de Jesús prevalece por encima de todo. En este momento, yo recibo todos los beneficios de Tu Palabra en el Nombre de Jesús.

Padre, gracias por Tu promesa de que yo puedo recibir el Espíritu Santo. Espíritu Santo de Dios, yo soy tuyo. Lléname con Tu presencia. Demuestra Tu asombrosa autoridad a través de mi vida con Tu poder. En el Nombre de Jesús, Amén.

¡Aleluya! ¡Tú has nacido de nuevo! Tú acabas de pasar del reino de las tinieblas hacia el reino de la luz, teniendo a Dios como tu Padre Celestial. Como Su hijo, ¡tú ahora tienes la autoridad en Cristo Jesús, ¡para hacer que el miedo y el temor se arrodillen y se rindan!

Todos los cristianos tienen derecho a más de siete mil promesas que Dios ha escrito en Su Palabra. ¡Esto te incluye a Ti! Para poder aprender acerca de estas promesas, debes asistir a la iglesia regularmente. Dondequiera que tú estés, yo te quiero animar a que comiences a asistir a una iglesia local que enseñe la Palabra de Dios, que es la Biblia, sin compromisos y sin prejuicios.

Debes pasar tiempo en oración diariamente, teniendo comunión con el Señor, y leyendo la Biblia. Estas cosas te van a ayudar a entender a esta *"nueva creatura"* (2a. Corintios 5:17) en quien te has convertido en Cristo Jesús: *"De modo que si alguno está en Cristo, nueva criatura {es}; las cosas viejas pasaron; he aquí, son hechas nuevas"* (v. 17).

Bueno, ¡gloria a Dios! ¡Ahora debes de seguir adelante y gritar para el Señor con una voz de triunfo! Bendito sea Dios. Ahora, yo quiero animarte a que tú sigas a Dios, y lo sirvas con todo tu corazón y entonces, vas a ver lo que El va a hacer a través de tu vida.

APÉNDICE B

La oración al final del Capítulo Cuatro, está basada en las siguientes escrituras:

Juan 10:1-16, 27-30; Salmo 5:8; Lucas 3:4-6; Isaías 55:12; Salmo 23:3; 119:105; Isaías 48:17; Efesios 1:3; Génesis 39:3; Josué 1:7; Salmo 1:3; Jeremías 17:8; Isaías 54:17; 2a. Corintios 10:4; Isaías 41:10; 59:16-17; Salmo 68:33-35: Deuteronomio 1:21; 31:1-8; Exodo 3:14-15; Isaías 54:5; Exodo 22:22-24; Deuteronomio 10:17-18; Salmo 10:12-18; 146:9; 68:5-6; Isaías 51:11-12; 61:1-3; Mateo 5:4; Juan 14:16-18; 2a. Corintios 1:3-4; Isaías 41:10; Salmo 73:26; Filipenses 4:13; Salmo 46:1-2; 31:24; 71:5; Jeremías 17:7-8; Romanos 15:13; Jeremías 3:14; 2a. Samuel 22; Salmo 144:2; 55:13, 33; Proverbios 16:7; Marcos 4:39; Juan 14:27; 16:33; Filipenses 4:7; Salmo 4:8; 16:11; 43:4; 105;43; 126;5; Romanos 4:17; 15:13; Gálatas 5:22; Juan 1:1-4; 4:14; 6:47; 6:47-51; 11:25; 14:6; Efesios 1:20-23; Hebreos 3:4; 1a. Corintios 15:28; Marcos 9:23; 1a. Pedro 2:25; 5:4; Proverbios 7:2; Mateo 19:28; 1a. Corintios 15:24-28; Génesis 17:1; 1a. Corintios 1:30; Hebreos 1:8; 7:2; Romanos 5:17-21; 3:22-26; 2a. Timoteo 4:8; Lucas 4:18; 2a. Corintios 3:17; Gálatas 5:1; Exodo 17:15-16; Isaías 11:10;

Jeremías 23:6; Joel 2:21-29; Génesis 22:13-14; 2a. Corintios 8:9; Levítico 20:8; Génesis 28:3-4; Salmo 111:10; Proverbios 2:1-11; 8:1-21; 9:10; Romanos 12:3; Mateo 21:21-22; 2a. Corintios 4:18; Hebreos 11:1-3; Isaías 11:16; Deuteronomio 31:8; Isaías 52:12; 58:8; Salmo 91:7; Génesis 28:15; Exodo 3:16-17; Deuteronomio 2:7; Salmo 1:6; Jeremías 1:12; Números 23:19.

Ministerio Mundial de Gary Whetstone

¡La Gran Comisión nos llama a hacer un cambio real y a traer luz a todas las naciones! Esta luz es el mensaje de Cristo Jesús y el amor que Dios tiene por el mundo. Esto es lo que nos motiva a todos nosotros en el Ministerio Mundial de Gary Whetstone. Este ministerio tiene muchas áreas en las cuales tú te puedes involucrar. ¡A continuación, hay varias maneras como tú puedes convertirte en luz para las naciones junto con nosotros!

Para mayor información, visita nuestra dirección en la Internet en: www.gwwm.com, o puedes escribirnos a nuestro correo electrónico en info@gwwm.com, o puedes llamarnos al teléfono 1 (302) 324-5400, o por fax al número 1 (302) 324-5448, o puedes escribir al Ministerio Mundial de Gary Whetstone a: P.O. Box 10050, Wilmington, DE 19850 E.U.A.

Centros Estratégicos de Oración

Dios le ha dado el mandato al Dr. Gary V. Whetstone de plantar Centros Estratégicos de Oración alrededor de todo el mundo. Estos simplemente son lugares y horarios donde se reunen los cristianos con uno, con dos, o con cualquier número de gentes para orar. Los Centros Estratégicos de Oración pueden estar en las casas, en los lugares de trabajo, en las escuelas, pueden ser por teléfono, o en cualquier lugar donde se puedan reunir, y con cualquier forma de comunicación incluyendo el Internet.

En estos centros, la gente pasa de treinta a cuarenta y cinco minutos, enfocándose en la oración por lo menos una vez a la semana. El propósito es que la gente de Dios tome responsabilidad en oración para conectarse con la autoridad de Cristo Jesús aquí en la tierra, especialmente en siete áreas claves de influencia:

- De ti mismo
- De tu familia
- Tu iglesia local: la visión, el pastor, la comunidad y la gente de la iglesia
- Los gobiernos y todos aquellos que están en autoridad
- Que Jesús envíe obreros a Sus campos de cosecha
- Que se abra la puerta de unción para que la Palabra de Dios tenga acceso y penetración alrededor de todo el mundo a través de estos Centros Estratégicos de Oración, a través de la Escuela de Estudios Bíblicos, a través de todas las funciones del Ministerio Mundial de Gary Whetstone y a través del evangelismo.
- Que la iglesia clame al unísono, ¡"Ven, Señor Jesús"!

El Ministerio Mundial de Gary Whetstone provee las herramientas y la enseñanza para ayudar a que tú te establezcas, ¡ejercitando la autoridad de Jesús en tu propio Centro Estratégico de Oración! Comienza hoy mismo, ordenando el paquete de Centros Estratégicos de Oración que se encuentra disponible en tu librería cristiana local, o dondequiera que haya productos cristianos disponibles.

Iglesias

El pastor Gary V. Whetstone, te invita a que visites las iglesias de Victory Christian Fellowship, nacidas de una de las iglesias con más rápido crecimiento en la Costa Este de los Estados Unidos. Tú también puedes participar en vivo a través de la Internet. Estas iglesias están dedicadas a ayudar en las necesidades de tu familia y para ayudarte a que crezcas espiritualmente muy fuerte en la revelación del conocimiento de la Palabra de Dios. ¡Tu fe se va a fortalecer a medida que tú ves la Palabra de Dios en acción! Visítanos hoy mismo o llama para pedir oración a:

VICTORY CHRISTIAN FELLOWSHIP EN EL ESTADO DE DELAWARE, E.U.A.
100 Wilton Blvd.
New Castle, DE 19720 E.U.A.
Teléfono: (302) 324-5400
Fax: (302) 324-5448

VICTORY CHRISTIAN FELLOWSHIP EN LA CIUDAD DE BALTIMORE, ESTADO DE MARYLAND, E.U.A.
2929 Sollers Point Road
Dundalk, MD 21222-5355
Teléfono: (410) 282-6201
Fax: (410) 282-6204

Libros Disponibles y las Series "Respuestas a la Vida"

¡Permite que el Espíritu Santo te eduque, te libere y te llene de poder a través de los libros del Dr. Gary V. Whetstone y a través de las series de enseñanza tituladas "Respuestas a la Vida"! A través de todos estos estudios de la Palabra de Dios, el Espíritu Santo está revelando la voluntad de Dios y el propósito de Dios a miles de gentes. Las enseñanzas están llenas de aplicaciones prácticas que te van a ayudar a llevar a cabo los objetivos de tu vida. Los temas principales incluyen entre otros, ser llenos de poder, la libertad, la familia y las relaciones, las finanzas y la economía, así como la oración. Una vez que tú comienzas este viaje del conocimiento de la revelación con el Ministerio Mundial de Gary Whetstone, ¡tú nunca volverás a ser el mismo!

Muchos de estos materiales se encuentran disponibles en libros, libros electrónicos, cintas de audio, CDs de audio, videos de CD-ROMs, cintas de video y VCDs (para tocarse en los aparatos de DVD). Para adquirirlos, debes de ponerte en contacto con la librería cristiana de tu localidad, o con otros lugares donde haya productos cristianos disponibles.

Escuela de Estudios Bíblicos

La Escuela de Estudios Bíblicos es una escuela a base de videos fundada por el Dr. Gary V. Whetstone, y es un programa que ha sido probado con el tiempo en el hecho de entrenar campeones para que vivan más allá de las vidas ordinarias. Desde 1986, más de veinte mil alumnos se han graduado de esta escuela en más de treinta países. Si tú tienes hambre de todo lo que Dios tiene para ti, esta Escuela Bíblica te va a enseñar cómo poder obtenerlo. Ya sea que tú tomes un curso aislado o el programa completo para obtener tu diploma, tú vas a caminar en un mayor conocimiento de quién eres tú como hijo de Dios, y en una más grande intimidad con El.

Tú puedes elegir estudiar en casa a través de la extensión de la escuela que se encuentra disponible en audio y en video, o puedes asistir a alguna de más de 360 sucursales de la Escuela Bíblica que se encuentran ubicabas en todo el mundo. Si tú quieres estudiar en casa, tú puedes comprar los materiales de los cursos en la librería cristiana de tu localidad o dondequiera que haya productos cristianos disponibles. Las primeras tres clases del curso de la La Escuela de Estudios Bíblicos titulado *Tu Libertad en Cristo* se encuentran disponibles en un CD-ROM completamente gratuito (que tiene un valor de $60.00 dólares) y que está en la contra portada del libro de Gary V. Whetstone titulado *Tu Libertad en Cristo*. Obtén tu copia en la librería cristiana de tu localidad o dondequiera que haya productos cristianos disponibles.

Ministerio en la Internet

Nuestra dirección en la Internet en www.gwwm.com es una fuente de sabiduría espiritual. Dondequiera que tú tengas acceso a la Internet, tú podrás tener acceso a nuestro ministerio, ¡las veinticuatro horas del día, y los siete días a la semana! Ahí tú podrás encontrar enlaces para poder enviar peticiones de oración; ayuda bíblica; nuestros programas de radio y de televisión en vivo, y recursos que te van a ayudar a contestar tus preguntas; nuestro catálogo de toda nuestra línea de libros, libros eletrónicos y enseñanzas en audio y en video; descripciones de los cursos de La Escuela de Estudios Bíblicos, podrás copiar muestras de lecciones de la Escuela Bíblica, información del ministerio y ayuda; el itinerario del Dr. Gary V. Whetstone; y mucho, mucho más. ¡Pon el mundo del Ministerio Mundial de Gary Whetstone al alcance de tus dedos!

ACERCA DEL AUTOR

G ary Whetstone es el pastor y fundador de Victory Christian Fellowship en New Castle, estado de Delaware, y asimismo, es fundador de Gary Whetstone Worldwide Ministries. El Dr. Whetstone posee el doctorado en educación religiosa.

Desde que experimentó la milagrosa liberación y sanidad de Dios en 1971, el Dr. Whetstone ha dedicado su vida a ayudar a que muchos otros logren experimentar una completa libertad a través de la Palabra de Dios. El ministra localmente, así como nacional e internacionalmente en iglesias, cruzadas evangelísticas y seminarios. Con un don especial de enseñanza, el Dr. Whetstone imparte una sana instrucción bíblica y estrategias prácticas para la vida cristiana, y asimismo, ha sido testigo de cómo Dios ha obrado milagros, maravillas y señales con miles de gentes a quien ha ministrado. Cientos de miles han sido llenos con el Espíritu Santo, han sido sanados y liberados completamente.

Como fruto de una gran carga que Dios ha puesto en el corazón de Gary Whetstone para ministrar en dirección de las necesidades de la comunidad, ha podido lanzar varios programas de alcance en diversas áreas específicas, tales como ayuda para personas con SIDA, ayuda para personas con problemas de alcoholismo y drogadicción, ayuda para personas de bajos recursos, Escuela Bíblica en las Calles los Días Sábados y campañas evangelísticas en forma masiva, como la producción llamada "Jesús, La Luz del Mundo," la cual atrae más de 45,000 gentes cada año.

Con el deseo de esparcir la verdad y las Buenas Nuevas del Evangelio por todo el mundo, la pasión del corazón del Dr. Whetstone es llegar a ver que la Palabra de Dios cubra la tierra completamente, así como las aguas cubren la mar. Esta visión está siendo cumplida a través de diferentes formas de alcance, tales como la radio, programas de televisión, a través de la Internet y de la Escuela de Estudios Bíblicos. Esta escuela, la cual fue fundada por el Dr. Whetstone, cuenta con un extenso programa a través de cintas de audio y de video para equipar a los cristianos y que puedan experimentar la presencia de Dios y entender la Biblia. Hoy en día, este programa de entrenamiento ha sido establecido en cientos de iglesias en Norteamérica, y en todo el continente americano, así como en otros continentes, incluyendo Europa, Asia, Africa y Australia. Además de estar establecida en numerosas iglesias locales, la Escuela de Estudios Bíblicos está disponible para estudio en los hogares por medio de cintas de audio y video. Actualmente, esta escuela se encuentra disponible en el idioma inglés, pero próximamente estará disponible también en español y en otros idiomas, a través de cintas de audio, cintas de video, CDs, CD-ROMs y VCDs.

Gary Whetstone ha participado en innumerables programas de radio y de televisión, nacional e internacionalmente, y es autor de diversos libros que son fundamentales para los cristianos, tales como *El Caminar Victorioso, Cómo Identificar y Remover Maldiciones, Haz Que Se Arrodille el Temor, Mentalidad Millonaria* y su testimonio personal de una liberación y sanidad totalmente sobrenatural en *Conquistando a Tus Enemigos Invisibles*. El gran número de guías de estudios bíblicos que ha producido son testamentos a su don de enseñanza bíblica muy práctica, y están a la disposición para ser usados junto con un gran número de enseñanzas en cintas de audio y video. Muchos de estos materiales no sólo se encuentran actualmente en el idioma inglés, sino que están, o estarán muy pronto, a la disposición en español, francés y otros idiomas.

Dios ha dotado al Dr. Whetstone con un increíble sentido y habilidad para los negocios, capacitándolo para publicar una serie de enseñanzas que van desde *Compras y Negociaciones*, *El Exito en los Negocios*, y *Mentalidad Millonaria*, el cual ha salido al aire en sus programas de radio y televisión, llamados "Respuestas a la Vida". Estos programas están alcanzando una audiencia de millones de personas en la Costa Este de los Estados Unidos de América, en Europa, en Canadá y en la Internet.

El Dr. Whetstone y su esposa Faye, con quien ha estado casado por más de treinta años, tienen un testimonio muy dinámico de la restauración de su matrimonio, lo cual incluso llamó la atención a nivel nacional y fue el reportaje principal de la revista *Charisma*. Actualmente, ellos organizan seminarios para matrimonios, en los cuales buscan enriquecer la vida de todos los participantes. Sus dos hijos ya adultos, Eric y Laurie, junto con su nuera Rebeca, y su nieto Isaías, en sí, toda la familia Whetstone está involucrada activamente en ministerios locales e internacionales para la obra de Jesucristo.

NOTAS

[1] Para un mejor entendimiento de los efectos de la caída del hombre, puede referirse a mi libro titulado, *Conquistando a Tus Enemigos Invisibles.*

[2] Ver Juan 8 para una explicación más amplia del hombre y la mujer no redimidos que tomaron al diablo como su padre.

[3] James Strong, *Strong's Hebrew and Greek Dictionaries* (Cedar Rapids: Parsons Technology, 1996), G32.

[4] W. E. Vine, *Vine's Expository Dictionary of Old and New Testament Words* (Nashville: Thomas Nelson, 1997), p. 283.

[5] *Strong's Hebrew and Greek Dictionaries,* G1397.

[6] Puedes leer más acerca de la libertad que Jesús compró para ti en mi libro titulado *Tu Libertad en Cristo Jesús.* Por favor debes ver mi libro titulado *Conquistando a Tus Enemigos Invisibles* con relación a este principio de la autoridad.

[7] Favor de ver Deuteronomio 1:19-36 y Salmo 95:10-11.

[8] Favor de ver Números 14:26-33; 20:2-13.

[9] "'A Great People' Fights 'Despicable Acts of Terror'" NewsMax.com. <http://www.newsmax.com/archives/articles/2001/9/11/210908.shtml> (25 May 2002).

[10] El mensaje completo de Billy Graham puede ser obtenido en <http://www.billygraham.org/newsevents/ndprbgmessage.asp> (25 May 2002).

[11] Favor de ver Exodo 2:23.

[12] Para leer más acerca de Moisés y de su respuesta hacia Dios mientras que dirigía a los israelitas en su salida de Egipto, favor de ver el libro de Exodo, capítulos 2 al 14.

[13] Favor de ver el Apéndice B para encontrar las Escrituras sobre

las cuales se ha basado esta oración.

[14] "Carl Von Clausewitz". Enciclopedia Británica, 2002. <http://www.britanica.com> (27 May 2002).

[15] Carl Von Clausewitz, *On War.* Ed. Anatol Rapoport (Vom Kriege, 1832; Trans. Routledge & Kegan Paul, 1908; London: Penguin Books, 1968, 1982), p. 101.

[16] *Strong's Hebrew and Greek Dictionaries,* H1681.

[17] Ver Números 14:36-37.

[18] El Pastor John Osteen (de 1921-1999) fundó la Iglesia Lakewood en Houston, Texas. Para más información acerca de esta iglesia y de su ministerio, favor de visitar su dirección en Internet en: www.lakewood-church.org.

[19] Favor de ver 2a. Tesalonicenses 2:3-10.

[20] Tú puedes ordenar el curso en forma separada o puedes inscribirte en la Escuela Bíblica, la cual se encuentra en localidades alrededor de todo el mundo y también en un formato para estudio en casa. Para mayor información, favor de ponerse en contacto con nuestro ministerio o visitar nuestra dirección en la Internet en: www.gwwm.com.

[21] "Khmer Rouge" y "Pol Pot". The Britannica Concise (Merriam-Webster y Encyclopedia Britannica, 2000; Yahoo!, 2002). <http://education.yahoo.com/search/be?lb=t&p=url%3Ak/khmer_rouge> and <http://education.yahoo.com/search/be?lb=t&p=url%3Ap/pol_pot> (28 May 2002).

[22] Favor de ver Génesis 14.

[23] Favor de ver 1a. de Samuel 13:3-4.

[24] Favor de ver 1a. de Samuel 15.

[25] Favor de ver Hebreos 2:14-15.

[26] "Death Threats Don't Stop Whetstone," *Charisma & Christian Life,* junio 1990, p. 17.

[27] Favor de ver Romanos 8:18-22 y Efesios 1:9-12.

[28] Clausewitz, p. 101.

[29] Arzobispo Benson Idahosa (1938-1998) fundó la Iglesia de God Mission International, Inc. y Idahosa World Outreach en Benin City, Nigeria. Sucursales de este ministerio multifacético incluyen Benson Idahosa University, All Nations for Christ Bible Institute International y Faith Medical Complex. Para más información acerca de este ministerio, visita su dirección en la Internet en cgmonline.org.

[30] En esta ocasión, el Arzobispo Benson Idahosa refirió los siguientes pasajes del Corán: Sura 3:5; Sura 19:41, 47; Sura 19:30-40; Suratul Nisan 4:171; y Suratul Nisan 4:170. Otras referencias que son muy útiles para ministrar a los musulmanes

también incluyen Sura 19:16-29 y Sura 43:63.

[31] *The Koran Interpreted,* trans. Arthur J. Arberry (New York: Collier Books, Macmillan, 1955), p. 333.

[32] Favor de ver 2a. de Corintios 1:20.

[33] Favor de ver Mateo 16:18.

[34] Favor de ver 1a. Juan 4:18.

OTRO PODEROZO  IBRO
de Whitaker House

Oración y Ayuno
Dr. Kingsley A. Fletcher

¿Has estado ayunando ultimamente? Nuestras familias están en crisis. Nuestras iglesias están en crisis. Nuestra nación está en crisis. Satanás está teniendo uno de sus días de excursión, desviando la atención del pueblo de Dios lejos del Señor. El quiere impedirnos que recibamos el gran poder que viene cuando oramos y ayunamos. El ayuno y la oración agudizan tus expectativas, para que cuando tú pides, estés expectante a recibir. Descubre los beneficios de ayunar y orar, y aprende a ayunar de manera exitosa.

ISBN: 0-88368-878-6 • Rústica • 192 páginas

OTRO PODEROZO LIBRO

de Whitaker House

Entendiendo el Propósito y el Poder de la Mujer
Dr. Myles Munroe

El autor de best sellers Dr. Myles Munroe examina las actitudes de la sociedad hacia las mujeres. Para poder estar viviendo en forma exitosa en el mundo, las mujeres necesitan una nueva consciencia de quiénes son, así como nuevas habilidades que les permitan enfrentar los retos de hoy en día. Si usted es hombre o mujer, casado o soltero, este libro le ayudará a entender a la mujer en la forma como ella debe ser.

ISBN: 0-88368-314-8 • Rústica • 240 páginas

OTRO PODEROZO  IBRO
de Whitaker House

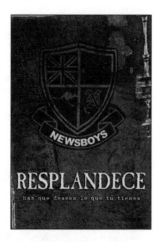

Resplandece: Haz Que Deseen Lo Que Tú Tienes
Newsboys

Resplandece: Haz Que Deseen Lo Que Tú Tienes revela a los Newsboys en una forma en que nunca los has conocido jamás—no solo como músicos, sino como cristianos. Síguelos a medida que ellos pasan por etapas de crecimiento personal y espiritual, mientras atraviesan luchas que son comunes para todos los creyentes, experimentando esos momentos cuando, por las circunstancias, tu fe se estira al máximo, y sigues buscando vivir para Cristo Jesús en una manera totalmente auténtica. *Resplandece* va a retar y a estirar tus expectativas espirituales a medida que tú descubres de nuevo las dinámicas de una fe viva.

ISBN: 0-88368-885-9 • Rústica • 360 páginas

ANOTHER POWERFUL *B*OOK
from Whitaker House

Make Fear Bow
Dr. Gary V. Whetstone

So many times you've tried to talk yourself out of the terror that gnaws within, but it hasn't worked. You're riddled with tension and guilt. You try to move forward, but unseen fears lurk around every corner, causing you to imagine the worst. You're frozen in your tracks, held captive by fear. But life doesn't have to be this way. You can live in confidence and peace. Using time-tested biblical principles, you can conquer your fears and walk in freedom. Dr. Gary Whetstone shows you how to *Make Fear Bow* today!

ISBN: 0-88368-776-3 • Trade • 272 pages

ANOTHER POWERFUL BOOK
from Whitaker House

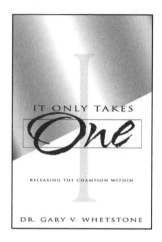

It Only Takes One
Dr. Gary V. Whetstone

When you look into the mirror, what do you see—a reflection of someone who just exists from day to day, uncertain of what to do next, or a person who is about to impact the world? In *It Only Takes One*, Dr. Gary Whetstone unveils the truth and shows you who you really are—God's masterpiece! God created you as His champion and uniquely fashioned you to fit into His master design for the universe. It's time to realize that with God, it only takes one to make a difference in this world. Champion, you are that one! Discover how to step into your life's dreams and walk in the fullness of your destiny.

ISBN: 0-88368-868-9 • Trade • 272 pages

OTRO PODEROZO *L*IBRO
de Whitaker House

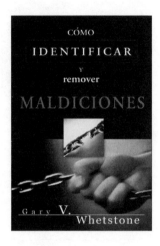

Cómo Identificar y Remover Maldiciones
Dr. Gary V. Whetstone

¿Acaso sientes que tú enfrentas influencias negativas todos los días de tu vida? Pero, ¡no existe necesidad ni razón alguna para que tú sigas siendo un prisionero espiritual! A través del poder del Espíritu Santo, tú puedes llegar a ser completamente libre de maldiciones, enfermedades, problemas económicos y amistades destructoras. El Dr. Gary Whetstone te muestra el camino para salir de la confusión que hay en tu vida para qué puedes descubrir la libertad en Cristo Jesús.

ISBN: 0-88368-557-4 • Rústica • 192 páginas

OTRO PODEROZO LIBRO
de Whitaker House

Conquistando a Tus Enemigos Invisibles
Dr. Gary V. Whetstone

El Dr. Gary Whetstone parecía tener todo en la vida a su favor, pero un accidente muy trágico convirtió el sueño de su vida en una pesadilla. El estilo de vida destructivo de Whetstone terminó finalmente cuando el Señor lo sanó y lo liberó de un hospital mental. Aunque él experimentó una gran victoria, Whetstone todavía sabía que él se encontraba en medio de una guerra espiritual. Poco a poco, el Espíritu Santo le enseñó cómo conquistar a esos enemigos invisibles, y ahora él quiere compartir estas revelaciones contigo.

ISBN: 0-88368-558-2 • Rústica • 368 páginas

Other Books and Cassettes by Dr. Gary V. Whetstone

DISTRIBUTED BY WHITAKER HOUSE AND
AVAILABLE THROUGH YOUR LOCAL CHRISTIAN BOOKSTORE

BOOKS

Conquering Your Unseen Enemies
    Trade Paper   ISBN: 0-96644-622-4
    Spanish version   ISBN: 0-96644-626-7
How to Identify and Remove Curses
    Hardcover   ISBN: 0-96644-624-0
    Trade Paper   ISBN: 0-96644-621-6
    Spanish version   ISBN: 0-96644-625-9
Make Fear Bow
    Trade Paper   ISBN: 0-88368-776-3
Millionaire Mentality
    Hardcover   ISBN: 1-92877-406-7
    Trade Paper   ISBN: 1-92877-401-6
    Spanish version   ISBN: 1-92877-402-4
The Victorious Walk
    Trade Paper   ISBN: 0-96644-620-8
    Spanish version   ISBN: 0-96644-629-1
Your Liberty in Christ (book & CD)
    Trade Paper (w/ CD)   ISBN: 1-58866-254-3

LIFE'S ANSWERS TEACHING SERIES
(AUDIO CASSETTES)

Assignment against the Church	ISBN: 0-88368-894-8
Freedom from Insecurity and Inferiority	ISBN: 0-88368-895-6
God's Covenant with Your Family	ISBN: 0-88368-896-4
How to Fight for Your Family	ISBN: 0-88368-897-2
Millionaire Mentality	ISBN: 0-88368-898-0
Mobilizing Believers	ISBN: 0-88368-899-9
Purchasing and Negotiations	ISBN: 0-88368-900-6
The Power of God's Prophetic Purpose	ISBN: 0-88368-901-4
Prayer Command Centers	ISBN: 0-88368-902-2
The Prevailing Power of Prayer	ISBN: 0-88368-903-0
Success in Business	ISBN: 0-88368-904-9
True Success: How to Find the Field God Has Planted for You	ISBN: 0-88368-905-7
The Unshakable Foundation	ISBN: 0-88368-906-5
Victory in Spiritual Warfare	ISBN: 0-88368-907-3
What God Has Joined Together	ISBN: 0-88368-908-1